交通行政执法人员岗位培训教材

运管分册（第二版）

■ 江苏省交通厅

Yunguan Fence

人民交通出版社
China Communications Press

内 容 提 要

本书共分十章。详细阐述了道路与水路运输行业管理的法规、规章、开业停业管理、运输行业统计及运政监督检查等内容。本教材对从事道路与水路运政管理人员有很大的参考价值。

该书可作为道路、水路运政管理岗前及在岗人员培训参考用书。

图书在版编目(CIP)数据

交通行政执法人员岗位培训教材—运管分册/江苏省交通厅编. —2 版. —北京:人民交通出版社,2010.1

ISBN 978-7-114-07986-3

I. 交… II. 江… III. ①交通法-行政执法-中国-教材②交通运输管理-行政执法-中国-教材 IV. D922.144 D922.114

中国版本图书馆 CIP 数据核字(2009)第 168213 号

书　　名:**交通行政执法人员岗位培训教材—运管分册(第二版)**
Jiaotong Xingzheng Zhifa Renyuan Gangwei Peixun Jiaocai—Yunguan Fence
著 作 者:江苏省交通厅
责任编辑:薛　民
出版发行:人民交通出版社
地　　址:(100011)北京市朝阳区安定门外外馆斜街 3 号
网　　址:http://www.ccpress.com.cn
销售电话:(010)59757969,59757973
总 经 销:北京中交盛世书刊有限公司
经　　销:各地新华书店
印　　刷:北京市密东印刷有限公司
开　　本:787×980　1/16
印　　张:19.5
字　　数:404 千
版　　次:2004 年 6 月第 1 版第 1 次印刷
印　　次:2010 年 1 月第 2 版　2010 年 7 月第 2 次印刷
书　　号:ISBN 978-7-114-07986-3
印　　数:11001~13000 册
定　　价:46.00 元
(如有印刷、装订质量问题的图书由本社负责调换)

序　言

依法行政是建设勤政、廉政、务实高效政府的基本要求。随着依法行政进程的不断推进，社会和人民群众对政府依法行政的要求愈来愈高。交通行政管理作为国家行政的一部分，迫切需要适应新形势的要求，提高交通行政执法人员的整体素质，全面提高依法行政水平。江苏省交通厅从2001年起，开始着手组织编写交通行政执法人员岗位培训系列教材，并不断充实完善。教材中既包括公路、航道、道路水路运输、内河交通安全、船舶检验、港口、交通建设市场管理等专业知识，又包括很多法学、社会学、管理学、经济学等方面的知识，还包括了许多行政管理的实践案例和经验。近几年来，我们运用这套教材，开展了全省交通行政执法人员岗前规范化培训。本教材内容丰富，阐述深入浅出，文字通俗易懂，不仅适用于上岗前的交通行政执法人员，也同样适用于在岗的各类交通管理人员。此外这套教材的编写出版，填补了目前交通行政执法领域无系列培训教材的空白，表明我省交通执法培训走在了前列，希望同志们再接再厉，进一步充实完善教材，为交通事业发展作出更大的贡献。

二〇〇九年十月于南京

目 录

第一章 概 论

第二章 道路旅客运输管理

第三章 道路货物运输管理

第四章　道路危险货物运输管理

第五章　水路运输管理

第六章　机动车维修与营运车辆技术管理

第七章 机动车驾驶员培训管理

第八章　道路运输从业人员管理

第九章　道路水路运输行业统计

第十章 运政监督检查

第一章 概论

第一节 运输业的基本概念、性质和特征

一、运输业的基本概念

运输是人们使用运输工具和设备,在一定的线路上实现人和物空间场所变动的有目的的活动。

从运输的概念出发,运输业就是指国民经济中从事运送货物和旅客的社会生产部门。根据运输方式的不同,它主要包括道路运输业、铁路运输业、水路运输业、航空运输业以及管道运输业5种。

运输业作为一个独立的物质生产部门,是社会化大生产的必然产物,在国民经济中占有重要的地位。运输业是联系生产、分配、交换和消费等社会再生产环节的纽带,也是沟通地区之间、部门之间和城乡之间的桥梁,是发展社会生产和人们生活的基本条件。人们的全部生产生活从社会政治、经济、文化、军事等各个领域,到衣、食、住、行、用等各个方面都与运输业息息相关。发展运输业,对促进工农业生产、商品流通、旅游和对外贸易的发展,对加强民族团结、巩固国防、改善人民生活等方面都具有最大意义和作用。

二、运输业的性质

根据目前我国较为流行的理论,运输业性质可概括为以下三个方面。

1. 运输业的生产特性

19世纪中叶,马克思主要在《资本论》中系统而深刻地论述了运输业的性质,指出它既具有物质生产的共性,又具有区别于一般物质生产特性,认为运输业是生产过程在流通过程内的继续,属于物质生产领域。物质资料的生产,是人们借助于劳动工具,对劳动对象进行物质的变化,使之适合自己需要的有目的的活动。劳动对象的物质变化具有很多种形态,包括劳动对象的空间、位置的变化。运输业正是借助运输工具,使得劳动对象发生了空间位置的变化。因此,它属于物质生产的范畴,是物质生产过程中的

有机组成部分,即表现为生产内部运输。生产和分工的发展,商品经济的发展,出现了流通领域中的社会化运输,不过,它只是在更大规模上表示着与生产内部运输同样的现象。

2. 运输业的服务特性

运输业作为第三产业,既为生产服务,又为生活服务,具有很强的服务特性。运输业提供的劳动不是去制造物质产品,而是通过提供运输服务直接去满足人们的某种需求。运输业所提供的服务同样是使用价值和价值的统一物。一般情况下,形成运输服务产品的过程,与运输服务需求者消费这种服务产品的过程是同始同终的。需要强调的是,运输业的发展是其他产业发展的先行行业和重要基础。运输业在很大程度上决定着商品生产的发展和产品的商品化程度,它对于商品的流通规模、范围、速度和效益均有着重要的影响。运输业不仅为第一、二产业生产规模的扩大提供市场基础,为第一、二产业的发展创造条件,而且其自身也是创造国民收入的部门。

3. 运输业的基础设施特性

基础设施是维系一个国家社会生产和生活正常进行,促进国民经济发展的必备条件和基础保证。以道路、铁路、航道和各种客货枢纽为基础设施,以汽车、火车、轮船和飞机等为运载工具所构成的运输业,是支撑经济、决定一国经济活力水平的前提,是国家最主要的基础产业之一。

三、运输业的特征

相对于其他行业和部门来说,运输业有其明显的特征:

1. 不产生新的实物形态物质产品

运输产品是运输对象的空间位移,用旅客人公里和货物吨公里计量。运输业劳动对象既可以是物,也可以是人,且劳动对象不必为运输业所有。运输业参与社会总产品的生产和国民收入的创造,但却不增加社会产品实物总量。

2. 运输业的劳动对象是旅客和货物

运输业不改变劳动对象的属性或形态,只改变它的空间位置。运输业提供的是一种运输服务,它对劳动对象只有生产权(运输权),不具有所有权。

3. 运输是社会生产过程在流通领域内的继续

产品在完成了生产过程后,必然要从生产领域进入到消费领域,这就需要运输。产品只有完成这个运动过程,才能变成消费品,运输与流通是紧密相连的,是社会生产过程在流通领域内的继续。

4. 运输生产和运输消费是同一过程

运输业的产品不能储存,不能调配,生产出来的产品如果不及时消费就会被浪费。运输产品的效用是和运输生产过程密不可分的，这种效用只能在生产过程中被消费。生产过程开始，消费过程也就开始，生产过程结束，消费过程也就结束。这一特点要求运输业一方面应留有足够的运输能力储备，以避免由于能力不足而影响消费者需求，另一方面应对运输过程进行周密的规划和管理，因为运输过程中出现的任何差错都无法通过对运输产品的“修复”而使消费者免受侵害或影响。

5. 运输业具有“网络型产业”特征

运输业的生产具有“网状”特征，它的场所遍及广阔空间。运输业的网络性生产特征决定了运输业内部各个环节以及各种运输方式相互间密切协调的重要性。

6. 运输设施的现行性和不可贸易性

运输业的生产布局具有超前的要求。任何一个物质生产部门，尤其是工业生产部门的布局，从它开始基本建设起，必须由运输业为它运送原料、辅助材料；其生产的产品，也必须由运输业运出，最终到达消费地。因此，进行任何地区的开发，进行任何生产力的布局，必须首先建立起必要的相应的运输网。只有适当超前布局运输，才会保证和促进生产力的发展，否则会成为其他物质生产部门的发展障碍。另外，运输线路及附属设施具有不可移动性，短缺时必须就地建设，而不能从外国或外地直接引进。

7. 运输业的资本结构有其特殊性

运输业固定资本比重大、流动资本比重小，资本的周转速度相对较慢。

四、运输市场含义

运输市场是运输业中的一个重要概念。运输市场随运输需求和供给而产生，它本身是一个具有多重含义的概念，从不同的角度去理解，它有不同的含义。

(1)运输市场是运输产品交换的场所。亦即买卖双方发生联系和作用的地点。

(2)运输市场是运输产品供求关系的总和。从这个角度来认识运输市场，它是由不同的运输产品、劳务、资金、技术、信息等供给和需求所构成，这一市场概念强调的是买方、卖方力量的结合，“买方市场”、“卖方市场”就反映了这一概念下供求力量的对比结果。从这一认识角度出发，运输企业就应当以市场供求规律指导其市场营销活动，根据供求状况调节运输生产经营活动，调节市场各方的利益对比。判断市场供求的强弱对比和变化走势，对运输企业营销决策是十分重要的。

(3)运输市场是在一定时空条件下对运输产品需求（现实需求和潜在需求）的总和。商品的需求总得是消费者群在一定时间和空间条件下表现出来的需求总量，所以，市场是由具有现实需求和潜在需求的消费者所组成。当人们说“中国的运输市场很大”时，并不是指运输交易场所很大，而是说中国存在大量现实和潜在的运输需求。这就是市场需求的概念，是从生产者角度提出的。

第二节　道路水路运输行政管理

一、运输行政管理的概念

运输行政管理简称运政管理，是交通行政管理的一部分，是国家交通行政管理机构在国家和法律赋予的职权范围内，按照国家有关法律、法规、政策等，运用一系列措施，通过法定的行政程序对运输活动实行行政管理和监督，对运政事务进行的规划、组织、指导、协调、监督和服务工作。

在运输业的管理概念中，除了运输行政管理之外还常常会接触到运输行业管理、运输市场管理等概念，对这些概念之间的关系要有正确的认识。

运输行业管理是20世纪80年代初期，在我国实行经济体制改革的初级阶段提出来的。这种管理不再是计划经济时代政企不分的人、财、物的直接管理和政府机关对运输企业经营活动的直接干预，而是采用法律手段、经济手段，打破部门界限、不分隶属关系，不论经济成分将运输活动和运输车辆纳入运输行业进行管理的范畴，这种管理强调更多的是宏观调控和间接管理。可以说，运输行业管理既包括运政管理，又包括行业协会的管理，而且还体现了运政管理的特点。运输市场管理是以营业性运输管理为对象，重点是对参加营业性运输业户的经营资格、经营行为、服务质量、市场秩序等进行调控、组织、监督、检查和调处运输纠纷、纠正违章行为的管理。因此，运输市场管理是运政管理的重要组成部分，也是运政管理的一项重要任务。

二、道路水路运输行政管理主要职能

1. 制定和贯彻方针政策

主要目的是根据经济社会发展的大政方针，明确道路水路运输业发展方向和解决管理政策问题。具体包括行业技术政策和行业经济政策两部分。行业技术政策是一个行业为实现一定历史时期的运输业发展目标和行业规划而制定的技术发展方向重点和途径，确定一定时期运输业要发展哪些新技术和怎样发展这些新技术，限制、禁止或淘汰哪些落后的技术。运输行业的经济政策是指导行业经济活动和发展和政策，它根据运输市场的发展目标，对行业的投资方向，发展和保护以及限制和淘汰的项目等作规定，旨在正确引导投资方向，促进行业内企业结构的合理化，推动运输业科学发展。

2. 制定和贯彻法规、规范

这是道路水路运输行政管理的根本依据，道路水路运输行政管理的根本活动应当是贯彻和执行道路水路运输有关法律法规。目前，道路水路运输管理的主要法律法规依据有《中华人民共和国道路运输条例》以及配套规章，包括《道路旅客运输及客运站管理规定》、《道

路货物运输及站场管理规定》、《机动车维修管理规定》、《机动车驾驶员培训管理规定》、《道路危险货物运输管理规定》、《道路运输从业人员管理规定》等，《中华人民共和国水路运输管理条例》以及配套规章，包括《老旧运输船舶管理规定》、《国内船舶运输经营资质管理规定》、《水路运输服务业管理规定》等，《中华人民共和国国际海运条例》及其实施细则以及各省、自治区、直辖市的地方性法规等。

3. 统筹行业发展规划

统筹运输行业发展规划就是根据行业发展目标，通过对整个运输行业活动的系统分析，对行业发展的规模、速度、重点、布局及行业结构进行统筹，制定近期、中期、长期发展规划，它是行业管理工作的行动指导，其实质在于对运输系统组织合理化进行构造和设计，规划的种类主要有行业总体规划、行业分类规划等。运政管理应当充分发挥运输市场规划对运输业发展的指导作用。

4. 运输活动的组织协调

这里的组织协调，不是指企业内部生产经营的组织协调，而是对运输业户没有能力也不可能解决的企业间、地区间、部门间、运输部门子行业之间需要行政管理机构出面协调的运输组织活动。例如：节假日等特殊时期以及抢险救灾等应急运输活动组织协调，做好运输保障；协调各种运输方式良性衔接，实现“零距离”换乘；协调不同运输方式和统一运输方式内部运输经营者之间的关系，积极创造条件实现公平竞争，维护良性的运输市场竞争秩序；协调好地区之间运输分工协作关系，安排跨省、跨地区运输，发展地区之间的运输合作，打破地区封锁和地方垄断，逐步形成区域统一的运输市场；协调好运输与其他行业管理部门之间的关系，使行业发展处于良好的外部环境中。

5. 做好服务工作

运政管理工作归根到底是为国家经济社会发展服务，为广大货主和旅客服务，为广大运输经营业户服务。当前，运政管理机构的主要服务工作包括：从社会主义新农村建设出发，坚持普遍服务，大力发展农村运输，推进城乡道路运输一体化，方便农民生产、生活；从以信息化提升服务水平出发，坚持科技手段的应用，实行客运联网售票，构建运输信息服务系统，开通投诉咨询服务热线等；尽量简化行政许可手续，在营运证件审办、票证发放等日常工作中，尽量为经营者提供方便、减少麻烦，例如设立许可服务大厅等。

6. 运输市场的监督检查

监督检查是运输行政管理的基本职能之一。监督检查就是对运输经营行为和运输市场秩序进行监督、检查、指导，其依据就是各项法律法规，其目的就是保证国家有关道路水路运输的各项方针、政策、法规、制度得到有效而正确的贯彻执行。监督检查有预防违章、纠正违章、掌握情况、收集信息等方面的功能，对保护合法经营、维护运输市场秩序、提高运输质量有着重要的作用，可以说没有监督检查就没有管理，监督是运输行政管理的重要手段。

三、道路水路运政管理机构与职责

2004年7月1日《中华人民共和国道路运输条例》施行，该条例明确规定：“国务院交通主管部门主管全国道路运输管理工作。县级以上地方人民政府交通主管部门负责组织领导本行政区域的道路运输管理工作。县级以上道路运输管理机构负责具体实施道路运输管理工作。”县级以上的道路运输管理机构由原来的委托执法转变成了行政法规授权执法。关于水路运输管理，《中华人民共和国水路运输管理条例》规定：“交通部主管全国水路运输事业，各地交通主管部门主管本地区的水路运输事业。各地交通主管部门可以根据水路运输管理业务的实际情况，设置航运管理机构。”

1. 运政机构的设置

目前，交通运输部设道路运输司、水运局，省(自治区、直辖市)设置道路水路运输管理局(处)，市(地、盟、州)设置道路水路运输管理处，县(市、旗)设置道路水路运输管理所。各级道路水路运输业管理组织机构，都是同级交通主管部门的职能机构，代表各级政府行使道路水路运输行业管理职权，在同级交通主管部门的领导下开展工作，并接受上级行业管理机构的业务指导。以江苏为例，目前，江苏省交通厅设运管局、省辖市设运管处(维修处、航管处、客管处)、县(市)设运管所等。截至2007年，江苏省、市、县运政机构总数147个，其中市级16个，县级131个，市、县运管部门行政关系隶属于同级交通局，接受上级行业管理机构业务指导。

2. 运政机构的职责

各级运输行政管理组织机构其职责、任务不同。交通运输部道路运输司、水运局和省级运输管理局(处)分别是全国及地方道路水路运输行业管理决策机构；市级运管机构按决策和执行层的职责，起承上启下作用，属中间层次；县级运管所是运输行业管理的具体执行机构。

(1)决策层行业管理机构的主要职责范围。决策层道路水路运输行业管理机构的主要职责，是对全局性的行业管理工作进行筹划与决策。其主要职责范围是：①负责有关道路水路运输行业管理的方针、政策、法规、发展规划等的制定和颁发；②负责有关道路水路运输行业业务规章制度及经济、技术规范和标准的确定；③负责高层次上的统筹、协调、组织、监督；④负责对低层级行业管理机构工作的指导、督促、检查和信息传递与反馈；⑤组织对外交流，负责涉外道路水路运输的管理等。

(2)中间层行业管理机构的主要职责范围。中间层道路水路运输行业管理机构主要是指地、市、盟、州道路水路运输管理处。它兼有决策和执行层中的两种职能，主要职责范围是按决策层和执行层的职责，发挥承上启下的作用。特别要把工作重点放在组织、指导、帮助、监督执行层行业管理机构，贯彻执行决策层的交通主管部门和运输管理机构制定的方针、政策、法规，做好各项管理工作。如做好运输市场的调查研究，制定好本地区行业发展规划，做好跨区经营申请的审批。印制、管理运输凭证及客货票据等等。有些地方将行业管理组织机构只划分为两个层次，即决策层，而无中间层次的划分。这种划分直接将市(地、盟、州)道路水路运输行业管理机构归入执行层。

(3)执行层行业管理机构的主要职责范围。执行层行业管理机构主要根据上级有关的方针、政策、法规和有关指令，做好道路水路运输行业管理的具体业务工作。其主要职责范围是：①负责管辖区内行业发展的统筹规划，制定具体的实施方案；②负责各项行业管理法规的贯彻执行，根据行业发展目标搞好行业经济结构的调整与优化；③做好开业停业管理和道路水路运输统一单证的管理，并实施具体的监督检查，维护市场秩序，包括进出市场秩序、市场竞争秩序和市场交易制度3部分；④负责辖区内行业内外和各方面关系的组织协调；⑤负责做好各项行业管理的基础工作，健全行业统计制度，负责有关行业信息的收集、整理、分析和报告，及时传递和反馈行业信息，定期或不定期公布行业信息；⑥开展咨询和行业服务工作等。执行层是行业管理工作的基点，一切行业发展规划，行业管理的方针、政策、法规，以及行业管理的目标等，都要通过执行层予以体现和落实。因此，执行层是道路水路运输行业管理的基础。

根据十一届全国人大一次会议通过的国务院机构改革方案，新组建了交通运输部，已将建设部的指导城市客运职责，整合划入了交通运输部。由于本教材统稿时，新一轮交通行政机构改革还未正式实施，因而本教材还是按照原交通部门的职责进行阐述。可以预见，随着新一轮交通运输机构改革的推进，运政机构的职责和设置将会有所调整，特别是城市客运管理将会成为其一项重要的内容。

第三节　道路与水路运输业基本情况和发展趋势

一、道路运输市场现状与发展趋势

(一)道路运输市场现状

改革开放以来，道路运输市场在综合运输体系中发生了最为显著的变化，基本实现了由传统的“卖方市场”向现在的“买方市场”的转变。运输工具的大量进入道路运输市场，有效地保证了货物及旅客运输，初步解决了道路客货运输中的运力不足问题，使道路运输真正成为通达深度最广，与广大人民群众出行关系最密切，最普及的运输方式。

1. 在运输生产方面

(1)2007年全国完成客运量、旅客周转量分别为205.1亿人次和11506.8亿人公里，在综合运输体系中所占比重分别达到了92.1%和53.3%，道路旅客运输在全国旅客运输市场占有举足轻重的地位。

(2)2007 年全国完成货运量、货物周转量分别为 163.9 亿吨和 11354.7 亿吨公里，在综合运输体系中所占比重分别达到了 72.0% 和 11.2%。货运量以散装或包装固体原料为主，对这类货物采用的主要运输方式仍是整车运输，普通货物整车运输是全国道路货物运输的主要方式。

2. 在运输结构方面

(1)2007 年全国从事道路旅客运输的经营业户 23.0 万户，营运载客汽车 164.6 万辆，2426.5 万客位，分别比 2006 年增长 1.6% 和 5.1%。同时，农村线路上运力相对缺少，缺乏适合农民出行需要的车辆。从道路客运站现有总量来看，远不能适应道路客运发展的需要。通过对道路客运企业经营资质等级评定，推动了道路旅客运力结构调整和道路客运企业结构调整，通过资产重组、兼并、联合等途径，组建了一批新的汽车运输集团公司。由于在道路客运企业资质标准中对高级客车拥有数量也做了明确规定，有力地推动了道路客运企业更新和新增高级客车。

(2)2007 年全国从事道路货物运输的经营业户 495.9 万户，营运载货汽车 683.8 万辆，3133.7 万吨位，分别比 2006 年增加 5.6% 和 9.3%。同时，还有数百万辆拖拉机和其他机动运输车辆也在从事营业性道路运输。高效率、低耗能的重型货车仍然数量较少，能耗高、运输效率低的中型货车却存在结构性过剩。目前在用的营运载货汽车以普通货车为主。因此，在调整营运载货汽车的车型结构时，应考虑发展专用车辆和提高厢式化营运货车的比例。随着物流及其技术的发展，货物小批量多次及时配送的需求旺盛，迫切要求货运场站调整功能配置，接受物流和仓储生产理念，探索道路货运站场的新型运营方式。道路货运企业大多数规模小、技术落后、设备陈旧，现代化管理观念不强，同参与国际竞争的要求不相适应。

针对这些制约道路运输行业提升质量和效益的结构性问题，必须对道路运输进行结构调整，这是道路运输行业持续发展和提高效益的必由之路。这不仅是道路运输自身发展的需要，而且也关系到国民经济的全局。

3. 在运输经营组织方面

由于很多运输企事业单位实行单车承包经营责任制，所以降低了企事业单位建立具有一定覆盖能力的客货运输信息网络的积极性。同时，由于道路运输企业规模小，经营主体过多、过散、市场集中度低，其建立的运输网络覆盖能力有限，运输生产效率普遍较低。这种运输组织松散、运输生产集约化程度低、经营行为不规范的现状导致运输企业竞争能力和抗风险能力弱，也易造成运输市场秩序的混乱。

4. 在运输市场秩序方面

近几年来，在全国范围内开展道路运输市场秩序的整顿，主要从以下几个方面：①清理收费项目，减轻经营者负担；②打击非法营运，规范经营行为；③清理整顿出租汽车客运市场秩序；④以加强从业人员职业道德、职业技能培训为切入点，切实加强营运车辆驾驶员职业培训和从业资格管理,确保运输安全、提高质量和服务水平;⑤加大道路客货运输价格监督检查的力度;⑥停止客货运输线路经营权有偿出让,切实减轻经营者负担;⑦本着"人便于行,货畅其流"的原则,完善道路客货运输站场设施建设规划。同时,深化道路运输企业改革,建立与社会主义市场经济体制相适应的经营机制和现代企业制度,努力形成若干个全国性、区域性的公司、集团,提高道路运输企业的整体素质和规模经济效益。通过整顿,市场秩序明显好转,经营行为进一步规范,服务质量不断提高。

5. 在运输市场的改革开放方面

2001 年 11 月 11 日中国政府接受《中国加入世贸组织议定书》,其中关于开放道路市场的承诺有 3 个方面,即道路货物运输、汽车维修服务和部分道路运输辅助(如仓储服务)业。

道路货物运输、汽车维修服务、道路运输辅助服务的仓储业,从加入时起,允许外商设立合营企业从事道路货物运输、汽车维修服务、仓储服务,但外资比例不得超过 49%;加入后 1 年内,允许外资控股;加入后 3 年内,允许外商独资经营。合资和独资企业享受国民待遇。

2001 年 11 月 20 日,交通部和外经贸部联合颁发了《外商投资道路运输业管理规定》,这是中国道路运输业应对入世的挑战和机遇而采取的积极举措。这一举措促进了我国道路运输业引进外资工作的规范化、程序化和制度化,使更多的外资被吸引并投入到了道路运输业中,同时也促进了产业的升级,加快了道路运输市场化进程,锻炼和培养了一批新型的管理人才。从投资国家和地区看,有日本、韩国、新加坡、泰国、美国、西班牙以及中国香港、澳门、台湾等 10 多个国家和地区,其中中国香港最多,约占总数的一半以上,从外商投资的地区看,上海、江苏、广东、浙江、福建、北京、辽宁等沿海经济较发达地区是外商投资的重点地区。从外商投资的领域看,道路货运主要以进出中国香港的集装箱运输为主。近年来随着物流业的发展,投资物流和仓储领域的项目开始增多;车辆维修主要以进口车辆特约维修服务为主。从投资规模看,一般在 500~5000 万元(人民币)之间。

(二)道路运输的发展趋势

(1)道路运输的比重将逐步增大。经济发达国家道路运输总的发展趋势是它在各种运输方式中所占比重越来越大。许多国家已打破了以铁路运输为中心的局面,使道路运输发展成为各种运输方式 的主要力量,引起了运输结构的根本改变。从经济发展看,道路运输在各种运输方式中所起的作用将继续增大。

(2)道路建设的速度和水平将进一步加快和提高。未来我国将继续加大道路基础设施建设的力度,并大力修建高速公路,为运输高速化及大运输量运输创造条件。未来几年我国将全面建成"五纵七横"国道主干线系统。2007 年,全国公路总里程达到 358.4 万公里,路网密度达到 37.3 公里/百平方公里;高速公路 5.4 万公里,一级公路 5.0 万公里,二级公路 27.6 万公里,占公路总里程的 10.6%。随着道路规划建设的力度进一步加大,我国道路基础设施的条件将进一步改善。

(3)载货汽车将向大(小)型、高速、专用和列车化方向发展。为适应大宗货物和短途小批量货物的运输需要，载货汽车不断向大、小型两头发展。货主对时间和商品周转质量的进一步重视和追求，特别是许多企业对物流管理技术的运用，他们要求在准确的时间、准确的地点、以准确的交付条件和准确的费用，交付准确的货物。新的物流流程必然会对货运汽车的大型化和小型机动化提出相应要求，也必将使货运汽车向两极发展。

在车轴负荷受到法规、轮胎和道路承载能力限制的情况下，走汽车运输列车化之路，用增加车轴的方式来提高载货量已成为趋势。

另外，为了适应各种货物的不同运输条件和装卸条件，最大限度减少装卸时间和提高货运质量，大力发展专用运输车辆，包括各种平板车、自卸车、厢式车、槽罐车、集装箱车以及运输大型货物与设备重型专用车辆等，也是各国道路货运车辆的发展趋势。

(4)先进的运输组织形式将广泛采用。目前，我国社会车辆多，车辆维修条件差，经营管理水平低，车辆使用效率低，运输成本高，造成极大的运力浪费。改革开放初、中期，我国在道路运输业中实行国家、集体、个体一起上的方针，给道路运输业增加了活力，解决了运货难和乘车难的问题。现在看，多种经济形式虽然满足了运输需求，但散而弱、组织化程度低的矛盾相对突出。因此，走联合经营、集约化经营的道路，提高道路运输生产的社会化程度势在必行。集装箱运输是现代化运输方式的标志，是道路现代化的内容之一，要加速发展道路集装箱运输，并进一步开展集装箱多式联运。大力发展物流业，从物流的范畴来看，由包装、装卸、运输、保管、流通加工、配送、信息服务诸要素组成。物流可以为运输企业降低运输成本，提高运输效率，发掘新的利润源。

(5)公共客运将优先发展。随着城市的发展，人民生活水平的提高，机动车数量剧增，出现了大气污染、噪声污染和电磁污染等问题，不仅给社会造成了经济损失，而且损害了人们的身心健康。“公交优先”是解决这一问题的有效途径，在国外已得到证实，我国城市交通系统也有了长足的发展，交通设施比以前更加完善，客运方式也由单一的公交发展到公交、出租汽车、轻轨、地铁等立体化交通，给人们的出行带来了很大的便利。公共客运车辆与小汽车相比，平均每一乘员占据的道路面积小，单位时间的客流量大，更多地采用公共客运车辆，既可减少车流密度，保证交通通畅，又可节约燃油消耗，降低运输成本，减少汽车公害。

(6)应用先进的科学技术，实现汽车运输组织管理现代化。大力发展智能运输系统。智能运输系统是将先进的信息技术、计算机技术、数据通信技术、传感器技术、电子控制技术、自动控制理论、运筹学、人工智能等有效地综合运用于交通运输、服务控制和车辆制造，加强了车辆、道路、使用者三者之间的联系，从而形成一种定时、准确、高效的综合运输系统。

二、水路运输现状与发展趋势

(一)水路运输市场现状

改革开放以来，我国水运业迅速发展，水上运力结构不断调整优化。截止到2007年末，全国拥有水上运输船舶19.18万艘，净载重量11881.46万吨，平均净载重量619.56吨；载客量102.69万客位；集装箱箱位125.96万标准箱；船舶功率3936.67万千瓦。水上运输船舶中，集装箱船2129艘，集装箱箱位92.27万标准箱。

其中，全国拥有内河运输船舶18.02万艘，净载重量5266.25万吨，载客量86.20万客位，集装箱箱位6.87万标准箱，船舶功率1803.20万千瓦。全国沿海运输船舶9322艘，净载重量2450.58万吨；载客量14.75万客位；集装箱箱位12.11万标准箱；船舶功率893.49万千瓦。全国远洋运输船舶2284艘，净载重量4164.64万吨；载客量1.73万客位；集装箱箱位106.98万标准箱，船舶功率1239.99万千瓦。

到2007年底，我国经营跨省运输的国内水路运输企业发展到4000多家，从事国际运输的船公司260多家；中国旗船舶约1508万总吨。世界主要发达国家和世界前20位国际集装箱班轮公司均在我国设立了独资、合资公司或办事机构；无船承运人，国际船舶代理企业数量快速增加。我国已同世界68个国家签订了海运协定。通过国际航运，我国已与世界上160多个国家和地区的1100多个港口通商。我国自1989年以来，已连续九届当选国际海事组织A类理事国，已成为名副其实的航运大国。中远集团通过资本运作，加速扩张运力，凭借目前730多艘、4500万载重吨的运力规模，位居世界海运企业榜眼之位。

1. 航运市场全面开放

新中国成立后，我国水运事业取得长足的发展。尤其是改革开放以后，国家先后采取了“有水大家行船”、“各地区、各部门、各行业一起干，国有、集体、个体一起上”等一系列鼓励和支持水运发展的政策，实施了以构建道路主骨架、水运主通道、港站主枢纽为主要内容的交通支持保障系统“三主一支持”长远发展规划，推进水运投资主体多元化，加快了水运基础设施、运输装备和支持保障系统建设，水路交通供给能力持续增强，为社会主义建设事业作出了重要贡献。

为了促进航运事业繁荣发展，自1985年以来我国政府对航运业采取了逐步开放的政策。1985年首次正式规定，允许外资通过合资的形式进入中国从事海上运输；1988年取消了国货国运政策；1990年，向外国航运公司开放了国际班轮运输；1992年，外国籍船舶在我国港口服务和使用港口设施方面开始享受到完整的国民待遇，即允许外国航运公司在华设立独资子公司、允许外国船公司独资或合资经营国际运输辅助服务，包括装卸、仓储、集装箱站、堆场、船舶代理，并允许适度发展中外合资经营水路运输企业，从事我国境内沿海、内河运输。1995年，中外合资船队准许进入沿海航运；1996年起允许外国航运公司在中国设立独资船务公司。

在货运代理方面，目前我国实行打破垄断、促进竞争政策，为外资企业在我国顺利开展航运业务创造了有利条件。同时，由于“市场准入”的双向作用，我国航运市场的对外开放也为我国航运业扩大在国际航运市场的份额提供了有利条件，我国航运业发展呈现出国际化的时代特征。

2. 水路货运持续增长，客运稳步回升

2007年，全社会完成水路货运量28.12亿吨、货物周转量64284.85亿吨公里。全社会完成水路客运量2.28亿人、旅客周转量77.78亿人公里。水路货运量、货物周转量在综合运输中所占比重分别为12.1%和62.7%；水路客运量、旅客周转量在综合运输体系中所占比重分别为1.1%和0.4%。在全社会水路货运中，内河运输完成货运量12.99亿吨、货物周转量3553.12亿吨公里；沿海运输完成货运量9.24亿吨、货物周转量12045.83亿吨公里；远洋运输完成货运量5.89亿吨、货物周转量48685.89亿吨公里。

在内河货物运输中，长江水系完成货运量5.34亿吨、货物周转量2022.15亿吨公里，分别占全国内河货运量和货物周转量的41.1%和56.9%；京杭运河完成货运量2.83亿吨、货物周转量715.90亿吨公里，分别占全国内河货运量和货物周转量的21.8%和20.1%；珠江水系完成货运量2.09亿吨、货物周转量334.92亿吨公里，分别占全国内河货运量和货物周转量的16.1%和9.4%；黑龙江水系完成货运量0.13亿吨、货物周转量7.55亿吨公里，分别占全国内河货运量和货物周转量的1.0%和0.2%。2007年，全国水路客运平均运距34.1公里，比上年提高0.7公里；货运平均运距2286.1公里，比上年提高55.1公里。全社会水路运输集装箱2953.42万标准箱、货运量33354.92万吨，分别比上年增长26.8%和29.4%。其中，远洋运输集装箱1711.93万标准箱、货运量17173.89万吨，分别比上年增长13.9%和12.2%。（交通运输部《2007年道路水路交通行业发展统计公报》(2008年04月18日))

3. 港口发展迅速

我国沿海大陆岸线长约18000公里，岛屿岸线总长约14000公里，海域总面积470万平方公里。港口发展迅速，港口码头泊位继续增加。

2007年底，全国港口拥有生产用码头泊位35947个，比上年净增494个，其中万吨级以上泊位1337个，比上年净增134个。

全国沿海港口拥有生产用码头泊位4701个，其中万吨级及以上泊位1078个；内河港口拥有生产用码头泊位31246个，其中万吨级及以上泊位259个。内河港口万吨级泊位主要分布在长江干流和珠江水系等。

我国内河航道通航里程达123495公里，其中等级航道61197公里。全国内河航道通航里程超过1万公里的省份有四个，分别是江苏（24336公里）、广东（11844公里）、湖南（11495公里）和四川（10720公里）。

综合性大型枢纽港快速发展。2007年货物吞吐量超过亿吨的港口有14个，其中吞吐量超过2亿吨的港口为8个。上海港吞吐量达4.92亿吨，其他几个上亿吨港分别为：宁波—舟山港4.73亿吨、广州港3.43亿吨、天津港3.09亿吨、青岛港2.65亿吨、秦皇岛港2.49亿吨、大连港2.23亿吨、深圳港2.00亿吨、苏州港1.84亿吨、日照港1.31亿吨、南通港1.23亿吨、营口港1.22亿吨、南京港1.09亿吨、烟台港1.01亿吨。

集装箱吞吐量继续快速增长。2007年全国港口完成集装箱吞吐量1.14亿标准箱，其中沿海港口完成1.05亿标准箱，内河港口完成974万标准箱。

2007年集装箱吞吐量超过100万标准箱的港口有16个。上海港完成2615万标准箱，深圳港完成2110万标准箱、青岛港946万标准箱、宁波—舟山港943万标准箱、天津港710万标准箱、广州港926万标准箱、厦门港463万标准箱、大连港381万标准箱、连云港港200万标准箱。苏州港190万标准箱、营口港137万标准箱、中山港127万标准箱、烟台港125万标准箱、福州港120万标准箱、南京港106万标准箱、泉州港102万标准箱。

(二)水路运输市场发展趋势

1.船型专业化与运输全球化

在经济贸易全球化的今天,水路运输全球化是必然的趋势,长距离的海上运输促进了船舶大型化和专业化。从船舶构成看,油轮、散货船和集装箱船等专业化船舶将占有很大比重。有关资料表明,预计今后几年,全球商船载重吨位平均以3.2%的年增长率增加。在内河航运方面,船舶也在向标准化、大型化和集装箱化方向发展。

2.水路客运高速化、舒适化、旅游化和陆岛滚装化

随着我国客运市场竞争的日趋激烈,旅客运输正向着高速度、高密度、高档次、舒适化、旅游化的方向发展。水路客运也将根据自身特点，向高速化、舒适化、旅游化和陆岛滚装化方向发展。我国水路客运的发展区域主要在水网地带、山区、陆岛以及沿水域一带的风景点之间。短途客运必须高速化,长途客运必须旅游化、舒适化,大陆与岛之间滚装化。

3.泊位深水化、码头专用化、装卸机械化

随着船舶的大型化,对港口航道、水域和泊位前沿的水深提出了新的要求。随着第四、第五代集装箱船舶和大型油轮、散货船的出现,要求港口航道和集装箱泊位前沿水域的水深不断加深。随着流量大而稳定的货物,如散货、石油及其成品油类和集装箱的运输,必然要求建立专用码头泊位,并提高专用装卸机械自动化程度。

随着港口建设投资多元化和港口资源配置市场化的发展,公共码头业主化和货主码头公共化将是一种必然趋势。港口建设的方向是:建设沿海枢纽港口大型集装箱运输系统、专业化散货运输系统和枢纽港的公用码头,以进一步拓展港口的物流功能。

三、汽车维修和检测市场行业现状与发展趋势

(一)汽车维修和检测市场现状

改革开放以来,随着我国道路运输的蓬勃发展和经济体制的改革深化,我国汽车维修从观念上发生了很大的转变,汽车维修从运输企业中分离出来,由封闭式的自我服务型转变为社会化的开放经营型,在生产经营,作业形式,服务方式,管理模式,维修品种、数量、质量及规模等方面,都发生了巨大的变化。成为道路运输行业中相对独立的一个子行业,并得到了迅速发展。

1.汽车维修网络初步形成

目前,汽车维修形成了跨部门、跨行业、多种隶属关系、多种经济成分并存的市场格局,为国民经济发展和人民生活水平的提高发挥了重要作用。据有关资料显示,目前,全国汽车保有量已达到2000多万辆,汽车维修企业发展到50多万户,二类以上维修企业8万多户,

从业人员400多万。售后服务企业每年以近20%的速度增长。汽车维修网点由大中城市向外延伸,辐射各地,遍及城乡,在全国范围内一个以城市为依托、以一类企业为骨干、二类企业为基础、三类业户为补充,以汽车综合性能检测站为质量保证,多种经济成分协调发展的汽车维修网络初步形成。

2. 汽车维修市场经营多元化

目前,汽车维修市场经营服务已从过去的自我服务型,逐步发展到开放经营型,同时作业内容也从过去整车大修的单一模式转向汽车大修、总成修理、汽车维护、汽车小修、汽车专项修理、汽车制造厂家特约维修等门类齐全、分工合理的多元化市场经营服务体系,初步构筑了布局趋于合理的汽车维修网络市场格局,基本满足了目前不同车种、不同车型和不同作业项目的维修市场需要。

3. 汽车维修技术含量不断提高

为适应激烈的市场竞争、汽车技术进步和用户不断提高的维修服务需求,维修企业加快了技术改造步伐,一大批技术含量高、性能卓越的设备进入了骨干汽车维修企业,如:汽车举升机、车轮平衡机、汽车喷漆房、汽车排放气体分析仪、烟度计、汽车电脑故障检测仪、发动机故障诊断仪、电子燃油喷射系统检测诊断装置、车身校正测量仪、车轮定位仪、电脑调漆等设备广泛用于维修生产领域。从而提高了判断车辆故障的速度和准确性,使汽车维修质量有了较为可靠的保证,维修车辆出厂质量检测一次合格率逐年提高,一批规模大、档次高、技术先进的现代汽车维修企业应运而生,部分汽车维修企业的维修技术水平基本与世界同步。

4. 汽车维修市场逐步向规范化发展

随着改革开放的推进和汽车维修市场的形成,1986年,交通部、原国家经委、国家工商行政管理局联合颁发了《汽车维修行业管理暂行办法》(交道路字[1986]956号),标志着汽车维修开始走上了面向社会实施行业管理的轨道。

交通行政主管部门按照建立市场经济体制的要求,坚持"规划、协调、服务、监督"的方针,打破部门界限,不分隶属关系,不分经济成分,代表政府通过制定和贯彻执行有关法律法规和技术标准,对汽车维修实行了有效的行业管理,相继颁布了一系列规章、规则和标准,不断推行行业的技术进步。与此同时,各地结合实际,制定并完善了汽车维修管理方面的地方性法规、规章及配套的规范性文件。从而规范了市场准入原则和经营者的经营行为,提高了汽车维修质量和服务质量,在解决"修车难"问题、调整行业结构、转变经营方式、狠抓技术培训、促进技术进步、提高维修质量、培育和发展汽车维修市场中发挥了重要作用,促进了汽车维修行业的持续、快速、健康发展。

5. 市场监督体系亟待进一步完善

虽然交通部制定了一系列规范汽车维修市场准入和经营者行为的规章和标准,但由于缺乏一套完善的贯彻执行、监督检查机制,使法规和标准落实不到位。当前,汽车维修市场还存在一些亟待解决的问题，①市场发展不平衡，企业素质良莠不齐，地区发展差异较大，由于地区汽车发展的不平衡导致地区汽车维修业发展的不平衡。汽车维修生产能力相对过剩或相对不足；②行业结构不合理，经营主体过多、过小、过散、过弱，专业化、集约化程度不高，不适应维修市场需求；③经营行为不规范，无序竞争，无证经营、偷工减料、使用假冒伪劣配件、收费价格混乱等不正当竞争行为时有发生；④维修企业市场竞争和抗风险能力弱，从业人员素质偏低，机电一体化人才和现代化管理人才短缺，维修检测、现代化管理手段和经营模式、服务意识滞后；⑤维修质量不稳定，维修企业不严格执行质量管理制度，不按维修技术标准和工艺规范作业，“三检”制度执行不严，返修率较高，质量监督体系不健全等问题较为普遍，汽车综合性能检测站不按检测标准和检测工艺作业，质量监督检测不到位；⑥市场发育不完善，市场经济条件下的行业管理体制和运行机制没有完全建立起来，行业协会的作用没有充分发挥，公平竞争、共同发展的市场环境有待进一步改善。

以上存在的问题严重地损害了汽车维修行业的整体形象、制约了汽车维修行业的健康发展，必须予以高度重视，采取切实可行的措施加以解决。

(二)汽车维修、检测市场发展趋势

随着国民经济的持续发展、人民生活水平的不断提高、生产生活节奏的不断加快，高科技含量汽车不断面世，新技术如：汽油机电控燃油喷射系统(EEI)、防抱死制动系统(ABS)、自动变速控制系统(ECI)、安全气囊防碰撞系统(SRS)、车身高度自动调节系统(LRC)、渐进式动力转向机构(PPG)、空调自动控制系统、数字化仪表、废气净化装置、车用通信设备、高性能复合材料等。尤其是加入世贸组织后，我国经济和社会发展进一步融入世界经济一体化进程，汽车维修业将走向全球化，国外高科技汽车、先进的生产技术装备、科学管理经验和市场营销策略必将加速进入我国市场，汽车维修业面临全新的市场环境，①面临高新技术环境，汽车技术集先进的计算机技术、光纤传导技术和新材料技术为一体，车型结构和技术性能发达，检测诊断技术进入第三代智能化诊断时代，维修技术进入现代维修的不解体维护、定期检测、视情修理阶段，维护成为汽车维修的主要形式；②面对全新的客户环境，有车一族正在迅速崛起，汽车进入家庭，私家车客户越来越多，客户对维修服务的选择意识、价格意识和法律意识越来越强；③面对全新的人才环境，需要为现代汽车服务的经营管理、技术诊断、维护修理人才；④面临全新的竞争环境，维修设备和维修方法越来越先进，国内外竞争对手，特别是跨国公司、超级连锁企业的进入，形成多层次、多级别、多区域的竞争，市场竞争加剧。市场调查研究、预测竞争对手的本领将成为企业的一个重要技能，汽车维修业的竞争将进入技术、质量、价格、资金、信息、人才、品牌和文化的全方位、广角度的企业综合实力的较量。我国汽车维修行业还需要一个逐步完善的时期，多元化经营方式并存的模式在一定时期内将会得到持续发展。

为了引导汽车维修行业健康发展，形成一个供给与需求协调、平等竞争、服务方便及时、资源合理配置、秩序良好的汽车维修市场。今后一个时期汽车维修行业应做好以下工作：

1. 进一步规范汽车维修管理

依据《汽车维修业开业条件》，强化市场准入管理，积极探索建立从进入市场、日常管理到退出市场动态的资质管理体系。建立汽车维修市场监督机制，规范汽车维修行为管理，保障承托双方当事人的合法权益。

2. 优化行业结构，推进技术进步

用政策推动汽车维修行业结构调整，引导行业走服务网络化、维修专业化、经营规模化、经营方式和经营内容多样化的道路，逐步建立全品牌、全方位、全天候、全过程优质服务的现代化汽车售后服务体系。

3. 加强从业人员岗前培训和轮训工作

积极探索新形势下培训汽车维修从业人员的模式，全面提高从业人员整体素质和水平，坚持强调关键岗位从业人员必须持证上岗。

4. 监督汽车维修企业建立健全质量保障体系

进一步实施并完善汽车维修出厂竣工前上线检测制度、质量保证期制度、出厂合格证制度、维修质量监督检测制度。加强汽车综合性能检测站技术更新和升级改造，充分发挥汽车综合性能检测站对汽车维修质量鉴定、监督作用，形成汽车维修质量控制网络。

5. 汽车维修企业实行 ISO 9000 系列质量体系

汽车维修企业通过 ISO 9000 质量认证，取得认证证书，有利于加强基础管理，使其步入规范化管理轨道；有利于加强维修质量管理，提高员工的整体素质；有利于与 WTO 接轨，提高市场竞争能力。

6. 建立在用车尾气排放检查/维护（I/M）制度

根据《中华人民共和国大气污染防治法》的要求，进一步加强在用车辆的排放污染防治工作，在执行定期检测下的车辆二级维护制度基础上，制定实施在用车辆检查/维护（I/M）制度。通过对在用车的排放进行检测和随机抽查，查明尾气排放超标严格的维护、保养，使车辆保持正常的技术状态，努力达到出厂时的排放水平。

今后，我国汽车维修行业将走向专业化、集团化的道路，实现以快修、维护为支撑的规模化连锁经营。连锁经营将以其价格、质量的优势，快速提升品牌效应，专业化的服务满足了国际化的标准，便于企业参与国际化竞争，科学、高效的管理体系将以全新的理念服务于社会。

交通行政主管部门应切实按照市场经济的客观要求和交通部在《关于道路运输业结构调整的若干意见》、《道路运输业发展规划纲要（2001—2010 年）》中提出“引导具有一定规模和实力的汽车维修企业在统一汽车维修服务质量标准的前提下，采取异地设点或联营等形式，实行连锁经营”的思路，宏观调控维修市场，制定市场规则，发挥市场机制作用，优化行业结构，鼓励道路运输企业、汽车维修企业、汽车检测企业等利用计算机辅助手段实现全过程科学管理和信息传递。引导汽车维修企业走向专业化、集团化发展的道路，维护市场秩序，保障公平竞争，提高维修质量和服务质量，有效地遏制违法违章经营行为，为国民经济和现代化建设提供更有效的道路运输技术保障和服务。

汽车维修、检测企业应确立现代汽车维修企业的经营观念，要从生产型向服务型转变，从传统工艺型向现代技术型转变、从传统经营管理模式向现代化经营管理模式转变。努力培养机电一体化技术人才和科学经营管理人才，积极依靠科技进步，积极推广检测新技术、新工艺、新材料、新装备，积极研究推广汽车安全、节能和环保新产品、新技术。通过重组、兼并、连锁等方式，形成规模经营，加速发展集汽车销售、维修、检测、信息为一体的连锁式、品牌式经营模式，向维修专业化、经营集约化、生产规模化、检测科学化方向发展，把握科技兴业方向，加快技术装备更新技术人才培养，解放和发展生产力，不断增强企事业综合素质和竞争能力，促进行业稳步健康地发展。

第二章 道路旅客运输管理

第一节　道路旅客运输管理概述

一、道路旅客运输的概念、特点及分类

道路旅客运输是指人们借助于载客工具，通过道路使服务对象实现空间位移的一种运输方式，简称为道路客运。它是交通运输体系中重要的组成部分。载客工具主要是客运汽车，实现空间位移的服务对象是旅客或乘客。

道路客运经营是指用客车运送旅客、为社会公众提供服务、具有商业性质的道路客运活动。衡量道路旅客运输社会劳动量的尺度，是道路旅客运输量，包括客运量和客运周转量，客运量的计量单位是“人次”，客运周转量的计量单位是“人公里”。

道路旅客运输与其他客运方式相比，有以下特点：

(1)线路密度高，营运区域广。道路旅客运输分布十分广阔，既沟通城市，又连接乡村，能够深入到火车、轮船、飞机不能到达的地方。在各种运输方式中，道路客运的通达度最高、覆盖面最广。

(2)机动灵活，具有很强的适应性。道路客运既可以独自组织一定规模的运输，完成大批量客运任务，发挥“大动脉”的作用；也可以单车作业，主动为其他运输方式提供集散服务，起到“微循环”的效果。此外，汽车对地理条件和气候环境的适应性也较其他运输方式强。

(3)方便、及时。道路客运既可以为旅客提供普通运输服务，也可以提供高品质、差异化、个性化的特殊服务；既可以提供站到站的运输服务，也可以实现“门到门”的运输服务。

(4)投资少，资金回收快。对客车的投资相对火车、飞机要小得多，投资回收期短，车辆易于更新，因此，对加快客运事业的发展和推进客车技术进步具有重要意义。

道路旅客运输按营运方式主要分为：班车(加班车)客运、包车客运、旅游客运、出租汽车客运等，有的教科书还将城市公共客运列为道路旅客运输的范畴。

二、道路旅客运输管理内容及原则

道路旅客运输管理的内容主要包括：道路旅客运输经营许可（即通常所说的开停业管理），道路旅客运输业户及客运车辆的年度审验，客运线路、班次、停靠站点管理，客运标志牌及证件的审核、发放管理，道路旅客运输企业质量信誉考核管理，道路旅客运输市场监督管理以及编制道路客运发展规划，做好假日、抢险、救灾、战备等情况下的旅客运输组织工作等。

道路旅客运输管理的原则主要有：

(1)以人为本、安全第一的原则。道路旅客运输的对象是人，因此道路旅客运输首先必须遵循以人为本、安全第一的原则。以人为本就是要重视人的需求，尊重人的权利，维护人的尊严，从人民群众最基本的出行需求出发，来谋划道路运输业的发展，并让发展的成果惠及全体人民群众。所谓安全第一，就是在客运生产经营活动中，在处理运输安全与运输生产的关系上，始终把安全放在首要的位置，优先考虑旅客和从业人员的人身安全，在确保安全的前提下，努力实现运输生产的其他目的。

(2)公平、公正、公开、便民的原则。公平、公正、公开及便民原则是行政法律体系中最基本的原则，它要求各级道路运输管理机构在实施道路旅客运输管理时，①要公开，使经营者、旅客以及其他消费者有更多的知情权、参与权和监督权；②要平等地对待所有个人和组织，确保法律面前人人平等，禁止搞身份上的不平等；③要方便群众，为群众办事提供必要的条件。

(3)打破地区封锁，促进道路运输市场统一、开放、竞争、有序的原则。①道路旅客运输由于线长、点多的特点，要求地方各级人民政府及有关部门在管理道路旅客运输活动中，不得制定歧视其他地区经营者的政策、规定，不得利用行政权力限制其他地区的经营者进入本地市场；②地方各级人民政府及有关部门应当为所有的经营者创造一个公平竞争的市场环境，以促进全国统一开放、公平竞争、规范有序的市场体系的形成。

(4)鼓励规模化、集约化、公司化经营的原则。鼓励规模化经营是指国家鼓励道路客运经营者通过增加资本投入、兼并联合、资产重组、股份合作等形式，扩大企业的经营规模，以提高产业的集中度；鼓励集约化经营是指国家鼓励通过转变经济增长方式，走内涵扩大再生产的路子，大力发展环境友好型、资源节约型运输项目，以实现道路运输业的科学发展；鼓励公司化经营是指国家鼓励通过优化经营机制，建立规范的法人治理结构，大力提升运输效率和服务质量，以提高道路客运企业的综合竞争能力。

(5)诚实信用的原则。市场经济是法制经济，更是信用经济。诚实信用原则要求道路运输管理机构在管理活动中，必须善意对待管理对象和旅客，依法行政。道路客运经营者要严格按照《汽车旅客运输规则》或合同约定，为旅客提供安全、舒适、经济、方便、快捷的运输服务，恪守信用，守法经营，不发生侵权和欺诈行为。

三、道路旅客运输在综合运输体系中的地位与作用

"衣、食、住、行"是人类生存与社会发展的四大基本需求，解决"行"的问题，需要道路、铁路、水运、民航等综合运输体系各部门的共同努力。在上述四种旅客运输方式中，道路旅客运输由于覆盖范围广、通达程度深、机动性强的比较优势，使得它不仅能够独立完成大批量客运任务，而且还能够为其他运输方式提供集散疏运服务，在综合运输体系中起到了决定性和基础性的作用。据统计资料：2006 年我国道路运输共计完成客运量 186.1 亿人次，旅客周转量 10131 亿人公里；分别占综合运输总量的 92% 和 56%，为人民群众的出行和经济社会的发展作出了贡献。

近年来，随着高速铁路和城际铁路的建设，一部分干线道路客运受到影响，特别是东部地区的城际干线道路客运将被城际铁路客运所替代。毫无疑问，高效率的运输方式终将取代低效率的运输方式，这是交通运输发展的必然规律，这也符合建立"便捷高效、分工协作、安全畅通"的综合运输体系的要求。我们有理由相信，在未来道路旅客运输发展过程中，农村客运和通往部分县城和中西部地区的直达道路客运仍有广阔的空间，道路客运将按照"车型结构合理、法规制度配套、经营行为规范、调控体系健全"要求，形成以"安全、便捷、畅通、高效"为特征的高品质、智能型道路客运网络。

第二节　道路旅客运输及客运站经营许可

一、道路旅客运输及客运站经营许可的内容

道路客运经营许可的内容主要包括：

(1)道路客运业户经营许可(包括班车客运经营许可、包车客运经营许可、旅游客运经营许可三种类型)。

(2)道路客运班线经营许可。

(3)汽车客运站经营许可。

(4)出租汽车客运经营许可。

(5)城市公共客运经营许可。

出租汽车客运(城市公共客运)从本质上属于道路客运管理的范畴，但由于全国尚未形成统一的管理体制，也无相应的管理法规，所以对其经营许可，本节予以省略。

二、道路客运经营许可的原则

道路运输管理机构在审查道路客运经营申请时，除了按照道路客运经营的条件进行审

查外，还应当考虑客运市场的供求状况、普遍服务和方便群众等因素，以维护道路客运市场秩序，保持运输市场供求基本平衡，保护道路客运各方当事人的合法权益，促进道路客运事业的健康发展。

1. 客运市场的供求状况

客运市场的供求状况，是指客运市场旅客（需求方）与客运经营者（供给方）之间的相互关系。道路客运行业是一个公益型非常强的产业，道路运输管理机构作为行业管理部门，实施道路客运经营许可时，要从市场需求出发，科学调控市场发展，使市场维持在合理的竞争水平上，保持客运市场供求关系的平衡。

2. 普遍服务

“普遍服务”有两层含义，①平等对待旅客，让所有旅客都有机会接受道路客运服务，并要求客运经营者按相同的范围、质量标准和价格为所有旅客提供相同的服务，不得区别对待任何旅客，不得随意中断或终止客运服务；②客运线路的设置和实施行政许可，要综合平衡，合理配置客运线路资源。

3. 方便群众

“方便群众”也包含两层含义，①所申请的客运线路走向和停靠站点要能够为群众生活和生产提供廉价、便捷、迅速、安全的服务；②在实施客运许可时要方便申请人，减少许可环节，规范许可程序。

三、道路客运（班车、包车、旅游）业户经营许可

1. 许可依据

《中华人民共和国道路运输条例》第八、九、十条。

第八条　申请从事客运经营的，应当具备下列条件：

（一）有与其经营业务相适应并经检测合格的车辆；

（二）有符合本条例第九条规定条件的驾驶人员；

（三）有健全的安全生产管理制度。

申请从事班线客运经营的，还应当有明确的线路和站点方案。

第九条　从事客运经营的驾驶人员，应当符合下列条件：

（一）取得相应的机动车驾驶证；

（二）年龄不超过60周岁；

（三）3年内无重大以上交通责任事故记录；

（四）经设区的市级道路运输管理机构对有关客运法律法规、机动车维修和旅客急救基本知识考试合格。

第十条　申请从事客运经营的，应当按照下列规定提出申请并提交符合本条例第八条规定条件的相关材料：

（一）从事县级行政区域内客运经营的，向县级道路运输管理机构提出申请；

（二）从事省、自治区、直辖市行政区域内跨2个县级以上行政区域客运经营的，向其共同的上一级道路运输管理机构提出申请；

（三）从事跨省、自治区、直辖市行政区域客运经营的，向所在地的省、自治区、直辖市道路运输管理机构提出申请。

依照前款规定收到申请的道路运输管理机构，应当自受理申请之日起20日内审查完毕，作出许可或者不予许可的决定。予以许可的，向申请人颁发道路运输经营许可证，并向申请人投入运输的车辆配发车辆营运证；不予许可的，应当书面通知申请人并说明理由。

对从事跨省、自治区、直辖市行政区域客运经营的申请，有关省、自治区、直辖市道路运输管理机构依照本条第二款规定颁发道路运输经营许可证前，应当与运输线路目的地的省、自治区、直辖市道路运输管理机构协商；协商不成的，应当报国务院交通主管部门决定。

客运经营者应当持道路运输经营许可证依法向工商行政管理机关办理有关登记手续。

2. 许可主体

(1)申请从事跨省、自治区、直辖市行政区域和省内跨设区的市《地区、州(下同)》行政区域客运经营的，由省级道路运输管理机构负责实施；

(2)申请从事设区的市内跨2个以上县级行政区域客运经营的，由设区的市道路运输管理机构负责实施；

(3)申请从事县级行政区域内客运经营的，由县级道路运输管理机构负责实施。

3. 许可条件

(1)有与其经营业务相适应并经检测合格的客车：

①客车技术要求：

a. 技术性能符合国家标准《营运车辆综合性能要求和检验方法》(GB 18565)的要求；

b. 外廓尺寸、轴荷和载质量符合国家标准《道路车辆外廓尺寸、轴荷及质量限值》(GB 1589)的要求；

c. 从事高速道路客运或者营运线路长度在800公里以上的客运车辆，其技术等级应当达到行业标准《营运车辆技术等级划分和评定要求》(JT/T 198)规定的一级技术等级；营运线路长度在400公里以上的客运车辆，其技术等级应当达到二级以上；其他客运车辆的技术等级应当达到三级以上。(高速道路客运是指营运线路中高速道路里程在200公里以上或者高速道路里程占总里程70%以上的道路客运)

②客车类型等级要求：

从事高速道路客运、旅游客运和营运线路长度在800公里以上的客运车辆，其车辆类型等级应当达到行业标准《营运客车类型划分及等级评定》(JT/T 325)规定的中级以上。

③客车数量要求：

a. 经营一类客运班线(地区所在地与地区所在地之间的客运班线或者营运线路长度在

800 公里以上的客运班线）的班车客运经营者应当自有营运客车 100 辆以上、客位 3000 个以上，其中高级客车在 30 辆以上、客位 900 个以上；或者自有高级营运客车 40 辆以上、客位 1200 个以上。

b. 经营二类客运班线（地区所在地与县之间的客运班线）的班车客运经营者应当自有营运客车 50 辆以上、客位 1500 个以上，其中中高级客车在 15 辆以上、客位 450 个以上；或者自有高级营运客车 20 辆以上、客位 600 个以上。

c. 经营三类客运班线（非毗邻县之间的客运班线）的班车客运经营者应当自有营运客车 10 辆以上、客位 200 个以上。

d. 经营四类客运班线（毗邻县之间的客运班线或者县境内的客运班线）的班车客运经营者应当自有营运客车 1 辆以上。

e. 经营省际包车客运的经营者，应当自有中高级营运客车 20 辆以上、客位 600 个以上。

f. 经营省内包车客运的经营者，应当自有营运客车 5 辆以上、客位 100 个以上。

以上要求的车辆数、车型等级、客位数含承诺拟购置的车辆数、车型等级、客位数。

（2）有与其经营业务相适应的驾驶从业人员：

①取得相应的机动车驾驶证；

②年龄不超过 60 周岁；

③3 年内无重大以上交通责任事故记录（交通责任事故是指驾驶人员负同等或者以上责任的交通事故）；

④经设区的市级道路运输管理机构对有关客运法律法规、机动车维修和旅客急救基本知识考试合格。

（3）有健全的安全生产管理制度，包括安全生产操作规程、安全生产责任制、安全生产监督检查、驾驶人员和车辆安全生产管理的制度。

（4）申请从事道路客运班线经营，还应当有明确的线路和站点方案。

4. 提交材料目录

（1）申请开业的相关材料：

①申请表；

②企业章程文本；

③投资人、负责人身份证明及其复印件，经办人的身份证明及其复印件和委托书；

④安全生产管理制度文本；

⑤拟投入车辆承诺书，包括客车数量、类型及等级、技术等级、座位数以及客车外廓长、宽、高等。若拟投入客车属于已购置或者现有的，应提供行驶证、车辆技术等级证书（车辆技术检测合格证）、客车等级评定证明及其复印件；

⑥已聘用或者拟聘用驾驶人员的驾驶证和从业资格证及其复印件，公安机关交通管理部门出具的 3 年内无重大以上交通责任事故的证明。

(2)同时申请道路客运班线经营的,还应当提供下列材料:

①《道路旅客运输班线经营申请表》;

②可行性报告,包括申请客运班线客流状况调查、运营方案、效益分析以及可能对其他相关经营者产生的影响等;

③进站方案。已与起讫点客运站和停靠站签订进站意向书的,应当提供进站意向书;

④运输服务质量承诺书。

5. 许可程序

(1)申请人申请。

(2)形式审查:对申请主体是否适格,材料是否齐全并符合法定形式进行形式上的审查,由此作出是否受理决定。

(3)对作出受理决定的许可事项进行实质审查:条件是否符合;根据许可条件和程序核实申请材料的实质内容;直接关系他人重大利益的,向该利害关系人送达《交通行政许可征求意见通知书》,并听取意见,必要时组织听证;对同时申请道路客运班线经营的,可以依法组织招标等;组织招标和听证应向申请人送达《交通行政许可法定除外时间通知书》,将所需时间书面告知申请人;作出是否准予许可的决定。

(4)做出许可决定:准予许可的,颁发《道路运输经营许可证》;不予许可的,制作并送达《不予许可决定书》。

(5)对在 180 日内,申请人兑现承诺购置的车辆,经检测合格,配发《道路运输证》;对在 180 日内,未兑现承诺购置车辆的申请人,不予配发《道路运输证》,并撤销原许可决定,同时告知工商行政管理部门。

(6)从事包车客运的,被许可人凭《道路运输证》、承运人责任险保单、包车预约书或旅游合同到规定的道路运输管理机构领取包车标志牌,从事客运班线经营的,被许可人凭《道路运输证》、承运人责任险保单、《道路客运班线经营行政许可决定书》,到规定的道路运输管理机构领取《道路客运班线经营许可证明》和班车客运标志牌。

6. 许可期限

自受理申请之日起 20 个工作日内作出许可决定。

需要依法组织听证、招标等,所需时间不计算在依法作出行政许可决定的期限内。

自作出准予许可决定之日起 10 个工作日内颁发、送达《道路运输经营许可证》。

7. 其他事项

(1)申请从事定线旅游客运按照班车客运管理,申请从事非定线旅游客运按照包车客运管理。

(2)道路客运企业的全资或者绝对控股的经营道路客运的子公司,其自有营运客车在 10 辆以上或者自有中高级营运客车 5 辆以上时,可按照其母公司取得的经营许可从事客运经营活动。

(3)准予许可的，当事人自许可之日起6个月内持许可决定书和车辆检测合格证明到相应的道路运输管理机构领取《道路运输证》。

(4)公司合并、分立、设立子公司等均按重新许可进行。

(5)涉及车辆变更的按相应变更程序进行操作。

8. 实际操作

(1)在法定节日和重大活动期间临时从事道路客运的，应当经交通部门核准，营运期限不超过60日。

(2)实行公司化经营的班车，取得相应的包车经营权。

(3)从事省际旅游客运经营者在购车承诺期限内，已购置5辆以上中高级营运客车，并与客车生产厂家签订了其余客车的购车协议，且预付总价30%以上订金的，对已购车辆可以配发购车承诺期限内有效的省际包车经营《道路运输证》和省际包车标志牌。

(4)对省际、市际包车(非定线旅游)客运许可参照客运班线招投标进行管理。

四、道路客运班线经营许可

1. 许可依据

《中华人民共和国道路运输条例》第十一条。

第十一条　取得道路运输经营许可证的客运经营者，需要增加客运班线的，应当依照本条例第十条的规定办理有关手续。

2. 许可主体

(1)申请从事跨省、自治区、直辖市行政区域和省内跨设区的市行政区域客运经营的，由省级道路运输管理机构负责实施。

(2)申请从事设区的市内跨2个以上县级行政区域客运经营的，由设区的市道路运输管理机构负责实施。

(3)申请从事县级行政区域内客运经营的，由县级道路运输管理机构负责实施。

3. 许可条件

道路客运经营者已取得《道路运输经营许可证》后，申请道路客运班线的，其许可条件必须具备上述道路客运经营业户许可的有关要求，除此以外，对纳入客运线路经营权招投标的，应当符合交通运输部《道路旅客运输班线经营权招标投标办法》的规定。

4. 提交材料目录

(1)申请表。

(2)经办人的身份证明及其复印件，所在单位的工作证明或者委托书。

(3)《道路运输经营许可证》复印件。

(4)可行性报告，包括申请客运班线客流状况调查、运营方案、效益分析以及可能对其他相关经营者产生的影响等。

(5)进站方案。已与起讫点客运站和停靠站签订进站意向书的,应当提供进站意向书。

(6)运输服务质量承诺书。

(7)与所申请客运班线类型相适应的企业自有营运客车的行驶证、《道路运输证》复印件或者由所在地市级道路运输管理机构出具的企业自有营运客车情况证明。

(8)拟投入车辆承诺书,包括客车数量、类型及等级、技术等级、座位数以及客车外廓长、宽、高等。若拟投入客车属于已购置或者现有的,应提供行驶证、车辆技术等级证书(车辆技术检测合格证)、客车等级评定证明及其复印件。

(9)拟聘用驾驶人员的驾驶证和从业资格证及其复印件,公安机关交通管理部门出具的3年内无重大以上交通责任事故的证明。

(10)参加招投标的,在招投标过程中还应当提交下列材料:

①投标函;

②投标项目实施方案及说明;

③投标项目服务质量承诺;

④投标人资质、资信证明文件;

⑤所在地县级以上公安部门或安全生产监督部门出具的至招投标时上一年内企业交通安全营运情况证明;

⑥法律、法规、规章和招标文件要求具备的其他相关证明材料。

5. 许可程序

(1)当事人申请。

(2)形式审查:申请主体是否适格,材料是否齐全并符合法定形式。

(3)作出是否受理决定。

(4)实质审查:条件是否符合;根据许可条件和程序核实申请材料的实质内容;直接关系他人重大利益的,向该利害关系人送达《交通行政许可征求意见通知书》,并听取意见,可以组织专家论证、听证,必要时可以依法组织招标等;决定招投标的,发给申请人《交通行政许可法定除外时间通知书》,将所需时间书面告知申请人;并发给申请人《交通行政许可法定除外时间通知书》,将所需时间书面告知申请人。

(5)作出是否许可决定,实行招标的,根据招投标结果作出是否准予许可的决定。

(6)准予许可的,被许可人自许可之日起180日内持许可决定书和车辆检测合格证明到规定的道路运输管理机构申请配发《道路运输证》。

(7)被许可人凭《道路运输证》、承运人责任险保单到规定的道路运输管理机构领取《道路客运班线经营许可证明》。

6. 办理期限

自受理申请之日起20个工作日内作出许可决定。

需要依法组织论证、听证、招标等,所需时间不计算在依法作出行政许可决定的期限内。

自作出准予许可决定之日起10个工作日内颁发、送达客运线路标志牌。

7. 其他事项

(1)申请从事定线旅游客运线路经营按照本项许可办理。

(2)班线班次、途径路线、起讫点、经营权变更按照重新许可程序办理。

五、汽车客运站经营许可

1. 许可依据

《中华人民共和国道路运输条例》第四十条。

第四十条　申请从事道路运输站(场)经营、机动车维修经营和机动车驾驶员培训业务的,应当向所在地县级道路运输管理机构提出申请,并分别附送符合本条例第三十七条、第三十八条、第三十九条规定条件的相关材料。县级道路运输管理机构应当自受理申请之日起15日内审查完毕,作出许可或者不予许可的决定,并书面通知申请人。

2. 许可主体

由经营所在地县级道路运输管理机构负责实施。

3. 许可条件

(1)客运站竣工验收合格,且经道路运输管理机构组织的站级验收合格。

(2)有与业务量相适应的专业人员和管理人员。

(3)有相应的设备、设施,具体要求按照行业标准《汽车客运站级别划分及建设要求》(JT/T 200)的规定执行。

(4)有健全的业务操作规程和安全管理制度,包括服务规范、安全生产操作规程、车辆发车前例检制度、安全生产责任制、危险品查堵、安全生产监督检查的制度。

4. 提交的材料

(1)申请表。

(2)客运站竣工验收证明和站级验收证明。

(3)拟招聘的专业人员、管理人员的身份证明和专业证书及其复印件。

(4)投资人、负责人身份证明及其复印件,经办人的身份证明及其复印件和委托书。

(5)业务操作规程和安全管理制度文本。

5. 许可程序

(1)当事人申请。

(2)形式审查:申请主体是否适格,材料是否齐全并符合法定形式。

(3)作出是否受理决定。

(4)实质审查:根据许可条件和程序核实申请材料的实质内容,需要实地勘查的,应当派2名工作人员进行勘查;涉及第三人利益的,应当听取利害关系人意见;需要听证的,应当组织听证。符合条件的,制作并送达准予许可决定书;不符合条件的,制作并送达不予许可决定书。

6. 许可期限

自受理申请之日起15个工作日内作出许可决定。

自作出准予许可决定之日起10个工作日内颁发《道路运输经营许可证》。

7. 其他事项

客运站经营主体、站址变更按照重新许可办理，变更其他许可事项按有关规定办理。

六、出租汽车客运、城市公共客运经营许可

目前，出租汽车客运、城市公共客运尚无全国统一的开业条件，交通部门可以按照所在省、市、自治区及具有立法权的较大市人大已经制定颁布的相应的地方性法规所设定的条件进行许可。

七、道路客运经营许可中应注意的事项

道路运输管理机构在审查从事道路客运经营申请时，应注意以下事项：

1. 相关申请材料的审查

(1)申请业户提供的身份证明、驾驶证、从业资格证、行驶证、客车技术等级证书、等级评定证明等，应同时提供原件和复印件，原件与复印件核对无误后交还当事人，复印件同时加盖申请人的签章存档。

(2)申请从事班线经营运输服务质量承诺书应包括守法经营、安全驾驶、文明诚信、车容车貌、公共卫生等方面。

2. 关于投入车辆及承诺书

(1)道路运输管理机构在客运经营许可中，当申请人具备其他许可条件时，若申请人已购置或现有车辆达到所经营项目或种类规定的最低数量及要求的，按实际车辆数量及要求许可；申请人提交拟投入车辆承诺书的，被许可后实际购置车辆数达到所经营项目或种类规定的最低车辆数量及要求的，方可配发《道路运输证》。

(2)许可机关在作出许可决定的同时，应依法告知被许可人逾期未履行承诺的法律后果。

(3)客运经营者和客运站经营者在取得全部经营许可证件后无正当理由超过180天不投入运营或者运营后连续180天以上停运的，视为自动终止经营。

3. 关于客运班线招投标与行政许可的关系

客运班线招投标是客运班线行政许可的一个环节。当申请人向道路运输管理机构申请班线经营权时，道路运输管理机构经形式审查，受理申请后，应当向申请人发出《交通行政许可法定除外时间通知书》，告知申请人预计招投标所需的期限，此时许可时效中断。当招投标结束，定标确定了中标人时，道路运输管理机构应根据招标结果相应作出许可决定，制作

准予许可决定书。这里要特别注意，道路运输管理机构不可以中标通知书代替准予许可决定书。因为中标通知书具有双方对等性质，而许可决定书则是许可机关对申请人作出的单方面行政意思表示。

另外，需注意的问题是，通过招投标，线路经营权中标人，未必是当初向许可机关提出申请线路经营权的人。除当初提出许可申请的人以外，任何人在作出拟参与投标的意思表示前，都必须先向许可机关提出线路经营权许可申请。这是参与投标的先决条件。完全符合行政许可法规定的无申请即无许可的原则。

4. 关于许可前置

按照道路运输条例规定申请从事道路运输经营活动，经道路运输管理机构许可同意，方可持道路运输经营许可证向工商行政管理部门申请工商登记。而道路运输管理机构在作出准予许可决定前，必须对申请人依法规定应具备的许可条件进行审查，但实际生活中，道路运输经营权许可申请人，一般都不可能将规定的所有许可条件，包括车辆、人员、其他设施等全部购置、录用到位才向许可机关提出申请。在此情况下，通常都先由申请人作出承诺，在一定期限内使车辆、人员、设施等条件充分满足。道路运输许可机关在申请人作出承诺后，可视同其具备许可条件，在履行了许可其他程序后，即可作出准予许可决定，并送达《道路运输经营许可证》。只有这样申请人才能持许可证，向工商行政管理部门办理工商登记，只有办理了工商登记，才能向技术质量监督部门申领企业代码，也才能向公安部门申请为车辆登记上牌。当车辆经检测合格登记上牌后，道路运输管理机构则才有可能为该车辆配发《道路运输证》。如果不按此程序操作，则将无法产生新道路运输客运企业。当然如果申请人失信，取得《道路运输经营许可证》后，不按承诺购车、配人，到法定期限后，道路运输管理机构则可按行政许可法的规定撤销其许可证。

八、案例分析

某县是经济欠发达地区，为改变落后面貌，近年来加大了招商引资的力度。据到该县投资的服装厂经理反映，该县与周边地区的客运交通不甚发达，不能满足该厂员工的出行需要。于是该县主管交通的副县长带领交通局、运管所的领导到开发区召开座谈会，征求相关企业的意见。根据与会厂长、经理们的要求，交通局领导当即表态：新开 2 条县内班线、1 条县际班线、1 条市际班线，并明确这项工作由县运管所限期办理。考虑到这项工作时间紧、任务重，县运管所领导决定：

(1)动员该县客运公司立即开通 2 条县内班线，待后补办有关许可手续；

(2)由县运管所分别向市运管处、省运管局提出申请，请求尽快批准相关的县际、市际客运班线。

请指出该县交通部门在解决新开班线过程中的缺陷或不足。

分析：该县交通部门在解决新开班线过程中存在的缺陷有以下几个方面：

(1)开行道路客运班线，必须开展市场调查，出具可行性研究报告，而不能凭经验或长官意志决定。

(2)开行道路客运班线,必须经过行政许可,而行政许可是要约式行为,不能采取动员的口头方式。

(3)开行道路客运班线,必须先许可、后开行,而不能采取先开行后补办手续的方式。

(4)申请开行道路客运班线,申请人应当是县客运公司,而不该是县运管所。

第三节　道路客运线路经营权服务质量招标投标

道路旅客运输班线经营权招标投标(以下简称“道路客运班线经营权招投标”),是指道路运输管理机构在不实行班线经营权有偿使用或者竞价的前提下,通过公开招标,对参加投标的道路旅客运输经营者(以下简称客运经营者)的质量信誉情况、企业规模、运力结构和经营该客运班线的安全保障措施、服务质量承诺、运营方案等因素进行综合评价,择优确定客运班线经营者的许可方式。它是交通行政审批制度的一项重大改革,有利于运用市场机制、优化道路客运资源配置;有利于打破地方和行业垄断、建立统一开放竞争有序的运输市场;有利于排除人为因素干扰、实行阳光操作、预防职务和商业犯罪;有利于提高客运服务质量,推动道路客运事业健康发展。

道路客运班线经营权招投标,主要考核道路客运企业的安全保障措施、车辆站场设施、管理水平、运营方案、经营方式、服务承诺、服务质量保障措施等内容,通常招投标的具体评分项目和分值设置,由省级道路运输管理机构根据有利于引导客运经营者加强管理、规范经营,有利于引导客运经营者提高运输安全水平、服务水平和承担社会责任,有利于引导客运经营者节能减排,有利于引导客运经营者提高车辆技术装备水平,有利于促进规模化、集约化、公司化经营等要求设定。

一、道路客运班线经营权招标投标工作流程

主要包括招标、投标、开标、评标、中标等阶段。

(一)招标

县级以上道路运输管理机构为招标人,按相应的客运班线许可权限组织招标。招标具体组织方式,除自行办理招标事宜外,也可选择具备法定条件的招标代理机构,委托其办理招标事宜。

道路客运班线经营权招标采取公开招标方式。公开招标是指招标人以招标公告的方式邀请不特定的道路客运企业投标。

1. 招标公告

道路客运班线经营权招标时,招标人应当于投标截止时间30日前在其指定的报纸、网络等媒介上发布招标公告。招标公告应当包括以下内容:

(1)招标人名称、地址和联系方式。

(2)招标项目内容、要求和经营期限。

(3)中标人数量。

(4)投标人的资格条件。

(5)报名的方式、地点和截止时间等要求。

(6)报名时所需提交的材料和要求。

(7)其他需要公告的事项。

2. 招标文件

招标人应根据有关规定和招标项目的特点、需要，编制招标文件，招标文件应当包括下列内容：

(1)投标人须知。

(2)招标项目内容、要求和经营期限。

(3)中标人数量。

(4)投标文件的内容和编制要求。

(5)投标人参加投标所需提交的材料及要求。所需提交材料应当包括《道路旅客运输及客运站管理规定》要求的可行性报告、进站方案、运输服务质量承诺书。

(6)需提交投标文件的正副本数量以及提交要求、方式、地点和截止时间。

(7)缴纳履约保证金的要求及处置方法。

(8)开标的时间、地点。

(9)评分标准。

(10)中标规则。

(11)其他应当说明的事项。

3. 注意事项

招标人应当确定不少于10日的时间作为投标人的报名时间，该期间自招标公告发布之日起至报名截止日止。

招标人应当根据投标人报名时提交的材料对投标人的资格条件进行审查，对其中已具备招标项目所要求的许可条件的，发售招标文件；对在提交投标文件截止时间后送达的投标文件，招标人应当拒收。

(二)投标

响应招标、参加投标竞争或具备招标项目要求的道路客运经营范围的公民、法人或者其他组织为投标人。两个以上法人或者其他组织可以组成一个联合体，以一个投标人的身份投标，但不得再独立或者以筹建其他联合体的形式参加同一招标项目的投标。

1. 报名

投标人应当在招标公告规定的期限内向招标人报名，并按照招标公告的要求提交以下

材料:

(1)资格预审材料:包括《道路旅客运输及客运站管理规定》要求的除可行性报告、进站方案、运输服务质量承诺书之外的其他申请客运班线许可的材料。不具备招标项目所要求的道路客运经营范围的,应当同时提出申请,相关申请材料一并提交。

(2)标前分评定材料:包括最近两年企业客运质量信誉考核情况、自有营运客车数量、高级客车数量以及相关证明材料。

2. 投标人享有的权利

(1)平等地获得招标信息。

(2)自主确定投标方案。

(3)在投标截止时间前,可以修改或撤回投标文件。

(4)要求招标人对招标文件的有关问题答疑。

(5)参与招投标过程监督。

3. 投标人应履行的义务

(1)投标人不得相互串通或者与招标人串通投标。

(2)不得排挤其他投标人的公平竞争。

(3)不得以他人名义投标或者以其他方式弄虚作假,骗取中标。

4. 投标文件的编制要求

投标人应当根据招标文件的要求编制投标文件。投标文件的内容包括:投标函、投标项目实施方案及说明、投标项目服务质量承诺、投标人资质资信证明文件、招标文件要求具备的其他内容等。

投标文件及相关材料由投标人的法定代表人签字并加盖单位印章,进行密封,并在招标文件要求提交投标文件的截止时间前,将投标文件送达指定地点。招标人收到投标文件后,应当签收保存。任何人和单位不得在开标之前开启。

(三)开标

开标由招标人(或招标代理人)主持,邀请所有投标人的法定代表人(筹建负责人)或者其委托代理人参加,在提交投标文件的截止时间及招标文件中预先确定的地点公开进行。开标时,由投标人或其推选的代表检查所有投标文件的密封情况,也可以由招标人委托的公证机构检查并公证;经确认无误后,由工作人员当场拆封全部投标文件,并宣读投标人名称和投标文件的主要内容(唱标)。

(四)评标

评标由评标委员会负责。评标委员会由道路客运班线经营权招投标评标专家库中随机抽样产生,人数为5人以上的单数。评标委员会名单在中标结果确定前应当保密。评标委员会成员与投标人有利害关系的,不得进入本次评标委员会,已经进入的应当更换。

评标专家库由县级以上运政管理机构聘请的相关成员组成。其条件为:各级交通运输主管部门、道路运输管理机构从事客货运输、财务、安全、技术管理工作5年以上并具备大专以上学历的工作人员；或者道路运输企业、高等院校、科研机构和道路运输中介组织中从事道路运输领域的管理、财务、安全、技术或者研究工作8年以上，并具有相应专业高级职称或者具有同等专业水平的人员。

评标委员会依据招标文件规定的评标标准和方法，对投标文件进行评审打分。道路客运班线招投标评分标准：总分为200分。其中标前分为80分，由招标人在开标前对投标人提供的材料进行评审打分计算得出；评标分为120分，由评标专家按照招标文件确定的评分标准和方法，按照客观公正的原则评审打分，去掉一个最高分和一个最低分后，取算术平均值计算得出。

评标结束后，评标委员会应出具书面评标报告，并经全体评委签字后，提交招标人。

(五)中标

招标人应当根据评标委员会提交的书面评标报告和推荐意见确定中标人和替补中标人。

确定中标人后，招标人应当在7日内向中标人发出中标通知书，并将中标结果书面通知替补中标人和其他投标人。

招标人应当在中标通知书发出之日起30日内，按照有关规定办理许可手续。办理后在规定时间内未投入营运的，视为自动放弃客运线路经营权，由替补中标人取得该班线的经营权。

中标人不得转让中标的客运班线经营权，可以将中标客运班线经营权授予其分公司经营，但不得委托其子公司经营。

二、道路客运班线经营权服务招标投标应注意的问题

1. 客运线路经营权招投标的条件

(1)在确定被许可人之前，同一条客运班线有3个以上申请人申请的。

(2)根据道路运输发展规划和市场需求，道路运输管理机构决定开通的干线道路客运班线，或者在原干线道路客运线路上投放新的运力。

(3)根据双边或者多边政府协定开通的国际道路客运班线。

(4)已有的客运班线经营期限到期，原经营者不具备延续经营资格条件，需要重新许可的。

2. 道路客运班线经营权招投标是道路客运班线经营许可的特别程序

道路客运班线经营许可一般要经过申请、形式审查、受理、实质审查、作出许可决定、送达等程序。通过招投标方式实施道路客运班线经营许可时，其申请、形式审查等按照道路客运班线经营许可的程序进行，但在受理时应告知申请人该道路客运班线将以招标投标方式进行许可，并告知招标投标所需要的时间及提请注意的事项(发布招标公告的大致时间、媒

介等)。进入到实质性审查阶段后,通过招标方式许可的客运班线,将实质性审查的主要内容,转为由评标专家组成的评标委员会来评审,并将评审结果作为是否中标的依据。由此看出,通过招标方式选择中标人,是以公开、竞争的方式实施的行政许可,是行政许可制度向科学化、民主化方向迈进的有益尝试。因此,招投标与行政许可不是孤立分开的两项工作,而是紧密联系的,招投标是行政许可(作出许可决定)的一个特别程序。

道路运输管理机构确定中标人后,应按照许可程序,向中标人送达《准予行政许可的决定书》,并颁发《道路客运班线经营许可》证明。

第四节　班车客运管理

班车客运管理的内容十分丰富,加强班车客运管理的目的就是要保证运力和运量的平衡,提高车辆运行效率,维护客运市场秩序,创造公平竞争的经营环境,促进客运市场的健康发展,满足广大人民群众的出行需求,实现人便于行。

一、班车客运的概念与特点

班车客运是指营运客车按照固定的线路、时间、站点、班次运行的一种客运方式。加班车客运是班车客运的一种补充形式,在客运班车不能满足需要或者无法正常运营时,临时增加或者调配客车按客运班车的线路、站点运行的营运方式。

班车客运特点是有规定的停靠站点、行驶线路、发车班次和时间,是道路客运中最主要、最基本的营运方式,概括起来有定线、定点、定班、定时的"四定"特点。

二、班车客运的分类

1. 按经营区域和营运线路

按经营区域和营运线路长度,班车客运分为四类:

(1)一类客运班线:地区所在地与地区所在地之间的客运班线或者营运线路长度在800公里以上的客运班线。

(2)二类客运班线:地区所在地与县之间的客运班线。

(3)三类客运班线:非毗邻县之间的客运班线。

(4)四类客运班线:毗邻县之间的客运班线或者县境内的客运班线。

2. 按营运方式

班车客运分为高速道路班车、直达班车、普通班车、城乡公共汽车、民航班车、出入境班车等。

(1)高速道路班车是指营运线路中高速道路里程在200公里以上或者高速道路里程占

总里程 70% 以上的客运班车。

(2)直达班车是指自始发站到终点站,中途只作必要停歇,但不上下旅客的班车。

(3)普通班车是指沿途可停靠经批准的站点上下旅客的班车。

(4)城乡公共汽车是指由城市或县城发往本地乡、镇、村庄或运行在乡镇、村庄之间,旅客上下频繁的短途班车。

(5)民航班车是指专为进出民航机场的旅客提供道路客运服务的班车,其线路一端在民航机场。

(6)出入境班车是指根据政府间出入境汽车运输协定开行的,实行定线路、定班次、定点管理的客运班车。

三、班车客运的运行规定与管理要求

(1)班线客运经营者取得道路运输经营许可证后,应当向公众连续提供运输服务,不得擅自暂停、终止或者转让班线运输。不得转让、出租道路运输经营许可证件。在取得全部经营许可证件后无正当理由超过 180 天不投入运营或者运营后连续 180 天以上停运的,视为自动终止经营。

(2)客运班车应当按照许可的线路、班次、站点运行,在规定的途经站点进站上下旅客,无正当理由不得改变行驶线路,不得站外上客或者沿途揽客,不得强迫旅客乘车,不得中途将旅客交给他人运输或者甩客,不得敲诈旅客,不得擅自更换客运车辆,不得阻碍其他经营者的正常经营活动。

(3)客运经营者应在客运车辆外部的适当位置喷印企业名称或者标识,在车厢内显著位置公示道路运输管理机构监督电话、票价和里程表,应当遵守有关运价规定,明码标价,使用规定的票证,不得乱涨价、恶意压价、乱收费。

(4)客运车辆驾驶人员应当随车携带《道路运输证》、从业资格证等有关证件,在规定位置放置客运标志牌,随车携带《道路客运班线经营许可证明》。

(5)从事班车客运的车辆必须按确定的车站和时间进入车位装运行包,检票上客,正点发车,严禁提前或延时发车。应当在发车 30 分钟前备齐相关证件进站等待发车,不得误班、脱班、停班。不按时派车辆应班,1 小时以内视为误班,1 小时以上视为脱班。但因车辆维修、肇事、丢失或者交通堵塞等特殊原因不能按时应班、且已提前告知客运站经营者的除外。因故不能发班的,应当提前 1 日告知客运站经营者,双方要协商调度车辆顶班。

(6)客运经营者应当建立和完善各类台账和档案,并按要求及时报送有关资料和信息。

(7)客运班线需要变更经营主体、起讫地、线路走向、班次、更改车型等许可事项,应向原许可机关提出申请。

(8)经营者在经营期限内暂停、终止班线经营,应当提前30日向原许可机关申请。客运经营者终止经营,应当在终止经营后10日内,将相关的《道路运输经营许可证》和《道路运输证》、客运标志牌交回原发放机关。

(9)客运线路经营权期限为4~8年,经营期限届满需要延续的,应重新提出申请。

(10)道路运输管理机构要建立客运班线管理档案,及时将班线变化、班次调整和班线的基本情况记录在册。加强对辖区内班车运行状况的日常监督检查,督促经营者提高服务质量和水平。

四、班车客运的公司化经营

道路客运班车公司化经营,是相对于承包经营、挂靠经营、租赁经营等所有权与经营权相分离而言的,即线路经营权归公司所有,公司按照现代企业制度组织运输经营。在产权结构、治理结构、决策机构以及约束机制等方面有着科学规律并讲求效率的经营模式。

实施道路客运班车公司化经营改造的目的,主要是通过规模化、集约化经营,解决当前客运行业中存在的结构不合理、集约化程度不高、运输效率低、服务质量差以及挂靠经营、以包代管等问题。其实质是通过优化运力投放和运输组织方式,达到减少经营矛盾,提高服务质量;减少运力投放,提高运输效率;减少资源消耗,提高经济效益的目的。

从各地实施道路客运班车公司化经营改造的实践来看,改造形式主要有以下几种:①对现有承包经营者的车辆及线路经营权进行收购和补偿,由实施收购的客运公司取得客运线路经营权,客运公司按照现代企业制度组织运输经营;②采取兼并、资产重组、股份合作等形式进行改造;③先进行线路经营权置换,相对集中经营后,再行改造;④委托经营改造等形式。

道路客运班车公司化经营改造的标准主要有:

(1)车辆产权属于运输企业所有。

(2)司乘人员应是企业按照《劳动法》管理的职工或是按《公司法》产生的股东;单车营收全部上交企业,司乘人员不参加单车利润分配。

(3)运输企业统一经营管理车辆,并承担全部经营风险和安全管理责任。

(4)不以挂靠、承包、租赁等任何方式转让或者变相转让经营权,客运班线实行规范经营、优质服务。

为推进道路客运班车公司化经营改造,各地出台了许多鼓励措施,概括起来主要有:①以政策为引导,鼓励线路改造与线路发展挂钩,对实行公司化经营改造的班线,在申请增车、增班时给予优先;②实行班线经营权有条件延期,对实行公司化经营改造的班线,其经营期限相应延长一个周期;③对实行公司化经营改造的班车实施一定的补贴,鼓励公司化经营率高的企业在线路发展中取得更多的市场份额;④切实加强市场监管,为公司化经营改造创造良好的经营环境。

第五节　包车客运管理

一、包车客运的概念与特点

包车客运是指以运送团体旅客为目的，将客车包租给用户安排使用，提供驾驶劳务，按照用户约定的起始地、目的地和路线行驶，按行驶里程或者包用时间计费并统一支付费用的一种营运方式。其经营形式是用户先与道路客运经营者预约，签订包车合同或协议，经营者按用户要求派车、行驶与停靠。包车客运的用户大多是单位或团队。

包车客运按照其经营区域分为省际包车客运和省内包车客运，省内包车客运分为市际包车客运、县际包车客运和县内包车客运。其特点是：

(1)按用户指定的时间、地点、路线运行。

(2)经营方式主要有计程包车、计时包车。

(3)大多数为大、中型客车，按行驶里程或包用时间进行计费。

(4)包车客运的需求不确定，随机性较强。

二、包车客运的运行规定与管理要求

(1)包车客运经营者要和用户签订《包车预约书》或《包车合同》，并按其条款履约，保证服务质量。

(2)客运包车应当凭车籍所在地县级以上道路运输管理机构核发的包车客运标志牌，按照约定的时间、起始地、目的地和线路运行，并持有包车票或者包车合同，不得按班车模式定点定线运营，不得招揽包车合同外的旅客乘车。

(3)客运包车除执行道路运输管理机构下达的紧急包车任务外，其线路一端应当在车籍所在地。单程的去程包车回程载客时，应当向回程客源所在地县级以上道路运输管理机构备案。

(4)用户要求变更使用包车的时间、地点或取消包车，须在使用前办理变更手续。包车客运经营者要求变更车辆类型、约定时间或取消包车，亦应事先与用户协商，经同意后，方可变更。

第六节　旅游客运管理

一、旅游客运的概念与特点

旅游客运是指以运送旅游观光的旅客为目的，在旅游景区内运营或者其线路至少有一

端在旅游景区(点)的一种客运方式。

(1)旅游客运按照营运方式分为定线旅游客运和非定线旅游客运。

①定线旅游客运,又称为旅游班车,即实行定线、定班、定时,在城市和旅游风景区及景区与景区之间运营的班车;

②非定线旅游客运,是按照用户要求的旅游路线、景点和时间,以运送团体游客为主的一种营运方式。

(2)旅游客运与班车客运、包车客运相比,其特点是:

①开行的线路一端是旅游区,运行线路主要在城市与旅游景点、旅游度假区、名胜古迹,以及旅游点与旅游点之间;

②服务对象是旅游者;

③多为往返包车,旅游客运的起点也是终点;

④中途停靠点和时间服从旅游计划的安排;

⑤地域性、季节性较强,客流均衡性较差。

二、旅游客运的运行规定与管理要求

(1)定线旅游客运除按照班车客运管理的要求运行外,其发车点还须设置旅游区线路图、旅游名胜简介,公布旅游车型、导游服务项目等。

(2)非定线旅游客运按照包车客运管理的要求运行,非定线旅游客车可持注明客运事项的旅游客票或者旅游合同取代包车票或者包车合同。

(3)严格进行旅游客运许可。道路运输管理机构应掌握旅游客源,合理配置运力,这是许可旅游客运的依据。

(4)搞好旅游客运与其他营运方式的合理分工和协调配合,避免旅游客运与道路班车客运的重复和冲突,实行分类管理。

(5)加强旅游区车站(场)管理,保证停车站(场)整洁、宽敞、有序。

(6)应根据旅游点的客流情况及高峰规律制定班次运行时刻表及增减开行班次。对景点的接待能力要心中有数,对旅客人数要随时掌握,当旅游旺季,景点游客趋于饱和时,要严格控制派向景点的运力,以控制游客激增,超过景点承受能力,发生不测事件。

第七节　国际道路客运管理

我国有着22000多公里陆上国境线,与14个国家和地区陆地相邻。随着与周边国家经贸关系的进一步发展,人员往来的增加,国际道路运输发展非常迅猛。因此,国际道路客运是我国道路客运的重要组成部分。国际道路客运管理的依据,①《国际道路运输管理规定》

(交通部2005年第3号令);②我国与其他国家签订的双边或多边汽车运输协定。至2006年底,我国已与俄罗斯、哈萨克斯坦、越南等周边国家签署了13个政府间汽车运输协定。

一、国际道路客运的概念与特点

国际道路旅客运输是指使用客车通过道路在不同国家或地区之间运送旅客的一种方式。分定期旅客运输和不定期旅客运输两种方式。

国际道路旅客运输的特点主要有:

(1)国际道路旅客运输的起始地或者到达地位于两个以上不同的国家或地区。

(2)国际道路旅客运输经营者除遵守我国的运输法律、法规及规章外,还遵守我国政府与周边国家政府间签订的双边或多边汽车运输协议。

(3)国际道路旅客运输实行行车许可证制度。行车许可证是国际道路运输经营者在相关国家境内从事国际道路运输经营时行驶的通行凭证。

二、国际道路客运的运行规定和管理要求

国际道路客运的运行规定管理要求主要有以下几点:

(1)国际道路运输线路由起讫地、途经地国家交通主管部门协商确定。

(2)从事定期国际道路旅客运输的车辆,应当按照规定的行车路线、班次及停靠站点运行。

(3)外国国际道路客运经营者的车辆在中国境内运输,应当具有本国的车辆登记牌照、登记证件。驾驶人员应当持有与其驾驶的车辆类别相符的本国或国际驾驶证件。

(4)从事国际道路客运的车辆应当标明本国的国际道路运输国籍识别标志,并符合我国有关运输车辆外廓尺寸、轴荷以及载质量的规定。

我国与外国签署有关运输车辆外廓尺寸、轴荷以及载质量具体协议的,按协议执行。

(5)我国从事国际道路旅客运输的经营者,应当使用《国际道路旅客运输行车路单》。

(6)禁止外国国际道路客运经营者从事我国国内道路旅客运输经营。

外国国际道路客运经营者在我国境内应当在批准的站点上下旅客。禁止外国国际道路客运经营者在我国境内自行招揽旅客。

(7)国际道路客运经营者应当制定境外突发事件的道路运输应急预案。应急预案应当包括报告程序、应急指挥、应急车辆和设备的储备以及处置措施等内容。

第八节　客运标志牌及证件管理

客运标志牌及证件主要包括客运标志牌、《道路客运班线经营许可证明》、《道路运输经

营许可证》、《道路运输证》等。客运标志牌(以下简称标志牌)是客运车辆合法经营的凭证,也是旅客识别客车运行起讫点的标志。营运客车均须挂牌经营,一车一牌,置放于前风窗玻璃右下侧,正面朝前,凭标志牌在许可的线路或范围内营运。《道路客运班线经营许可证明》是记载道路客运班线经营许可及审验情况的证明,它与道路班车客运标志牌配合使用,缺一无效。《道路运输经营许可证》是运输业户经营道路运输的合法凭证,凡在我国境内经营道路旅客运输、道路货物运输、道路危险货物运输、国际道路运输、机动车维修、机动车驾驶员培训、客货运站、场的单位和个人,均须持有《道路运输经营许可证》,《道路运输经营许可证》一户一本,分正本、副本,正本悬挂在经营场所,副本用于记录经营者的基本情况、检查(考核)结果、变更结果等情况。《道路运输证》是客运车辆(指汽车)从事道路客运经营的合法凭证,凡在我国境内从事道路客运经营的车辆,均须持有《道路运输证》,一车一证,随车携带,以备查验。

一、客运标志牌的分类及用途

标志牌按用途分为:

(1)班车客运标志牌,简称班车标志牌。为经许可的班车客运经营的车辆使用。分为省际、市际、县际、县内标志牌4种。

(2)临时客运标志牌,简称临时标志牌。为经许可的客运班线经营的班车标志牌未加工好、加班车、顶班车、接驳车或者因班车标志牌遗失而临时替代使用。分为省际、市际、县际、县内标志牌4种。

(3)包车客运标志牌,简称包车标志牌。为经许可的从事包车客运经营的车辆使用。分为省际、市际、县际、县内标志牌4种。

(4)出租客运标志牌,简称出租标志牌。为经许可的从事出租客运经营的八座及以下小型车辆使用。

二、客运标志牌的制作、发放

1. 班车标志牌的制作发放权限

(1)省、市际班车标志牌由省级道路运输管理机构制作、发放。

(2)县际班车标志牌由地(市)级道路运输管理机构制作、发放。

(3)县内班车标志牌由县级道路运输管理机构制作、发放。

(4)国际客运标志牌的式样制作由省级道路运输管理机构按交通运输部统一格式印制、发放、管理和监督使用。

2. 临时标志牌、包车标志牌的制作发放权限

省际、市际临时标志牌、包车标志牌由省级道路运输管理机构制作,交由县级以上道路运输管理机构向客运经营者核发。

三、客运标志牌的制式规范

班车标志牌、省际临时标志牌、省际包车客运标志牌的制式规范由交通运输部统一规定;省内临时客运标志牌、省内包车客运标志牌的制式规范由省级交通运输主管部门自行规定。

1. 班车标志牌制式规范

(1)尺寸:

①大型客车标志牌为600毫米×300毫米;

②中小型客车标志牌为480毫米×220毫米。

(2)材质和工艺:底版为银白色铝质材料,正面底贴白色环保反光膜,背面底色为磨砂铝本色。

(3)"×际(县内)"视情确定为"省际"、"市际"、"县际"、"县内"。

(4)其他规范:

①大型客车使用的班车标志牌正面:

第一行字为黑色宋体,字高35毫米×字宽35毫米。

第二行字为红色黑体,字高130毫米×字宽100毫米~110毫米,随字数多少而改变。横线为黑色,宽度20毫米,长度随字数多少而改变。横线中间上方套印红色的许可道路运输管理机构专用章。

第三行字为黑色宋体,字高25毫米×字宽18毫米,号码为红色阿拉伯数字。

②中小型客车使用的班车标志牌正面:

第一行字为黑色宋体,字高28毫米×字宽28毫米。

第二行字为红色黑体,字高110毫米×字宽80毫米,随字数多少而改变。横线为黑色,宽度15毫米,长度随字数多少而改变。横线中间上方套印红色的许可道路运输管理机构专用章。

第三行字为黑色宋体,字高20毫米×字宽15毫米,号码为红色阿拉伯数字。

③班车标志牌背面:

左侧粘贴《道路客运班线经营许可证明》。

右侧在磨砂铝底板上直接印制"遵章守法"和"安全优质",分两行排列,黑色宋体,在大型客车使用的班车标志牌上字高25毫米×字宽25毫米,在中小型客车使用的班车标志牌上字高20毫米×字宽20毫米。

2.《道路客运班线经营许可证明》制式规范

(1)尺寸为215毫米×160毫米。

(2)材质与底色为白色纸质,背后贴不干胶,正面填写后覆盖透明不干胶薄膜。

(3)"道路客运班线经营许可证明"字体为黑色二号黑体字;"×客运班许字××××

号”字体为黑色四号宋体字，其中编号为红色阿拉伯数字；框内其他字均为四号宋体字。

3. 临时标志牌和包车标志牌制式规范

(1)尺寸为480毫米×220毫米。

(2)材质与底色为不少于250克的白色铜版纸。

(3)其他规范：

第一行字为红色宋体，字高35毫米×字宽35毫米。

第二行横线为黑色，宽度为12毫米，长度为60毫米，横线中间上方套印红色的省级道路运输管理机构专用章。起讫点为人工填写，应当字体粗大，便于辨认。

第三行字为黑色宋体，字高20毫米×字宽20毫米，号码为红色阿拉伯数字。

背面为黑色小初号黑体字，签章栏和省际临时客运标志牌背面说明栏内文字为黑色2号宋体字。

四、客运标志牌的发放程序

(1)班车客运标志牌由具有相应班车客运线路许可权的道路运输管理机构直接向取得该班线经营许可的申请人发放。

(2)临时客运标志牌由县以上道路运输管理机构向经营者核发。加班或顶班的，应审核始发站签章证明；标志牌正在制作或者不慎灭失的，应审核《道路客运班线经营许可证明》或者《道路客运班线经营行政许可决定书》。

(3)包车(旅游)客运标志牌由县以上道路运输管理机构向经营者核发。发放时应审核包车票或者包车合同(包车协议书)。

(4)道路运输管理机构应建立《客运标志牌领用、发放台账》，各类纸质标志牌均实行交旧领新制度。

五、客运标志牌的管理

客运标志牌是客运管理的重要手段，加强标志牌的管理，对维护道路客运市场秩序，保护合法经营，打击非法营运具有重要作用。

(1)客运经营者应当在规定位置放置客运标志牌，班车客运标志牌应与《道路客运班线经营许可证明》配合使用。经营者不得自行制作、涂改、转让及买卖。

(2)纸质标志牌均需加盖道路运输管理机构许可专用章，纸质标志牌实行交旧领新制度。

(3)有下列情况之一的，客运车辆可使用临时标志牌：

①原有正班车已经满载，需要开行加班车的；

②因车辆抛锚、维护等原因，需要接驳或者顶班的；

③正式班车客运标志牌正在制作或者不慎灭失，等待领取的。

(4)使用临时标志牌运营的客车,应当按正班车的线路和站点运行。加班或者顶班的,还应持有始发站签章并注明事由的当班行车路单;班车标志牌正在制作或者灭失的,还应持有该班线的《道路客运班线经营许可证明》或《道路客运班线经营行政许可决定书》复印件。

(5)包车标志牌和临时标志牌在一个运次所需的时间内有效,因班车客运标志牌正在制作或者灭失而使用的省际临时客运标志牌有效期不得超过30天。

(6)标志牌遗失的,由经营业户向车籍所在地道路运输管理机构申报,经查实并由业户登报声明作废后,向原核发机关申请补办。标志牌因故损坏的,应上缴原核发机关申请换发。

六、《道路运输经营许可证》的管理

《道路运输经营许可证》的管理,主要包括发放、使用和管理等内容。

1.《道路运输经营许可证》发放原则

(1)《道路运输经营许可证》按照经营类型许可,一家一证的原则核发。经营类型分为客运类、货运(含危货)类、维修类、驾驶员培训类、站场类。

(2)属以下情况的,核发《道路运输经营许可证》正本和副本:

①经许可的具有道路运输经营资格的法人单位(含子公司);

②经许可的具有道路运输经营资格的个体经营者;

③经许可的具有道路运输经营资格的非道路运输类大中型企业内部独立核算的单位;

④经许可的道路运输相关业务经营者。

(3)道路客货运输企业设立的道路客货运输分公司(其从事的经营类型与总公司一致,且享受总公司经营范围的)不核发《道路运输经营许可证》,由许可机关发放《道路运输经营许可证》副本,作为在分公司经营地道路运输管理机构备案及配发《道路运输证》的依据。

2.《道路运输经营许可证》发放程序

(1)《道路运输经营许可证》按照谁许可、谁核发道路运输相关许可决定书的原则,并凭许可决定书10日内核发《道路运输经营许可证》的程序执行。

(2)涉及多级道路运输管理机构许可的道路运输经营许可事项,按照谁许可、谁核发道路运输相关许可决定书的原则,集中到最高一级的道路运输管理机构核发许可证。最高一级道路运输管理机构核发《道路运输经营许可证》时,应将下一级道路运输管理机构许可的经营范围一并填入,将下级的许可决定书留存备查,并抄告许可决定书核发机关。

(3)已取得相应经营许可的经营者,申请扩大经营范围,且需要到上级道路运输管理机构申请经营许可的,应按规定程序,向上级道路运输管理机构提出申请。上级道路运输管理机构对符合法定条件的申请作出许可决定后,换发新的《道路运输经营许可证》时,收回原有证件,留存备查,并抄告原证件核发机关。

3.《道路运输经营许可证》换发、补发

(1)《道路运输经营许可证》的有效期限一般为4年,经营者应当在许可证到期前10日内到原发证的道路运输管理机构换发。

(2)《道路运输经营许可证》正、副本损坏、污损,到原发证机关提出换发申请的,发证机关应当收回原证件,按原证件编号换发新证。

(3)《道路运输经营许可证》丢失的,持证业户在原发证机关所在地的报刊刊登遗失申明后,发证机关应补发新证,并重新编号。

(4)《道路运输经营许可证》损坏、污损换证及遗失补证的,其证件有效期一律填写换、补证日期至原证件有效期截止日期。

4.《道路运输经营许可证》审验

对道路客运企业进行年度审验,目前全国尚无统一的规定。《江苏省道路运输市场管理条例》第十条第一款规定"客货运输经营者应当接受交通或者建设部门对其经营条件的年度审验",这就为《道路运输经营许可证》年度审验提供了依据。

审验的主要内容是企业的经营条件,即与道路运输企业经营范围和内容相对应的经营条件,具体内容在许可条件中已经阐述。

七、《道路运输证》的管理

1.《道路运输证》配发原则

(1)《道路运输证》按一车一证和属地配发的原则,由县级以上道路运输管理机构配发。

(2)从事国际道路运输的车辆,其《道路运输证》由许可的省级道路运输管理机构配发,各地可视情由许可的省级道路运输管理机构委托车籍地的市或县级道路运输管理机构配发。

2.《道路运输证》配发程序

(1)取得《道路运输经营许可证》的经营者,申请配发《道路运输证》,应当向配发《道路运输证》的道路运输管理机构提交相应证明材料。道路运输管理机构对材料进行核实后,依据其有关车辆信息、经营范围等内容配发《道路运输证》。

(2)申请配发《道路运输证》,需提交以下材料:

①《道路运输证申领登记表》;

②法人单位应提交《道路运输经营许可证》正本复印件;道路客运企业分公司应提交分公司《道路运输经营许可证》副本;

③班线、包车或旅游客运的许可决定书及复印件;

④经办人身份证明及复印件。经营者为企业的,还应提供单位开具的介绍信或委托书;

⑤车辆的机动车行驶证及复印件;

⑥9厘米×6.2厘米车辆45度角彩色照片3张,一张用于证件制作,一张粘贴在申请表上,一张存入车辆管理档案中;

⑦机动车综合性能检测机构出具的检测报告；

⑧营运客车类型等级核定结论。

3.《道路运输证》换发、补发

(1)《道路运输证》每3年换发一次，换证工作结合当年的车辆审验工作一并进行。

(2)《道路运输证》污损的，道路运输经营者向原发证的道路运输管理机构提出换发申请，发证机关应当收回旧证，按原证件编号换发新证。

(3)《道路运输证》灭失的，发证机关在补办新证时，应当重新编号，并在业户档案及车辆技术管理档案中注销原证件号码，登记新的号码。

4. 车辆报停、报废原则

车辆报停、报废、终止经营以及被责令车辆停止经营、被吊销道路运输经营许可时，《道路运输证》按以下规定处置：

(1)车辆报停的，道路运输经营者须持《道路运输证》及有关营运标志到证件配发机关办理报停手续，暂交回《道路运输证》及有关营运标志；恢复运输时，按规定到证件配发机关办理有关手续并领回相关证件、营运标志。

(2)车辆报废的，道路运输经营者应将《道路运输证》及有关营运标志交回原证件配发机关。

(3)车辆终止经营的，道路运输经营者应当按规定向当地道路运输管理机构提出申请，经审查批准后，交回《道路运输证》及有关营运标志，并由道路运输管理机构办理注销手续。

(4)车辆因违规行为被责令停止经营的，停业期间，道路运输管理机构应当收回《道路运输证》及有关营运标志。

(5)车辆因违法行为被吊销道路运输经营资格的，道路运输管理机构应当收回其《道路运输证》及有关营运标志。

(6)车辆报废、终止经营及被取消经营资格的，如拥有该车辆的道路运输经营者由上级道路运输管理机构许可的，应当抄报上级道路运输管理机构，其营运标志属上级道路运输管理机构核发的，应当随抄报文件一并上交。

5.《道路运输证》审验

(1)《道路运输证》审验的依据：

《道路旅客运输及客运站管理规定》(交通运输部令2009年第4号)第三十七条规定："县级以上道路运输管理机构应当定期对客运车辆进行审验，每年审验一次。"

(2)《道路运输证》审验的内容：

①车辆违章记录；

②车辆技术档案；

③车辆结构、尺寸变动情况；

④按规定安装、使用符合国家标准的行车记录仪情况；

⑤客运经营者为客运车辆投保承运人责任险情况。

审验符合要求的，道路运输管理机构在《道路运输证》审验记录栏中注明；不符合要求的，应当责令限期改正或者办理变更手续。

第九节　汽车客运站管理

一、汽车客运站的概念与分类

1. 汽车客运站概念

汽车客运站（以下简称客运站）是公益性交通基础设施，是道路旅客运输网络的节点，是道路运输经营者与旅客进行运输交易活动的场所，是为旅客和运输经营者提供站务服务的场所，是培育和发展道路运输市场的载体。

汽车客运站具有以下功能：运输服务功能；运输组织功能；中转、换乘功能；多式联运功能；通信、信息功能；辅助服务功能。

2. 客运站的分类

（1）客运站按规模分为等级站、简易车站、招呼站。

①等级站是具有一定规模，可按规定分级的客运站。根据其设施设备、客运量、所在的地理位置等条件，划分为一级站、二级站、三级站、四级站、五级站等 5 个级别；

②简易车站是以停车场为依托，具有集散旅客、售票和停发客运班车功能的车站；

③招呼站是道路沿线（客运班线）设立的旅客上落点。

（2）客运站按位置和特点分为枢纽站、口岸站、停靠站、港湾站。

①枢纽站是可为两种及两种以上交通方式提供旅客运输服务，且旅客在站内能实现自由换乘的车站。

②口岸站是位于边境口岸城镇的车站。

③停靠站是为方便城市旅客乘车，在市（城）区设立的具有候车设施和停车位，用于长途客运班车停靠、上下旅客的车站。

④港湾站是道路旁具有候车标志、辅道和停车位的旅客上落点。

（3）客运站按服务方式分为公用型车站、自用型车站。

①公用型车站是具有独立法人地位，自主经营，独立核算，全方位为客运经营者和旅客提供站务服务的车站；

②自用型车站是隶属于运输企业，主要为自有客车和与本企业有运输协议的经营者提供站务服务的车站。

3. 客运站级别划分

根据交通部《汽车客运站级别划分和建设要求》（JT/T 200），按照车站设施和设备配备情况、地理位置和年设计平均日旅客发送量(以下简称日发量)等因素,车站等级划分为5个级别以及简易车站和招呼站。一、二级客运站由省级道路运输管理机构组织评定;其他级别的客运站由所在地道路运输管理机构组织评定。

(1)一级站。设施和设备符合一级站必备要求,日发量在10000人次以上的车站为一级站;省、自治区、直辖市及其所辖市、自治州(盟)人民政府和地区行政公署所在地,如无10000人次以上的车站,可选取日发量在5000人次以上具有代表性的一个车站列为一级站;位于国家级旅游区或一类边境口岸,日发量在3000人次以上的车站列为一级站。

(2)二级站。设施和设备符合二级站必备要求,日发量在5000人次以上,不足10000人次的车站为二级站;县以上或相当于县人民政府所在地,如无5000人次以上的车站,可选取日发量在3000人次以上具有代表性的一个车站列为二级站;位于省级旅游区或二类边境口岸,日发量在2000人次以上的车站列为二级站。

(3)三级站。设施和设备符合三级站必备要求,日发量在2000人次以上,不足5000人次的车站。

(4)四级站。设施和设备符合四级站必备要求,日发量在300人次以上,不足2000人次的车站。

(5)五级站。设施和设备符合五级站必备要求,日发量在300人次以下的车站。

二、汽车客运站规划与建设规模

客运站的建设要根据当地社会经济发展情况、城市建设规划要求,结合客流量的大小和特点,科学地确定站址和规模。

1.客运站选址原则

(1)汽车客运站规划应纳入城市总体规划,适应城市发展要求,合理布局。

(2)便于旅客集散和换乘,尽可能地节省旅客出行时间和费用,减少在市内换乘次数。

(3)与道路、城市道路、城市公交系统和其他运输方式的站场衔接良好,确保车辆流向合理,出入方便;

(4)具备必要的工程、地质条件,方便与城市的公用工程网系(道路网、电力网、给排水网、排污网、通信网等)的连接;

(5)具备足够的场地,能满足车站建设需要,并有发展余地。

2.客运站设施、设备要求

客运站主要由站房、发车位、停车场(库)、站前广场、保修车间、生产车辆辅助设施和职工生活用房等组成。站场建设规模,以旅客最高聚集人数为主要依据计算,结合其他条件,按设计年度进行合理规划。坚持小站房、大站场的建设原则。客运站各主要处所建筑面积,如候车室、售票厅、行包托运处、行包提取处、站务员室、乘务员室、驾驶员休息室、发车位、停车场、行车通道、站前广场、保修车间、职工生活用房等要根据相应级别的客运站标准建设。

三、汽车客运站经营规定及管理要求

(1)客运站经营者应当按照道路运输管理机构决定的许可事项从事客运站经营活动,不得转让、出租客运站经营许可证件,不得改变客运站用途和服务功能。

(2)客运站经营者在取得全部经营许可证件后无正当理由超过 180 天不投入运营或者运营后连续 180 天以上停运的,视为自动终止经营。

(3)客运站经营者应当设置旅客购票、候车、乘车指示、行李寄存和托运、公共卫生等服务设施,向旅客提供安全、便捷、优质的服务,保持站场卫生、清洁。客运站经营者应当维护好各种设施、设备,保持其正常使用。

(4)客运站经营者和进站发车的客运经营者应当依法自愿签订服务合同,双方按合同的规定履行各自的权利和义务。客运站经营者应当按月和客运经营者结算运费。

(5)客运站经营者应当依法加强安全管理,完善安全生产条件,健全和落实安全生产责任制。对出站客车进行安全检查,采取措施防止危险品进站上车,按照车辆核定载客限额售票,严禁超载车辆或者未经安全检查的车辆出站,保证安全生产。

(6)客运站经营者应当公平对待使用客运站的客运经营者,禁止无证经营的车辆进站从事经营活动,无正当理由不得拒绝合法客运车辆进站经营。客运站经营者应当坚持公平、公正原则,合理安排发车时间,公平售票。

(7)客运站经营者应当公布进站客车的班车类别、客车类型等级、运输线路、起讫停靠站点、班次、发车时间、票价等信息,调度车辆进站发车,疏导旅客,维持秩序。

(8)对无故停班达 3 日以上的进站班车,客运站经营者应当报告当地道路运输管理机构。

(9)客运经营者在发车时间安排上发生纠纷,客运站经营者协调无效时,由当地县级以上道路运输管理机构裁定。

(10)客运站经营者应当严格执行价格管理规定,在经营场所公示收费项目和标准,严禁乱收费。

(11)客运站经营者应当按规定的业务操作规程装卸、储存、保管行包。

(12)客运站经营者应当制定公共突发事件应急预案。应急预案应当包括报告程序、应急指挥、应急设备的储备以及处置措施等内容。

(13)客运站经营者应当建立和完善各类台账和档案,并按要求报送有关信息。

第十节　道路客运企业质量信誉考核管理

为加强道路客运市场管理,建立和完善优胜劣汰的竞争机制和市场退出机制,引导和促

进道路客运企业加强管理、保障安全、诚信经营、优质服务,必须对道路客运企业实行质量信誉考核管理。

一、道路客运企业质量信誉考核的概念

道路客运企业质量信誉考核,是指道路运输管理机构对道路客运企业在考核年度内(每年的1月1日至12月31日)的安全生产、经营行为、服务质量、管理水平和履行社会责任等方面进行的综合评价。

交通运输部主管全国道路客运企业质量信誉考核工作;县级以上人民政府交通主管部门负责组织领导本行政区域的道路客运企业质量信誉考核工作。道路客运企业质量信誉考核工作具体由省级道路运输管理机构统一组织开展,市、县级道路运输管理机构按规定的职责,做好相关工作。

二、道路客运企业质量信誉考核指标

道路客运企业质量信誉考核指标主要有:

(1)运输安全指标:交通责任事故率、交通责任事故死亡率、交通责任事故伤人率。

(2)经营行为指标:经营违章率。

(3)服务质量指标:社会投诉率。

(4)社会责任指标:按法律法规要求投保承运人责任险情况、政府指令性运输任务完成情况。

(5)企业管理指标:质量信誉档案建立情况、企业稳定情况、企业形象、科技设备应用情况、获得省部级以上荣誉称号情况。

三、道路客运企业质量信誉等级及考核标准

道路客运企业质量信誉考核实行计分制,按考核计分多少,分为优良、合格、基本合格和不合格4个等级,分别用AAA级、AA级、A级和B级表示。

道路客运企业质量信誉等级,按照下列标准进行评定:

(1)考核期内未发生一次死亡3人以上的重特大交通责任事故或特大恶性污染责任事故,也未发生一次特大恶性服务质量事件,且考核总分和加分合计不低于850分的,质量信誉等级为AAA级。

(2)考核期内未发生一次死亡10人以上的特大交通责任事故或特大恶性污染责任事故,也未发生一次特大恶性服务质量事件,且考核总分和加分合计在700分~849分之间的,质量信誉等级为AA级。

(3)考核期内未发生一次死亡10人以上的特大交通责任事故或特大恶性污染责任事故,也未发生一次特大恶性服务质量事件,且考核总分和加分合计在600分~699分之间的,

质量信誉等级为A级。

(4)考核期内有下列情形之一的,质量信誉等级为B级:

①发生一次死亡10人以上的特大交通责任事故的;

②发生一次特大恶性污染责任事故的;

③发生一次特大恶性服务质量事件的;

④考核总分和加分合计低于600分的。

四、道路客运企业质量信誉考核方法

(1)道路客运企业应在每年的3月底前,对本企业上年度的质量信誉情况进行总结,并向所在地的县级或设区的市级道路运输管理机构申请考核。申请考核时应如实报送以下资料:

①企业基本情况,包括企业名称、法人代表姓名、道路运输经营许可证、工商执照、分公司名称及所在地、从业人员数、营运客车数量、所经营的客运班线;

②交通责任事故情况,包括每次交通责任事故的时间、地点、肇事车辆、肇事原因、驾驶人员、死伤人数及后果、事故责任认定书;

③违章经营情况,包括每次违章经营的时间、地点、车辆、责任人、违章事实、查处机关及行政处罚决定书;

④服务质量情况,包括每次服务质量投诉的投诉人、投诉内容、投诉方式、营运车辆车牌号、责任人、受理机关、曝光媒体名称、社会影响及核查处理情况;

⑤企业按法律、法规要求投保承运人责任险情况,包括应投保承运人责任险的车辆数量、应缴保险费用、应投保金额及实际投保的情况、承运人保险单;

⑥完成政府指令性运输任务的情况,包括下达任务的部门、完成任务的时间、投入运力数量、完成运量及是否符合要求等情况;

⑦企业稳定情况,包括每次影响社会稳定事件的时间、主要原因、事件经过、参加人数、上访部门、社会影响和处理情况;

⑧企业管理情况,包括使用GPS、行车记录仪等科技设备的营运车辆数量和车牌号,车辆喷涂统一标识和外观、企业服务人员统一服装以及获得省部级以上荣誉称号的情况。

⑨获得省部级以上荣誉称号的证明。

在异地设有分公司的道路客运企业,按上述要求提供材料时,应当包括分公司的营运车辆及质量信誉情况。分公司所在地县级或设区的市级道路运输管理机构应对分公司的质量信誉情况进行核实,出具书面证明,并对确认结果负责。

道路客运企业下设的分公司与总公司一起进行质量信誉考核;子公司的质量信誉等级由其所在地道路运输管理机构单独评定。

(2)道路客运企业所在地县级道路运输管理机构应当根据本机构的道路客运企业质量信誉档案,对道路客运企业报送的质量信誉情况进行核实。发现不一致的,应要求企业进行说明或组织调查。核实结束后,应根据各项考核指标的初步结果进行打分,对道路客运企业质量信誉等级进行初评,并将各项考核指标数据和所得分数、初评结果上报地市级道路运输管理机构。

道路客运企业所在地为设区的市,由所在地设区的市级道路运输管理机构负责对道路客运企业质量信誉情况进行核实,并对企业质量信誉等级进行初评。

设区的市级道路运输管理机构应将道路客运企业的各项考核指标数据和所得分数、初评结果书面通知被考核道路客运企业,并在当地主要新闻媒体或本机构网站上进行为期15天的公示。被考核企业或者其他单位、个人对公示结果有异议的,可在公示期内向设区的市级道路运输管理机构书面投诉或者举报。公示结束后,设区的市级道路运输管理机构应当对投诉和社会反映的情况进行调查核实,根据各项指标的最终考核结果对企业的质量信誉等级进行评定,并将评定结果上报省级道路运输管理机构。

(3)道路客运企业质量信誉考核结果,由省级道路运输管理机构在本机构网站或本级交通主管部门网站上向社会公告。

五、道路客运企业质量信誉考核档案要求

(1)道路客运企业、企业所在地县级或设区的市级道路运输管理机构,应当分别建立道路客运企业质量信誉档案。质量信誉档案内容包括前文所述的9个方面。

(2)道路客运企业应当加强对质量信誉档案的管理,按照要求及时将相关内容和材料记入质量信誉档案,并按照所在地县级或设区的市级道路运输管理机构的要求定期报送相关材料。

(3)道路运输管理机构应当加强对道路运输市场的监督和检查,认真受理社会投诉举报,加强与相关部门的信息沟通,及时、全面、准确了解掌握道路客运企业质量信誉的情况,经核实后及时记入道路运输管理机构的质量信誉档案。

(4)道路运输管理机构应当加强信息化工作,逐步建立道路客运企业质量信誉公共信息平台,实现信息共享。

第十一节　出租汽车客运管理

一、出租汽车客运概述

出租汽车客运,是以城市内营运为主,使用轿车、小型客车为主要运输工具,根据旅客要

求的时间和地点行驶、上下及等待,按里程或时间计费的一种客运营运方式。它是包车客运的一种特殊形式,是道路客运中最机动灵活、实现"门到门"运输的客运经营方式。

二、出租汽车客运的特点

出租汽车客运具有以下特点:

(1)机动灵活,可以实现"门到门"直达。

(2)要车方便,既可招呼要车,又可电话要车。

(3)根据旅客要求的线路、地点行驶,满足旅客个性化运输服务需求。

(4)营运时间长(一般为全天营运),方便旅客随时出行。

(5)营运成本高,运输价格高。

三、出租汽车客运的营运方式

(1)沿途招呼要车。即乘客有时在街道上招手招呼过路的空驶出租汽车,这是最方便、服务量最大的一种方式。

(2)电话叫车。乘客通过电话向出租汽车总调度站或营业站要车,由站上从距离乘客上车地点最近的服务点派出驻站出租车或通过无线电话与乘客所在区域运行的出租车联系,就近派车。

(3)乘客去营业站或停车场要车。主要是在车站、机场、宾馆等固定停车等候营运的场所。

(4)预约登记要车。指乘客在用车前事先预约租车,用户去调度站或通过电话预约,由经营单位按时派出乘客所需车辆。

(5)网上招车。随着出租汽车 GPS 智能调度系统的推广应用,乘客可通过互联网登录当地出租车 GPS 调度系统招车。

四、出租汽车客运的营运管理

出租车在营运过程中,驾驶员必须随车携带道路运输证、行驶证和驾驶执照;必须佩带出租汽车服务证,或将服务证放在车内明显位置,便于乘客监督,并装好出租车标志灯和计价器(载客时,应使用计价器),保持车容整洁。

出租汽车在无乘客时,应显示空车待租标志,白天亮牌,夜间亮灯。遇到招拦要停车应招,乘客上车后要问清楚去向和目的地,不得无故拒载乘客。行驶中应择最短线路行驶,不得无故绕路增加行驶里程,在接待乘客后,一般不应再招揽其他人同乘一车,收取双份车费,若因特殊情况招人同乘时,应征得租用人同意。

驾驶员应使用文明用语,主动问候和道别;应根据乘客的要求使用空调和音响等设备,不得无故拒绝;收取运费时,应按计价器显示金额收取运费,并主动给付票据;发现乘客遗忘物品,应主动送还或送交有关部门,不得不当占有。

城市内的出租汽车停靠点应统一规划、合理布局,并以不妨碍交通和方便乘客为原则。对出租车集中的车站、码头、机场、宾馆等公共场所,要加强监督检查,确保营运设施、标志完备有效。

五、出租汽车质量信誉管理

出租汽车行业是重要的窗口服务行业,体现城市形象和文明水平。行业管理部门应建立、健全出租汽车质量信誉管理制度,定期抽查或邀请有关人士暗访出租汽车服务质量,建立考核档案,及时公布检查结果。针对服务质量方面存在的问题,督促经营者限期整改,整改不到位的,按有关规定处理。出租汽车客运经营者应设置意见箱(本、卡)或采取其他形式定期收集乘客意见,并将乘客意见和处理情况及时反馈到行业管理部门。此外还应定期分析质量信誉方面出现的情况和问题并采取对策措施。行业管理部门和出租汽车客运经营者应设专人受理、处理乘客投诉,并在规定期限内将处理意见回复投诉人。

行业管理部门要将出租汽车质量信誉考核情况,作为出租汽车经营权招投标的主要竞标依据,扶优限劣,不断提升出租汽车行业的文明水平。

六、出租汽车标志管理

(一)出租车标志的种类及作用

1. 出租车标志的种类

出租车标志有:标志灯、标志牌、计价器及空驶标志、服务证、监督电话、经营业户名称及自编号。

2. 出租车标志的作用

(1)标志灯、标志牌是表明经营出租性质,是合法经营的凭证,是方便乘客和管理部门识别的标志。

(2)计价器是便于合理计费、方便乘车按表付费、杜绝乱收费的装置,空驶标志是方便旅客识别有无乘客,便于准确招拦停车。

(3)服务证是出租车驾驶人员合法的上岗资格证明,是运政管理机构通过培训考核准予驾驶出租车的凭证,是乘客监督的标志。

(4)经营业户名称、自编号及监督电话是运政管理机构统一管理、统一编号、统一接受旅客举报、投诉的标志。同时也是经营业户注意社会形象、有利公平竞争,置于广大旅客和管理部门监督、检查的标志。

(二)出租车标志的核发及管理

1. 出租车标志灯、牌的核发

出租车经营者在向行业管理部门提交开业申请获得批准,领取道路运输业经营许可证后,应办理相应的工商登记、税务登记及保险,在申领道路运输证的同时领取出租标志灯、牌,并按规定安装计价器、空驶标志,办理服务证,喷印自编号、监督电话,装置安全防护栏等,即可在批准区域内正式营运。

2. 出租车标志灯、牌的管理

出租车标志灯、牌是行业管理部门根据客运市场实际需要,依据统筹规划、按需发展的原则,按照开业审批程序审查批准后,向经营者发放的、允许其进行车辆出租业务的标志,具有合法性。对出租车标志灯、牌实施管理,是行业管理部门对出租车辆进行行业管理的重要手段。主要应做好下列工作:

(1)出租车标志灯、牌是经营者合法身份的证明,应定期进行审验,保护合法经营,打击非法经营活动,维护经营者的合法权益。

(2)严格按照开业审批程序审批,按需发展,以适应社会需要,避免盲目投资造成浪费。

(3)定期更换出租车标志灯、牌。

思考题

1. 什么是道路客运经营?道路客运经营的方式有哪几种?
2. 道路客运班线分为几类?具体是怎样分类的?
3. 申请从事道路客运经营对客车数量有何要求?
4. 道路客运经营许可的原则有哪些?道路客运经营许可的权限如何划分?
5. 从事道路客运经营的驾驶人员应符合什么条件?
6. 客运班线经营期限有何规定?经营期限届满后应如何处理?
7. 何谓道路客运班线经营权招投标,其工作流程分为哪几个阶段?
8. 旅游客运的特点是什么?
9. 汽车客运站的主要功能是什么?
10. 道路客运企业质量信誉考核的内容有哪些?
11. 汽车客运站选址的原则是什么?
12. 试述客运标志牌管理的内容。
13. 试述对班车客运的运行规定。
14. 浅谈怎样做好客运管理工作。

第三章 道路货物运输管理

第一节 道路货物运输概述

一、道路货物运输的概念及其分类

1. 道路货物运输和道路货物运输经营的概念

道路货物运输，是指以货物为运输对象，以汽车为主的道路载货运输工具，实现货物有目的空间位移的道路货物运输活动。衡量这种位移量的尺度，称为运输量，即在一定时期内运送货物的数量，其计量单位为吨，被位移的运输对象的数量与被位移的距离的乘积，即在一定时期内货物运送数量与里程的综合，称为货物周转量，其计量单位为吨公里。

道路货物运输经营，是指为社会提供公共服务、具有商业性质的道路货物运输活动。营业性道路运输过程中发生各种方式费用结算除运费单独结算这种方式外，还包括运费、装卸费与货价并计，运费、装卸费与工程造价并计，运费与劳务费、承包费并计等结算方式。

2. 道路货物运输的分类

道路货物运输包括道路普通货运、道路货物专用运输、道路大型物件运输和道路危险货物运输四类。其中道路货物专用运输，是指使用集装箱、冷藏保鲜设备、罐式容器等专用车辆进行的货物运输；道路大型物件运输是指在道路上运载大型物件的运输；道路危险货物运输，是指使用专用车辆，通过道路运输危险货物的作业全过程。

除了上述分类外，道路货物运输的分类通常按照货物种类、货物批量、运输距离、运输形式进行分类。

二、道路货物运输的特点

道路货物运输是一种机动灵活、简捷方便的货物运输方式，在短途货物集散运转上，它比铁路、航空运输更具有自身的特点，尤其在实现“门到门”的运输中，其重要性更为显著。尽管其他各种货物运输方式各有特点和优势，但或多或少都要依赖道路货物运输来完成最终两端的货物运输任务。

但道路货物运输也具有一定的局限性，如：载重量小，不适宜装载重件、大件货物、不适宜超长途货物运输；车辆运行中振动较大，易造成货损货差事故，同时，货物运输成本比水运和铁路高。道路货物运输主要有以下几个方面优点：

1. 灵活性

货运汽车车型多样，单位运量小，运输灵活，在运用上既可完成小批量运输任务，又能随时集中承担大批量突击性运输。车辆四通八达来去方便，调度上可随机而动，从而使汽车货运具备了独特的机动灵活性。

2. 方便性

由于汽车的灵活性，承运货物既可在固定场站、港口、码头装卸，又可“以车就货"在街头巷尾、农村集镇，可以“门到门”运输，可与其他运输方式很方便地衔接，因而在很多情况下比其他运输方式更为方便。

3. 快速性

汽车货运可以在短时间内装完货即走，较之铁路运输经过编组场站编组要快；汽车技术速度比船舶快，不论是在城市还是在乡村，易于组织直达运输，较之铁路、水路中间环节少，运转速度快。

4. 经济性

从各种运输方式的投资效果来看，比较其他运输方式，一般投资较小，见效较快，可以做到即时投资、即时受益。

三、道路货物运输在综合运输体系中的地位与作用

道路货物运输是综合运输体系的重要组成部分，是国民经济的基础性和服务性产业，大力发展道路货物运输业，对于促进国民经济发展，活跃城乡商品流通，方便人民群众生产生活，扩大社会就业具有重要意义。道路运输是综合运输体系的基础，是衔接铁路、水路、航空和管道运输，实现“门到门”的不可替代的运输方式，通过进一步发挥技术经济和服务等方面的比较优势，道路货物运输在综合运输体系中的基础和骨干作用不断强化，对促进与其他运输方式的有效衔接，为发展综合运输体系创造了更为有利的条件。在一些工业发达国家，道路运输的货运量、周转量在各种运输方式中都名列前茅，道路运输已成为综合运输体系中一个不可缺少的重要组成部分。

四、道路货物运输业的发展趋势

“十五”以来，我国道路运输业取得了长足发展，运输生产能力显著提高，运输结构得到优化，市场环境进一步改善，服务质量不断提升，对国民经济和社会发展的支撑和保障作用日益增强。道路运输业已开始步入持续、快速、健康发展轨道，未来道路货物运输业发展的主要趋势是：

（1）运输结构调整步伐进一步加快，并由此导致综合运输体系中各种运输方式地位和作

用的深刻变化。厢式运输、甩挂运输得到快速发展，先进成熟的节油型车辆得到广泛应用，运输经营者实现规模化、集约化、网络化经营和特许连锁经营。集约化程度高、网络覆盖面大、组织方式优的道路运输企业不断发展。

(2)高新技术在传统货运产业改造中将发挥重要作用，从而大大提高运输系统的效率和效益。在信息技术、网络技术、物流技术迅猛发展的时代，应用高新技术改造传统货运产业，提高运输行业的整体技术水平，为国民经济发展提供充足的基础保障，将成为运输及交通科技发展的主流，成为提高运输系统和效益的重要途径。因此，在一定程度上，科技的应用和发展水平，将成为影响道路货物运输方式发展的重要因素之一，进而对整个综合运输体系的构成产生重大影响。同时，道路货物运输作为联系生产和消费的重要中间环节，其效率的提高不仅事关综合运输体系的发展，而且对整个国民经济的发展具有深远的影响。

(3)货运业不断向现代物流方向转化，并与现代物流产业相融合，成为当今交通运输体系发展的热点。交通运输向现代物流业方向发展，成为交通运输体系发展的新的经济增长点。第三方物流快速发展，道路货运企业逐步向现代物流承包、供应商转变。随着物流技术研发、应用推广工作的顺利进行，以及物流需求的不断增长，现代物流业将逐步形成体系并日趋完善，并进一步改变交通运输的传统面貌，加速交通运输体系的变革。

第二节　道路货物运输站(场)概述

一、道路货物运输站(场)概念和分类

道路货物运输站(场)(以下简称"货运站")，是指以场地设施为依托，为社会提供有偿服务的具有仓储、保管、配载、信息服务、装卸、理货等功能的综合货运站(场)、零担货运站、集装箱中转站、物流中心等经营场所。

货运站是专门为货物的集散、中转、仓储、配送等提供作业以及相关服务的场所。随着现代物流的发展，道路货运站逐渐与现代物流相融合，其服务功能、作业内容和设置形式更加多样化、专业化。一般包括：综合货运站、零担货运站、危险品货运站、集装箱中转站、物流中心、配送中心、物流园区等。

二、货运站(场)主要业务功能

货运站主要业务功能包括运输组织功能、中转和装卸储运功能、中介代理功能、通信信息功能、辅助服务功能。

三、货运站(场)布局基本要求

货运站的设置，应当符合道路运输业发展规划、城镇建设规划和保障交通安全畅通的要

求，方便货物集散，方便车辆出入。

(1)有便利而通畅的交通条件。货运站场应具备便利的干线道路集散条件，与铁路、港口、口岸等紧密衔接。

(2)靠近大型货源生成地。货运站场应靠近经济技术开发区、大型工业园区、交易市场等物流需求发生地，力求缩短运距、降低费用，提供便捷而高效的服务。

(3)避开城市中心区，注重环境保护。规模较大的综合货运站场、物流园区、危险品站场等要尽量避开城市中心区域，以避免对城市生产生活的干扰。充分考虑生态、环保要求。

四、货运站(场)站级划分

货运站依据年换算货物吞吐量分为四级，一级站是指年换算货物吞吐量 600×10^3 吨及以上的货运站，二级站是指年换算货物吞吐量在 300×10^3 吨 ~ 600×10^3 吨之间的货运站，三级站是指年换算货物吞吐量在 150×10^3 吨 ~ 300×10^3 吨之间的货运站。四级站是指年换算货物吞吐量不足 150×10^3 吨的货运站。

五、货运站(场)经营管理

货运站经营者应当按照经营许可证核定的许可事项经营，不得随意改变货运站用途和服务功能。货运站经营者应当依法加强安全管理，完善安全生产条件，健全和落实安全生产责任制。货运站经营者应当对出站车辆进行安全检查，防止超载车辆或者未经安全检查的车辆出站，保证安全生产。

货运站经营者应当按照货物的性质、保管要求进行分类存放，危险货物应当单独存放，保证货物完好无损。货物运输包装应当按照国家规定的货物运输包装标准作业，包装物和包装技术、质量要符合运输要求。货运站经营者应当按照规定的业务操作规程进行货物的搬运装卸。搬运装卸作业应当轻装、轻卸，堆放整齐，防止混杂、撒漏、破损，严禁有毒、易污染物品与食品混装。货运站经营者应当严格执行价格规定，在经营场所公布收费项目和收费标准。严禁乱收费。进入货运站经营的经营业户及车辆，经营手续必须齐全。货运站经营者应当公平对待使用货运站的道路货物运输经营者，禁止无证经营的车辆进站从事经营活动，无正当理由不得拒绝道路货物运输经营者进站从事经营活动。货运站经营者不得垄断货源、抢装货物、扣押货物。货运站要保持清洁卫生，各项服务标志醒目。货运站经营者经营配载服务应当坚持自愿原则，提供的货源信息和运力信息应当真实、准确。货运站经营者不得超限、超载配货，不得为无道路运输经营许可证或证照不全者提供服务；不得违反国家有关规定，为运输车辆装卸国家禁运、限运的物品。

货运站经营者应当制定有关突发公共事件的应急预案。应急预案应当包括报告程序、应急指挥、应急车辆和设备的储备以及处置措施等内容。货运站经营者应当建立和完善各类台账和档案，并按要求报送有关部门。

第三节　道路货物运输及站（场）经营许可

道路货物运输经营许可，是指具有行政许可职能的县级以上道路运输管理机构根据公民、法人或其他组织的申请，经依法审查，作出准予或不准予其从事道路货物运输及相关业务经营活动的行为。对依法准予从事道路货物运输及相关业务经营活动的，应当在作出决定之日起10日内，向申请人颁发加盖道路运输管理机构专用印章的道路运输经营许可证件。根据交通运输部《交通行政许可实施程序规定》要求，道路运输管理机构依法实施行政许可工作，应当制作相应的行政许可文书，并在规定时间内送达行政相对人。

在一些省、市，以地方性法规的形式将道路货运代理（代办）、道路货运配载、道路货物搬运装卸纳入道路货物运输辅助业实施行业管理，从事上述相关业务经营，也应当依法取得道路运输管理机构许可。

一、道路货物运输经营许可

1. 道路货物运输经营许可的依据

《中华人民共和国道路运输条例》第二十五条

第二十五条　申请从事货运经营的，应当按照下列规定提出申请并分别提交符合本条例第二十二条、第二十四条规定条件的相关材料：

（一）从事危险货物运输经营以外的货运经营的，向县级道路运输管理机构提出申请；

（二）从事危险货物运输经营的，向设区的市级道路运输管理机构提出申请。

依照前款规定收到申请的道路运输管理机构，应当自受理申请之日起20日内审查完毕，作出许可或者不予许可的决定。予以许可的，向申请人颁发道路运输经营许可证，并向申请人投入运输的车辆配发车辆营运证；不予许可的，应当书面通知申请人并说明理由。

货运经营者应当持道路运输经营许可证依法向工商行政管理机关办理有关登记手续。

2. 道路货物运输经营许可的主体

申请从事道路普通货运、道路货物专用运输、道路大型物件运输经营的，应当向县级道路运输管理机构提出申请；设立外商投资道路运输企业，应当向拟设企业所在地设区的市级交通主管部门提出立项申请。拟从事国际道路运输经营的，应当向所在地省级道路运输管理机构提出申请。

3. 道路货物运输经营许可条件

（1）有与其经营业务相适应并经检测合格的运输车辆：

①车辆技术性能应当符合国家标准《营运车辆综合性能要求和检验方法》（GB 18565）的要求；

②车辆外廓尺寸、轴荷荷载质量应当符合国家标准《道路车辆外廓尺寸、轴荷及质量限值》(GB 1589)的要求;

③从事大型物件运输经营的,应当具有与所运输大型物件相适应的超重型车组;

④从事冷藏保鲜、罐式容器等专用运输的,应当具有与运输货物相适应的专用容器、设备、设施,并固定在专用车辆上;

⑤从事集装箱运输的,车辆还应当有固定集装箱的转锁装置。

上述条件,应当从以下几个方面来理解:一是对于车辆来说,车辆的技术要求必须符合上述两个国家标准。二是车辆必须与其经营业务相适应,也就是说,从事什么样的道路货物运输,应当有什么样的货运车辆。对于申请从事大型物件运输经营的,车辆要求还应当符合交通部颁发的《道路大型物件运输管理办法》(交道路发〔1995〕1154 号)的规定。

(2)符合规定条件的驾驶人员:

①取得与驾驶车辆相应的机动车驾驶证;

②年龄不超过 60 周岁;

③经设区的市级道路运输管理机构对有关道路货物运输法规、机动车维修和货物及装载保管基本知识考试合格,并取得从业资格证。

(3)有健全的安全生产管理制度,包括安全生产责任制度、安全生产业务操作规程、安全生产监督检查制度、驾驶员和车辆生产管理制度等。

4. 道路货物运输经营许可提交的材料

申请从事道路普通货运、道路货物专用运输、道路大型物件运输经营的,应当向县级道路运输管理机构(不含设区的市所属区运输管理机构,下同)提出申请,并提供以下材料:

(1)《道路货物运输经营申请表》。

(2)负责人身份证明,经办人的身份证明和委托书。

(3)机动车辆行驶证、车辆检测合格证明复印件;拟投入运输车辆的承诺书,承诺书应当包括车辆数量、类型、技术性能、投入时间等内容。

(4)聘用或拟聘用驾驶员的机动车驾驶证、从业资格证及其复印件。

(5)安全生产管理制度文本。

(6)法律、法规规定的其他材料。

5. 道路货物运输经营许可程序

(1)道路运输管理机构应当按照《中华人民共和国道路运输条例》、《交通行政许可实施程序规定》实施道路货物运输经营的行政许可。

(2)道路运输管理机构对道路货运经营申请予以受理的,应当自受理之日起 20 日内作出许可或者不予许可的决定。

道路运输管理机构对符合法定条件的道路货物运输经营申请作出准予行政许可决定的,应当出具《道路货物运输经营许可决定书》,明确许可事项。在 10 日内向被许可人颁发

《道路运输经营许可证》,在《道路运输经营许可证》上注明经营范围。

对道路货物运输经营不予许可的,应当向申请人出具《不予交通行政许可决定书》。

(3)被许可人应当按照承诺书的要求投入运输车辆。购置车辆或者已有车辆经道路运输管理机构核实并符合条件的,道路运输管理机构向投入运输的车辆配发《道路运输证》。

(4)道路货物运输经营者应当持《道路运输经营许可证》依法向工商行政管理机关办理有关登记手续。道路货物运输经营者设立子公司的,应当向设立地的道路运输管理机构申请经营许可;设立分公司的,应当向设立地的道路运输管理机构报备。

二、道路货物运输站(场)经营许可

1.道路货物运输站(场)经营许可的依据

《中华人民共和国道路运输条例》第四十条

第四十条　申请从事道路运输站(场)经营、机动车维修经营和机动车驾驶员培训业务的,应当向所在地县级道路运输管理机构提出申请,并分别附送符合本条例第三十七条、第三十八条、第三十九条规定条件的相关材料。县级道路运输管理机构应当自受理申请之日起15日内审查完毕,作出许可或者不予许可的决定,并书面通知申请人。

道路运输站(场)经营者、机动车维修经营者和机动车驾驶员培训机构,应当持许可证明依法向工商行政管理机关办理有关登记手续。

2.道路货物运输站(场)经营许可的主体

申请从事道路货物运输站(场)经营的,应当向县级道路运输管理机构提出申请。

3.道路货物运输站(场)经营许可的条件

申请从事道路货物运输站(场)经营的,应当符合下列条件:

(1)有与其经营规模相适应的货运站房、生产调度办公室、信息管理中心、仓库、仓储库棚、场地和道路等设施,并经有关部门组织的工程竣工验收合格。

(2)有与其经营规模相适应的安全、消防、装卸、通信、计量等设备。

(3)有与其经营规模、经营类别相适应的管理人员和专业技术人员。

(4)有健全的业务操作规程和安全生产管理制度。

4.道路货物运输站(场)经营许可提交材料目录

申请从事货运站经营的,应当向县级道路运输管理机构提出申请,并提供以下材料:

(1)《道路运输站(场)经营申请表》。

(2)负责人身份证明,经办人的身份证明和委托书。

(3)经营道路货运站的土地、房屋的合法证明。

(4)货运站竣工验收证明。

(5)与业务相适应的专业人员和管理人员的身份证明、专业证书。

(6)业务操作规程和安全生产管理制度文本。

5. 道路货物运输站(场)经营许可程序

(1)当事人申请。

(2)形式审查:申请主体是否适格,材料是否齐全并符合法定形式。

(3)作出是否受理决定。

(4)实质审查:条件是否符合,根据许可条件和程序核实申请材料的实质内容,符合条件的,准予许可,制作并送达《道路运输经营许可证》。

三、道路货物运输及站(场)经营许可中注意的问题

(1)道路货物运输经营者设立子公司的,应当向设立地的道路运输管理机构申请经营许可;道路货物运输经营者变更许可事项、扩大经营范围的,应当按照有关许可规定办理。道路货物运输和货运站经营者需要终止经营的,应当在终止经营之日30日前告知原许可的道路运输管理机构,并办理有关注销手续。

(2)设立分公司的,应当向设立地的道路运输管理机构报备。道路货物运输和货运站经营者变更名称、地址等,应当向作出原许可决定的道路运输管理机构备案。报备和备案均不属于行政许可。

(3)《道路运输经营许可证》是交通运输部统一制定的经营道路运输的合法凭证。凡在我国境内经营道路旅客运输、道路货物运输、道路危险货物运输、国际道路运输、机动车维修、机动车驾驶员培训、客货运站场的单位和个人,均须持有《道路运输经营许可证》。《道路运输证》是交通运输部统一制定的经营道路运输的合法凭证。凡在我国境内从事道路运输经营活动和非经营性道路危险货物运输的机动车辆,均须持有《道路运输证》,并随车携带,以备查验。经营者在取得《道路运输经营许可证》的前提下,向车籍地的道路运输管理机构申请配发《道路运输证》。道路运输管理机构受理后,审核合格的,在《道路运输证》上加盖道路运输管理机构证件专用章,并配发给经营者。

(4)由于道路运输经营许可是工商行政管理的前置性许可,作为被许可人在取得前置性许可后,要依法向工商行政管理机关进行登记,只有在取得了经营许可和办理了工商登记以后,才拥有合法从事道路运输经营的资格。

四、案例分析

案例1:A市的某公司在当地具备道路普通货运经营资质(核定的道路运输经营许可证经营范围是“道路普通货运”),准备到B市设立子公司,应当如何办理?该公司拟到C市设立分公司,应当如何办理?

这个案例,必须要掌握道路货物运输经营者设立分支机构许可程序的相关规定。《道路货物运输及站场管理规定》(交通部2008年第9号令)第十八条规定:“设立子公司的,应当向设立地的道路运输管理机构申请经营许可;设立分公司的,应当向设立地的道路运输管理

机构报备。”

A 市的某公司到 B 市设立子公司,应当按照申请从事道路货物运输经营的条件和材料,向设立地的道路运输管理机构申请经营许可。

A 市的某公司到 C 市设立分公司,应当向设立地的道路运输管理机构报备。但目前在实践中,对报备的程序和要求没有统一的规定,在具体办理过程中要注意把握以下几点:①分公司不具有企业法人资格,经营范围不得超出总公司的经营范围;②道路运输管理机构接到报备申请后,应当要求道路货物运输企业提供相关报备材料。经核实,道路货物运输企业提供的材料属实,且符合从事道路货物运输经营活动条件的,道路运输管理机构应当予以报备,向道路运输企业核发《道路运输经营许可证》副本,同时应函告总公司注册地道路运输管理机构;③分公司需新增运输车辆的,分公司所在地的道路运输管理机构审核车辆条件后,符合要求的,配发《道路运输证》。

案例 2:某县道路运输管理机构的同志来电询问,有一运输企业,有大量普通货物的运输车辆。现申请危险货物运输许可,但只申请 3 辆车辆,是否应当批准?

对于这个案例,首先要明确两点,一是危货运输的许可应当由市级道路运输管理机构负责实施;二是 5 辆以上专用车辆是必备的条件。具体来讲,给企业颁发危险货物《道路运输经营许可证》,必须要有 5 辆车以上的专用车辆,并要为其配发《道路运输证》。此时,不涉及普通货物运输车辆的多少,也不涉及危险货物运输车辆是否能运输普通货物。专用车辆是否能运输普通货物,是企业根据所运货物的性质,向县级运输管理机构申请,由县级运管机构许可,与市级运管机构的危险货物运输许可无关。

第四节　道路货物运输管理

道路运输管理机构在日常行业管理工作中,主要通过采取证件管理、年度审验、监督检查等手段和方式,加强对道路货物运输业的市场监管。

一、道路货物运输证件管理

1. 道路货物运输证件的发放、使用

道路货物运输证件的管理方式与客运相同,其货运的《道路运输经营许可证》和《道路运输证》的发放、使用等参照客运章节中对客运《道路运输经营许可证》和《道路运输证》的证件管理。

2.《道路运输经营许可证》审验

对道路货运企业进行年度审验,目前全国尚无统一的规定。《江苏省道路运输市场管理条例》第十条第一款规定“客货运输经营者应当接受交通或者建设部门对其经营条件的年度审验”，这就为《道路运输经营许可证》年度审验提供了依据。

审验的主要内容是企业的经营条件，即与道路运输企业经营范围和内容相对应的经营条件，具体内容在许可条件中已经阐述，本处不再赘述。

3.《道路运输证》审验

(1)《道路运输证》审验的依据：

《道路货物运输及站场管理规定》(交通运输部令2008年第9号)第二十条规定：“县级以上道路运输管理机构应当定期对货运车辆进行审验，每年审验一次。”

(2)《道路运输证》审验的内容：

①车辆违章记录；

②车辆技术档案；

③车辆结构、尺寸变动情况。

(3)危险货物运输的专用车辆还应对以下项目进行审验：

①专用车辆投保危险货物承运人责任险情况；

②罐式专用车辆罐体质量检验情况；

③必需的应急处理器材和安全防护设施设备的配备情况。

审验符合要求的，道路运输管理机构在《道路运输证》审验记录栏中注明；不符合要求的，应当责令限期改正或者办理变更手续。

二、道路货物运输源头管理

道路货物运输市场源头管理分为两方面，一是道路货物运输企业自身的经营管理，二是道路货物运输主管部门实施的行业管理。

1. 道路货物运输企业经营管理

道路货物运输经营者应当按照《道路运输经营许可证》核定的经营范围从事货物运输经营，不得转让、出租道路运输经营许可证件。道路货物运输经营者应当对从业人员进行经常性的安全、职业道德教育和业务知识、操作规程培训。道路货物运输经营者应当按照国家有关规定在其重型货运车辆、牵引车上安装、使用行驶记录仪，并采取有效措施，防止驾驶人员连续驾驶时间超过4个小时。道路货物运输经营者应当要求其聘用的车辆驾驶员随车携带《道路运输证》。《道路运输证》不得转让、出租、涂改、伪造。道路货物运输经营者应当聘用持有从业资格证的驾驶人员。营运驾驶员应当驾驶与其从业资格类别相符的车辆。驾驶营运车辆时，应当随身携带从业资格证。运输的货物应当符合货运车辆核定的载质量，载物的长、宽、高不得违反装载要求。禁止货运车辆违反国家有关规定超限、超载运输。禁止使用货运车辆运输旅客。道路货物运输经营者运输大型物件，应当制定道路运输组织方案。涉及超限运输的应当按照交通部颁布的《超限运输车辆行驶道路管理规定》办理相应的审批手续。从事大型物件运输的车辆，应当按照规定装置统一的标志和悬挂标志旗；夜间行驶和停车休息时应当设置标志灯。道路货物运输经营者不得运输法律、行政法规禁止运输的货物。道路货物运输经营者在受理法律、行政法规规定限运、凭证运输的货物时,应当查验并确认有关手续齐全有效后方可运输。货物托运人应当按照有关法律、行政法规的规定办理限运、凭证运输手续。道路货物运输经营者不得采取不正当手段招揽货物、垄断货源。不得阻碍其他货运经营者开展正常的运输经营活动。道路货物运输经营者应当采取有效措施,防止货物变质、腐烂、短少或损失。道路货物运输经营者和货物托运人应当按照《合同法》的要求,订立道路货物运输合同。道路货物运输可以采用交通部颁布的《汽车货物运输规则》所推荐的道路货物运单签订运输合同。道路货物运输经营者应当制定有关交通事故、自然灾害、公共卫生以及其他突发公共事件的道路运输应急预案。应急预案应当包括报告程序、应急指挥、应急车辆和设备的储备以及处置措施等内容。道路货物运输经营者应当严格遵守国家有关价格法律、法规和规章的规定,不得恶意压价竞争。

道路货物运输经营者应当建立车辆技术管理制度,按照国家规定的技术规范对货运车辆进行定期维护,确保货运车辆技术状况良好。货运车辆的维护作业项目和程序应当按照国家标准《汽车维护、检测、诊断技术规范》(GB 18344)等有关技术标准的规定执行。道路货物运输经营者应当定期进行货运车辆检测,车辆检测结合车辆定期审验的频率一并进行。道路货物运输经营者在规定时间内,到符合国家相关标准的机动车综合性能检测机构进行检测。道路货物运输经营者和县级以上道路运输管理机构应当分别建立货运车辆技术档案和管理档案,并妥善保管。对相关内容的记载应当及时、完整和准确,不得随意更改。道路货物运输经营者车辆技术档案主要内容为:车辆基本情况、主要部件更换情况、修理和二级维护记录(含出厂合格证)、技术等级评定记录、车辆变更记录、行驶里程记录、交通事故记录等。道路货物运输经营者对达到国家规定的报废标准或者经检测不符合国家强制性标准要求的货运车辆,应当及时交回《道路运输证》,不得继续从事道路货物运输经营。

货运站经营者应当按照经营许可证核定的许可事项经营,不得随意改变货运站用途和服务功能。货运站经营者应当依法加强安全管理,完善安全生产条件,健全和落实安全生产责任制。货运站经营者应当对出站车辆进行安全检查,防止超载车辆或者未经安全检查的车辆出站,保证安全生产。货运站经营者应当按照货物的性质、保管要求进行分类存放,危险货物应当单独存放,保证货物完好无损。货物运输包装应当按照国家规定的货物运输包装标准作业,包装物和包装技术、质量要符合运输要求。货运站经营者应当按照规定的业务操作规程进行货物的搬运装卸。搬运装卸作业应当轻装、轻卸,堆放整齐,防止混杂、撒漏、破损,严禁有毒、易污染物品与食品混装。货运站经营者应当严格执行价格规定,在经营场所公布收费项目和收费标准。严禁乱收费。进入货运站经营的经营业户及车辆,经营手续必须齐全。货运站经营者应当公平对待使用货运站的道路货物运输经营者,禁止无证经营的车辆进站从事经营活动,无正当理由不得拒绝道路货物运输经营者进站从事经营活动。

货运站经营者不得垄断货源、抢装货物、扣押货物。货运站要保持清洁卫生，各项服务标志醒目。货运站经营者经营配载服务应当坚持自愿原则，提供的货源信息和运力信息应当真实、准确。货运站经营者不得超限、超载配货，不得为无道路运输经营许可证或证照不全者提供服务；不得违反国家有关规定，为运输车辆装卸国家禁运、限运的物品。货运站经营者应当制定有关突发公共事件的应急预案。应急预案应当包括报告程序、应急指挥、应急车辆和设备的储备以及处置措施等内容。货运站经营者应当建立和完善各类台账和档案，并按要求报送有关信息。

2. 道路货物运输行业管理

道路运输管理机构应当加强道路货物运输市场管理，规范经营行为，维护公平竞争，保障各方当事人的合法权益。

道路货物运输主管部门实施的源头行业管理主要内容有：依法查处道路货物运输违章行为，规范道路运输经营行为；加强对道路货物运输经营业户的日常监管，规范经营行为；引导道路货物运输经营者与托运人按照《中华人民共和国合同法》的要求，订立道路货物运输合同，并按合同要求提供货物运输服务；督促道路货物运输经营者采取有效措施，防止货物脱落、扬撒；按照“三关一监督”的要求，督促道路货物运输经营者建立完善安全生产管理制度，落实安全生产管理责任；督促道路货物运输经营者加强对从业人员的安全、职业道德教育和业务知识、操作规程培训；加大在货运站、货物集散地的监督检查力度，杜绝货物运输车辆超限、超载运输。货物运输车辆有超载行为的，应当予以制止，装载符合标准后方可放行；查处道路货物运输经营者使用货物运输车辆运输旅客；加强对道路货物运输企业的监督检查。道路运输管理机构工作人员应当严格按照职责权限和法定程序进行监督检查，重点在货运站、货物集散地对道路货物运输、货运站经营活动实施监督检查。

三、道路货物运输企业质量信誉考核

道路货物运输企业的质量信誉考核指标、质量信誉等级及考核标准、考核方法、质量信誉考核档案要求均与道路旅客运输企业的质量信誉考核相同，详见道路旅客运输企业质量信誉考核管理章节。

第五节　道路普通货物运输

一、道路普通货物运输的概念与特点

道路普通货物运输是以货物分类中普通货物为主，加上特种货物中的贵重、鲜活货物，通过道路运输工具进行的运输活动。普通货物分为三等：一等普通货物主要是砂、石、渣、土

等；二等普通货物主要是日用百货；三等普通货物主要是蔬菜、农产品、水产品等。普通货物在运输、装卸、保管过程中，除一等普通货物要注意防止扬撒外，其他无特殊要求。贵重、鲜活货物是指货物价值较高、运输要求相对高的货物。道路普通货物运输对货物运输的条件等方面相对其他道路运输方式要求较低。道路普通货运在道路运输中是开放度最高、拥有营运车辆、经营业户最多的一种道路货物运输经营种类。

二、道路普通货物运输运行规定与管理要求

(1)车辆技术性能应当符合国家标准《营运车辆综合性能要求和检验方法》(GB 18565)的要求；车辆外廓尺寸、轴荷和载质量应当符合国家标准《道路车辆外廓尺寸、轴荷及质量限值》(GB 1589)的要求。

(2)道路货物运输经营者应当定期进行货运车辆检测，车辆检测结合车辆定期审验的频率一并进行。道路货物运输经营者在规定时间内，到符合国家相关标准的机动车综合性能检测机构进行检测。货运车辆技术等级分为一级、二级和三级。

(3)禁止使用报废的、擅自改装的、拼装的、检测不合格的和其他不符合国家规定的车辆从事道路货物运输经营。

(4)道路货物运输经营者应当按照《道路运输经营许可证》核定的经营范围从事货物运输经营，不得转让、出租道路运输经营许可证件。

(5)道路货物运输经营者应当对从业人员进行经常性的安全、职业道德教育和业务知识、操作规程培训。

(6)道路货物运输经营者应当按照国家有关规定在其重型货运车辆、牵引车上安装、使用行驶记录仪，并采取有效措施，防止驾驶人员连续驾驶时间超过 4 小时。

(7)运输的货物应当符合货运车辆核定的载质量，载物的长、宽、高不得违反装载要求。禁止货运车辆违反国家有关规定超限、超载运输。禁止使用货运车辆运输旅客。

(8)道路货物运输经营者不得运输法律、行政法规禁止运输的货物。道路货物运输经营者在受理法律、行政法规规定限运、凭证运输的货物时，应当查验并确认有关手续齐全有效后方可运输。

(9)道路货物运输经营者不得采取不正当手段招揽货物、垄断货源。不得阻碍其他货运经营者开展正常的运输经营活动。道路货物运输经营者应当采取有效措施，防止货物变质、腐烂、短少或损失。

(10)道路货物运输经营者应当制定有关交通事故、自然灾害、公共卫生以及其他突发公共事件的道路运输应急预案。应急预案应当包括报告程序、应急指挥、应急车辆和设备的储备以及处置措施等内容。

(11)道路货物运输经营者应当严格遵守国家有关价格法律、法规和规章的规定，不得恶意压价竞争。

第六节　道路货物专用运输

一、道路货物专用运输的概念与特点

道路货物专用运输，是指使用集装箱、冷藏保鲜设备、罐式容器等专用车辆进行的货物运输。它是按使用运输工具进行分类，只要使用集装箱、罐式容器、保鲜、冷藏等专用车辆运输，均属于专用运输类。

集装箱运输是指使用汽车承运载货集装箱或空载集装箱的运输。集装箱是具有一定技术标准要求的运输设备，分为国际标准集装箱、国内标准集装箱和非标准集装箱。

冷藏货物运输是指使用保温、冷藏专用运输车辆运送对温度有特别要求并能保证货物质量的货物运输。

罐式货物运输指使用具有罐状结构的货车，专门用于液体、粉状及流质物质的运输。

道路货物专用运输的主要特点是使用集装箱、冷藏保鲜设备、罐式容器等专用车辆进行货物运输，这与道路普通货运有明显区别。特别是集装箱运输，更具有自身的显著特点：①能保证货物运输安全，减少货损货差；②节约货物包装材料；③简化货运作业手续，提高装卸效率，加快车船周转和货物送达；④有利于减少运营成本；⑤便于自动化管理和实现“门到门”运输。

二、道路货物专用运输的运行规定与管理要求

(1)从事冷藏保鲜、罐式容器等专用运输的，应当具有与运输货物相适应的专用容器、设备、设施，并固定在专用车辆上；从事集装箱运输的，车辆还应当有固定集装箱的转锁装置。

(2)道路货物运输经营者应当定期进行货运车辆检测，车辆检测结合车辆定期审验的频率一并进行。

(3)禁止使用报废的、擅自改装的、拼装的、检测不合格的和其他不符合国家规定的车辆从事道路货物运输经营。

(4)道路货物运输经营者应当按照《道路运输经营许可证》核定的经营范围从事货物运输经营，不得转让、出租道路运输经营许可证件。道路货物运输经营者应当对从业人员进行经常性的安全、职业道德教育和业务知识、操作规程培训。

(5)道路货物运输经营者应当按照国家有关规定在其重型货运车辆、牵引车上安装、使用行驶记录仪，并采取有效措施，防止驾驶人员连续驾驶时间超过4小时。

(6)运输的货物应当符合货运车辆核定的载质量，载物的长、宽、高不得违反装载要求。禁止货运车辆违反国家有关规定超限、超载运输。不得运输法律、行政法规禁止运输的货物。道路货物运输经营者在受理法律、行政法规规定限运、凭证运输的货物时，应当查验并

确认有关手续齐全有效后方可运输。

(7)道路货物运输经营者应当严格遵守国家有关价格法律、法规和规章的规定,不得恶意压价竞争。

第七节　道路大型物件运输

一、道路大型物件运输概念和分级

道路大型物件运输,是指在道路上运载大型物件的运输。大型物件是指符合下列条件之一的货物:

(1)货物外形尺寸:长度在14米以上或宽度在3.5米以上或高度在3米以上的货物;

(2)质量在20吨以上的单体货物或不可解体的成组(捆)货物。大型物件分级

大型物件,按其外形尺寸和质量(含包装和支承架)分成四级:

①一级大型物件是指达到下列标准之一者:

a. 长度大于14米(含14米)小于20米;

b. 宽度大于3.5米(含3.5米)小于4.5米;

c. 高度大于3米(含3米)小于3.8米;

d. 质量大于20吨(含20吨)小于100吨。

②二级大型物件是指达到下列标准之一者:

a. 长度大于20米(含20米)小于30米;

b. 宽度大于4.5米(含4.5米)小于5.5米;

c. 高度大于3.8米(含3.8米)小于4.4米;

d. 质量大于100吨(含100吨)小于200吨。

③三级大型物件是指达到下列标准之一者:

a. 长度大于30米(含30米)小于40米;

b. 宽度大于5.5米(含5.5米)小于6米;

c. 高度大于4.4米(含4.4米)小于5米;

d. 质量大于200吨(含200吨)小于300吨。

④四级大型物件是指达到下列标准之一者:

a. 长度在40米及以上;

b. 宽度在6米及以上;

c. 高度在5米及以上;

d. 质量在300吨及以上。

大型物件的级别,按其长、宽、高及质量4个条件中级别最高的确定。

二、道路大型物件运输的运行规定与管理要求

(1)从事大型物件运输经营的,应当具有与所运输大型物件相适应的超重型车组。

(2)道路货物运输经营者运输大型物件,应当制定道路运输组织方案。涉及超限运输的应当按照交通部颁布的《超限运输车辆行驶道路管理规定》办理相应的审批手续。

(3)从事大型物件运输的车辆,应当按照规定装置统一的标志和悬挂标志旗;夜间行驶和停车休息时应当设置标志灯。

(4)承运人应当根据大型物件的外形尺寸和车货质量,在起运前,会同托运人勘察作业现场和运行线路,了解沿途道路和桥涵通过能力,制定运输方案。

三、道路大型物件运输业户类别划分

1. 一类道路大型物件运输业户

(1)车辆装备:具有装载整体大型物件实际能力在20吨以上100吨以下的超重型车组,包括牵引车和挂车(半挂车、凹式低平台挂车),并有相应的配套附件。车组技术状况良好,在重载条件下能顺利通过8%的坡度。

(2)技术人员:具有助理工程师以上职称的汽车运用专业技术人员不少于1人;主管技术的车队长须有从事大型物件运输两年以上的实际经验。

(3)技术工人:具有符合《交通行业工人技术等级标准》(简称"等级标准")的超重型汽车列车驾驶员、超重型汽车列车挂车工、道路运输起重工,其中各类工种工人的等级不低于初级。凡尚未按《等级标准》考核的地区,可根据《等级标准》规定的技术要求进行应知、应会、工作实例等考核。

(4)技术、安全规章:具有上级或本单位制定印发的车组和起重装卸机工具的使用技术、操作规定、质量保证制度等规章。

(5)历史记录:业户应提供以往运过的主要大型物件重量、外形尺寸、件数、安全情况和货主反映。

2. 二类道路大型物件运输业户

(1) 车辆装备:具有装载整体大型物件实际能力在100吨及以上200吨以下的超重型车组,包括牵引车和挂车(半挂车、凹式低平台挂车、长货挂车、其他变型挂车),并有相应的配套附件。车组技术状况良好,在重载条件下能顺利通过8%的道路坡度。

(2)技术人员:设有分管技术的副经理;具有工程师以上职称的汽车运用专业技术人员不少于1人;主管技术的车队长须有从事大型物件运输4年以上的实际经验。

(3)技术工人:具有符合《交通行业工人技术等级标准》的超重型汽车列车驾驶员、超重型汽车列车挂车工、道路运输起重工,其中各类工种的中级工人不少于1人。凡尚未按《等

级标准》考核的地区，可根据《等级标准》规定的技术要求进行应知、应会、工作实例等考核。

(4)技术、安全规章：具有上级或本单位制订印发的车组和起重装卸机工具的使用技术、操作规定、质量保证制度等规章。

(5)历史记录：业户应提供以往运过的主要大型物件重量、外形尺寸、件数、安全情况和货主反映。

3. 三类道路大型物件运输业户

(1)车辆装备：具有装载整体大型物件实际能力在200吨及以上300吨以下的超重型车组，包括牵引车和挂车(半挂车、凹式低平台挂车、长货挂车、3纵列或4纵列挂车、其他变型挂车)，并有相应的配套附件。车组技术状况良好，在重载条件下能顺利通过8%的道路坡度。

(2)技术人员：设有分管技术的副经理；具有高级工程师职称的汽车运用专业技术人员不少于1人；主管技术的车队长须有从事大型物件运输6年以上的实际经验。

(3)技术工人：具有符合《交通行业工人技术等级标准》的超重型汽车列车驾驶员、超重型汽车列车挂车工、道路运输起重工，其中各类工种的高级工人不少于1人。凡尚未按《等级标准》考核的地区，可根据《等级标准》规定的技术要求进行应知、应会、工作实例等考核。

(4)技术、安全规章：具有上级或本单位制订印发的车组和起重装卸机工具的使用技术、操作规定、质量保证制度等规章。

(5)历史记录：业户应提供以往运过的主要大型物件重量、外形尺寸、件数、安全情况和货主反映。

4. 四类道路大型物件运输业户

(1)车辆装备：具有装载整体大型物件实际能力在300吨及以上的超重型车组，包括牵引车和挂车(半挂车、凹式低平台挂车、长货挂车、3纵列或4纵列挂车、其他变型挂车)，并有相应的配套附件。车组技术状况良好，在重载条件下能顺利通过8%的道路坡度。

(2)技术人员：设有分管技术的副经理或总工程师；具有高级工程师职称的汽车运用专业技术人员不少于2人；主管技术的车队长须有从事大型物件运输10年以上的实际经验。

(3)技术工人：具有符合《交通行业工人技术等级标准》的超重型汽车列车驾驶员、超重型汽车列车挂车工、道路运输起重工，其中各类工种的高级工人不少于1人。凡尚未按《等级标准》考核的地区，可根据《等级标准》规定的技术要求进行应知、应会、工作实例等考核。

(4)技术、安全规章：具有上级或本单位制订印发的车组和起重装卸机工具的使用技术、操作规定、质量保证制度等规章。

(5)历史记录：业户应提供以往运过的主要大型物件质量、外形尺寸、件数、安全情况和货主反映。

第八节 国际道路货运管理

我国有着22000多千米陆上国境线,与14个国家和地区陆地相邻。随着与周边国家经贸关系的进一步发展,人员往来的增加,国际道路运输发展非常迅猛。因此,国际道路货运是我国道路货运的重要组成部分。国际道路货运管理的依据:①《国际道路运输管理规定》(交通部令2005年第3号),②我国与其他国家签订的双边或多边汽车运输协定。至2007年底,我国已与俄罗斯、蒙古国、哈萨克斯坦、越南等周边国家签署了13个政府间汽车运输协定并商定开通了242条国际道路运输线路。

一、国际道路货运的概念与特点

国际道路货物运输是指使用货车通过道路在不同国家或地区之间运送货物的一种方式。国际道路货物运输的特点主要有:

(1)国际道路货物运输的起始地或者到达地位于两个以上不同的国家或地区;

(2)国际道路货物运输经营者除遵守我国的运输法律、法规及规章外,还遵守我国政府与周边国家政府间签订的双边或多边汽车运输协议;

(3)国际道路货物运输实行行车许可证制度。行车许可证是国际道路运输经营者在相关国家境内从事国际道路运输经营时行驶的通行凭证。

二、国际道路货运的运行规定和管理要求

(1)国际道路运输线路由起讫地、途经地国家交通主管部门协商确定。

(2)从事国际道路运输的车辆应当按照规定的口岸通过,进入对方国家境内后,应当按照规定的线路运行。

(3)外国国际道路运输经营者的车辆在中国境内运输,应当具有本国的车辆登记牌照、登记证件。驾驶人员应当持有与其驾驶的车辆类别相符的本国或国际驾驶证件。从事国际道路运输的车辆应当标明本国的国际道路运输国籍识别标志。

(4)进入我国境内从事国际道路运输的外国运输车辆,应当符合我国有关运输车辆外廓尺寸、轴荷以及载质量的规定。我国与外国签署有关运输车辆外廓尺寸、轴荷以及载质量具体协议的,按协议执行。

(5)我国从事国际道路货物运输的经营者,应当使用《国际道路货物运单》。

(6)进入我国境内运载不可解体大型物件的外国国际道路运输经营者,车辆超限的,应当遵守我国超限运输车辆行驶道路的相关规定,办理相关手续后,方可运输。

(7) 进入我国境内运输危险货物的外国国际道路运输经营者,应当遵守我国危险货物

运输有关法律、法规和规章的规定。

(8)禁止外国国际道路运输经营者从事我国国内货物运输经营。外国国际道路运输经营者在我国境内应当按照运输合同商定的地点装卸货物。运输车辆,要按照我国道路运输管理机构指定的停靠站(场)停放。禁止外国国际道路运输经营者在我国境内自行承揽货物。

(9)国际道路货物运输的价格,由国际道路货物运输的经营者自行确定。

思考题

1. 某县公司,根据本县毗邻省内重要港口、县内有省级化工园区等情况,拟申请从事道路普通货运、道路货物专用运输(集装箱)和道路危险货物运输经营,请问其应当如何申请?需提供哪些申请材料?

2. 某道路危险货物运输企业已经取得经营第3类危险品的许可证,在添置了1台20吨厢式货车后,拟从事第1类爆炸品运输,应当如何申请办理许可?道路运输管理机构在许可时应把握哪些环节?

3. 某道路货物运输企业1月10日取得了道路运输经营许可证,并以书面形式承诺在7月10日前投放3台货车。到8月份该公司仍没有履行承诺,没有投入一台车辆从事货运经营,请问作为许可机关的道路运输管理机构应当如何处理?

第四章 道路危险货物运输管理

第一节　道路危险货物运输管理概述

由于经济社会的发展、工农业生产需要和人民生活水平的提高，对危险货物运输的需求越来越大，道路危险货物的运输量不断上升。据有关部门统计，近几年我国每年通过道路运输危险货物约在1~2亿吨左右，其中剧毒氰化物类就达几十吨，易燃易爆油品类达到1亿吨。除运输量上升以外，道路运输危险货物的品种越来越多，危险特性越来越复杂，危险程度也越来越高。据世界卫生组织统计，目前仅用于工农业的化工物质就达60万种，并且每年还要增加3千余种，在这些物质中，有明显或潜在危险的就达3万余种。

据统计，我国95%以上的危险货物涉及异地运输，其中80%以上是通过道路运输完成的。我国现有危险货物运输企业7000余家，运输危险货物车辆15万余辆，从业人员50万人以上，渗透到全国各地大中城市和幅员辽阔的农村。危险货物运输与普通货物运输相比，由于危险货物具有爆炸、易燃、毒害、腐蚀、放射性等危害特性，对人们的安全具有一定的潜在危险，在运输、装卸操作和管理过程中稍有不慎，便可能造成人员伤亡、财产损失和环境污染，因此，国家对道路危险货物的运输、装卸作业有着特殊的要求，包括对危险货物运输车辆、车辆通行路线、时间，从业人员以及运输管理等均提出了特殊的要求。因此，道路运输管理人员必须了解和熟悉国家对道路危险货物运输管理的法律、法规，驾驶人员、装卸人员、押运人员等从业人员必须掌握危险货物运输的基本知识、相关技能和管理知识。按照国家对安全生产提出"安全第一，预防为主"的要求，必须真正把道路危险货物运输管理工作落实到每个环节，做到明确职责、落实岗位，明确权利、落实责任，使交通运输部对道路危险货物运输管理工作提出的"三关一监督"的要求落实到道路运输管理机构的具体岗位和具体管理人员的身上，为确保我国经济建设和人民生命财产安全提供良好的运输服务。

第二节　危险货物的定义、分类、编号和运输车辆相关标志

一、危险货物的定义

本教材所称的道路危险货物是指具有爆炸、易燃、毒害、腐蚀、放射性等危险特性，在运输、装卸和储存过程中，容易造成人身伤亡、财产毁损和环境污染而需要特别防护的货物。危险货物以列入国家标准《危险货物品名表》(GB 12268)的为准，未列入《危险货物品名表》的，以有关法律、行政法规的规定或者国务院有关部门公布的结果为准。

承运人使用专用汽车，承运《危险货物品名表》列明的易燃、易爆、有毒、有腐蚀性、有放射性等危险货物和虽未列入《危险货物品名表》但经有关法律、行政法规或者国务院有关部门公布的具有危险货物性质的物质、物品，为道路危险货物运输。专用车辆是指，从事道路危险货物运输的载货汽车。

二、危险货物的分类

(一)分类

危险货物根据国家标准 GB 6944《危险货物分类和品名编号》按其主要特性和运输要求分为9类。

第1类　爆炸品

第2类　气体

第3类　易燃液体

第4类　易燃固体、易于自燃的物质、遇水放出易燃气体的物质

第5类　氧化性物质和有机过氧化物

第6类　毒性物质和感染性物质

第7类　放射性物质

第8类　腐蚀性物质

第9类　杂类危险货物和物品

各类危险货物又可分为若干项。

(二)各类危险货物定义

1. 爆炸品

本类危险货物系指在外界作用下(如受热、撞击等)，能发生剧烈的化学反应，瞬时产生大量的气体和热量，使周围压力迅速上升，发生爆炸，对周围环境造成破坏的物品，也包括无整体爆炸危险，但具有燃烧、抛射及较小爆炸危险，或仅产生热、光、音响或烟雾等一种或几

种作用的烟火物品。

本类危险货物按危险性分为6项。

第1.1项　具有整体爆炸危险的物质和物品

第1.2项　具有迸射危险,但无整体爆炸危险的物质和物品

第1.3项　具有燃烧危险并有局部爆炸危险或局部迸射危险或者两种危险都有,但无整体爆炸危险的物质和物品

第1.4项　不呈现重大危险的物质和物品

本项危险货物危险性较小,万一被点燃或引爆,其危险作用大部分局限在包装件内部,而对包装件外部无重大危险。

第1.5项　有爆炸危险的非常不敏感的物质

本项包括有整体爆炸危险性、但非常不敏感以致在正常运输条件下引发或由燃烧转为爆炸的可能性很小的物质。

第1.6项　无整体爆炸危险的极端不敏感物品

2.气体

本类气体指:

①在50℃时,其蒸气压力大于300千帕的物质;或

②20℃时在101.3千帕标准压力下完全是气态的物质。

本类包括压缩气体、液化气体、溶解气体和冷冻液化气体、一种或多种气体与一种或多种其他类别物质的蒸气的混合物、充有气体的物品和烟雾剂。

本类货物分为3项:

第1项　易燃气体

第2项　非易燃无毒气体

本项货物系指窒息性气体、氧化性气体,及不属于其他项别的气体。

第3项　有毒气体

本项货物的毒性指标与第6类毒性指标相同。

3.易燃液体

本类包括:

①易燃液体:在其闪点温度(其闭杯试验闪点不高于60.5℃,或其开杯试验闪点不高于65.6℃)时放出易燃蒸气的液体或液体混合物,或是溶液或悬浮液中含有固体的液体;还包括:

在温度等于或高于其闪点的条件下提交运输的液体;或

以液态在高温条件下运输或提交运输、并在温度等于或低于最高运输温度下放出易燃蒸气的物质。

②液态退敏爆炸品。

4. 易燃固体,易于自燃的物质、遇水放出易燃气体的物质

本类危险货物分为3项。

第1项　易燃固体

本项包括:容易燃烧或摩擦可能引燃或助燃的固体、可能发生强烈放热反应的自反应物质、不充分稀释可能发生爆炸的固态退敏爆炸品。

第2项　易于自燃的物质

本项货物系指自燃点低,在空气中易于发生氧化反应,放出热量,而自行燃烧的物品,包括发火物质和自热物质(如黄磷)。

第3项　遇水放出易燃气体的物质

本项货物系指遇水或受潮时,易变成自燃物质或能放出大量的易燃气体的物质。

5. 氧化性物质和有机过氧化物

本类危险货物分为2项。

第1项　氧化性物质

本项货物其本身不一定可燃,但通常因放出氧或起氧化反应可能引起或促使其他物质燃烧的物质。

第2项　有机过氧化物

本项货物系指分子组成中含有过氧基的有机物质,该物质为热不稳定物质,可能发生放热的自加速分解。该类物质还可能具有以下一种或数种性质:可能发生爆炸性分解;迅速燃烧;对碰撞或摩擦敏感;与其他物质起危险反应;损害眼睛。

6. 毒性物质和感染性物质

本类危险货物分为2项。

第1项　毒性物质

本项货物经吞食、吸入或皮肤接触后可能造成死亡或严重受伤或健康损害的物质。

毒性物质的毒性分为急性口服毒性、皮肤接触毒性和吸入毒性。分别用口服毒性半数致死量 LD_{50}、皮肤接触毒性半数致死量 LD_{50} 和吸入毒性半数致死量 LD_{50} 来衡量。

经口摄取半数致死量:固体 $LD_{50}\leqslant200$ 毫克/千克,液体 $LD_{50}\leqslant500$ 毫克/千克;经皮肤接触24小时,半数致死量 $LD_{50}\leqslant1000$ 毫克/千克;粉尘、烟雾吸入半数致死浓度 $LC_{50}\leqslant10$ 毫克/升的固体或液体。

第2项　感染性物质

本项货物系指含有病原体的物质,包括生物制品、诊断样品、基因突变的微生物、生物体和其他媒介,如病毒蛋白等。

7. 放射性物品

本类货物系指含有放射性核素且其放射性活度浓度和总活度都分别超过《放射性物质安全运输规定》(GB 11806)规定的限值的物质。

8. 腐蚀性物质

本类货物系指通过化学作用使生物组织接触时造成严重损伤、或在渗漏时会严重损害甚至毁坏其他货物或运载工具的物质。

9. 杂项危险货物和物品

本类货物系指具有其他类别未包括的危险的物质和物品，如：危害环境物质、高温物质、经过基因修改的微生物或组织。

三、危险货物品名的编号

危险货物品名编号采用联合国编号。

每一危险货物对应一个编号，但对其性质基本相同，运输、储存条件和灭火、急救、处置方法相同的危险货物，也可使用同一编号。

四、道路危险货物运输车辆标志

车辆标志的分类：危险货物运输车辆标志的分类分为标志灯和标志牌。

（1）标志灯的结构（外形的形状、尺寸大小和材料）、类型（安装方式）、编号、悬挂要求、使用年限、及维护要求等详见《道路运输危险货物车辆标志》国家标准（GB 13392—2005）。

（2）标志牌的结构（外形的形状、尺寸大小和材料）、类型（安装方式）、标志牌图形与对应的危险货物包装标志、悬挂要求、使用年限及维护要求等，详见《道路运输危险货物车辆标志》国家标准（GB 13392—2005）中，常见的危险货物与对应的标志牌及危险货物包装标志部分。

第三节　道路危险货物运输管理的法规依据和相关标准

为了保证危险货物安全运输和人民生命财产安全，国务院有关部门出台了许多相关政策，逐步建立了危险货物运输的管理体制和有关规章。尤其是改革开放以后，随着国家法制化进程的加快，我国十分重视对运输危险货物的立法管理，颁布实施了一系列涉及有关运输危险货物的法律、法规和强制性技术标准，对加强道路运输危险货物管理起到了积极的推动作用。现列出我国道路危险货物运输现行相关主要法规政策和相关标准，见表 4-1 和表 4-2。

现行道路危险货物运输相关主要法规一览表　　表 4-1

国家法规	地方法规	部委规章	规范性文件
中华人民共和国安全生产法（2002 年第 70 号主席令）	江苏省道路运输市场管理条例（2004 年江苏省第十届人大常委会第 89 号公告）	《道路危险货物运输管理规定》（2005 年第 9 号交通部令）	全国道路货学危险货物运输专项整治实施方案（交通部交公路发［2001］240 号）

续上表

国家法规	地方法规	部委规章	规范性文件
中华人民共和国道路交通安全法(2003 年第 8 号主席令)		《道路货物运输及站场管理规定》(2008 年第 9 号令交通部)	关于继续进行道路危险货物运输专项整治的通知(交通部交公路发[2002]226 号)
中华人民共和国道路运输条例(2004 年第 406 号国务院令)			关于吉林省吉化集团公司道路危险货物运输车辆发生重大交通事故的通报(交通部交公路发[2004]21 号)
中华人民共和国危险化学品安全管理条例(2002 年第 344 号国务院令)			关于开展危险化学品罐车专项检查整治工作的通知(国务院 5 部委联合下发的国质检特联安全[2004]249 号)
中华人民共和国烟花爆竹安全管理条例(2006 年第 455 号国务院令)			关于开展危险化学品安全管理专项整治工作的通知(国务院 11 部委国经贸安全[2004]69 号)
中华人民共和国民用爆炸物品安全管理条例(2006 年第 466 号国务院令)			省政府办公厅关于转发省安委会全省危险化学品道路运输安全管理专项整治方案的通知(苏政办发[2005]58 号)
			关于贯彻执行江苏省安全生产监督管理局《关于〈江苏省交通、旅游、军工行业安全评估管理暂行办法〉的通知》的通知(苏交安[2004]10 号)
			江苏省交通厅运输管理局《关于开展水路、道路危险货物运输安全专项整治工作的通知》(苏运货[2006]131 号)
			江苏省交通厅运输管理局《关于印发"江苏省道路危险货物运输管理工作规范"的通知》(苏运货[2007]358 号)

现行道路危险货物运输相关主要标准一览表 表 4-2

国家标准	行业标准
《危险货物分类和品名编号》[GB 6944—2005]	《汽车运输危险货物规则》[JT 617—2004]
《危险货物品名表》[GB 12268—2005]	《汽车运输、装卸危险货物作业规程》[JT 618—2004]
《危险货物运输包装通用技术条件》[GB 12463—1990]	《营运车辆技术等级划分和评定要求》[JT/T 198—2004]
《机动车运行安全技术条件》[GB 7258—2004]	《剧毒化学品目录》(2002 年版)国务院 8 部委公告
《道路车辆外廓尺寸、轴荷及质量限值》[GB 1589—2004]	
《营运车辆综合性能要求和检验方法》[GB 18565—2001]	
《道路运输危险货物车辆标志》[GB 13392—2005]	

注:标准标号中"GB"为国家标准;"JT"为交通部部颁(行业)标准;"/T"为推荐性标准。

第四节　道路危险货物运输许可

一、道路危险货物运输经营许可

1. 许可依据

《中华人民共和国道路运输条例》第二十五条

第二十五条　申请从事货运经营的，应当按照下列规定提出申请并分别提交符合本条例第二十二条、第二十四条规定条件的相关材料：

（一）从事危险货物运输经营以外的货运经营的，向县级道路运输管理机构提出申请；

（二）从事危险货物运输经营的，向设区的市级道路运输管理机构提出申请。

依照前款规定收到申请的道路运输管理机构，应当自受理申请之日起20日内审查完毕，作出许可或者不予许可的决定。予以许可的，向申请人颁发道路运输经营许可证，并向申请人投入运输的车辆配发车辆营运证；不予许可的，应当书面通知申请人并说明理由。

货运经营者应当持道路运输经营许可证依法向工商行政管理机关办理有关登记手续。

2. 许可主体

（1）中外合资、中外合作、外商独资形式投资道路危险货物运输的，应当同时遵守《外商投资道路运输业管理规定》。设区的市级交通主管部门受理逐级转报交通运输部许可；

（2）除中外合资、中外合作、外商独资形式投资道路危险货物运输的外，均由设区的市级道路运输管理机构许可。

3. 许可条件

（1）有符合下列要求的专用车辆及设备：

①自有专用车辆5辆以上；

②专用车辆技术性能符合国家标准《营运车辆综合性能要求和检验方法》（GB 18565）的要求，车辆外廓尺寸、轴荷和载质量符合国家标准《道路车辆外廓尺寸、轴荷和质量限值》（GB 1589）的要求，车辆技术等级达到行业标准《营运车辆技术等级划分和评定要求》（JT/T 198）规定的一级技术等级；

③配备有效的通讯工具；

④有符合安全规定并与经营范围、规模相适应的停车场地。具有运输剧毒、爆炸和Ⅰ类包装危险货物专用车辆的，还应当配备与其设备、车辆、人员隔离的专用停车区域，并设立明显的警示标志；

⑤配备有与运输的危险货物性质相适应的安全防护、环境保护和消防设施设备；

⑥运输剧毒、爆炸、易燃、放射性危险货物的，应当具备罐式车辆或厢式车辆、专用容器，

车辆应当安装行驶记录仪或定位系统；

⑦罐式专用车辆的罐体应当经质量检验部门检验合格。运输爆炸、强腐蚀性危险货物的罐式专用车辆的罐体容积不得超过20立方米，运输剧毒危险货物的罐式专用车辆的罐体容积不得超过10立方米，但罐式集装箱除外；

⑧运输剧毒、爆炸、强腐蚀性危险货物的非罐式专用车辆，核定载质量不得超过10吨。

(2)有符合下列要求的从业人员：

①专用车辆的驾驶人员取得相应机动车驾驶证，年龄不超过60周岁；

②从事道路危险货物运输的驾驶人员、装卸管理人员、押运人员经所在地设区的市级人民政府交通主管部门考试合格。

(3)有健全的安全生产管理制度，包括安全生产操作规程、安全生产责任制、安全生产监督检查制度以及从业人员、车辆、设备安全管理制度。

4. 提交的材料

(1)申请表；

(2)拟运输的危险货物类别、项别及运营方案；

(3)企业章程文本；

(4)投资人、负责人身份证明及其复印件，经办人的身份证明及其复印件和委托书；

(5)拟投入车辆承诺书，内容包括专用车辆数量、类型、技术等级、通讯工具配备、总质量、核定载质量、车轴数以及车辆外廓长、宽、高等情况，罐式专用车辆的罐体容积，罐体容积与车辆载质量匹配情况，运输剧毒、爆炸、易燃、放射性危险货物的专用车辆配备行驶记录仪或者定位系统情况。若拟投入专用车辆为已购置或者现有的，应提供行驶证、车辆技术等级证书或者车辆技术检测合格证、罐式专用车辆的罐体检测合格证或者检测报告及其复印件；

(6)拟聘用驾驶人员、装卸管理人员、押运人员的从业资格证及其复印件，驾驶人员的驾驶证及其复印件；

(7)停车场地、专用停车区域和安全防护、环境保护、消防设施设备的证明材料；

(8)有符合要求的安全生产管理制度文本。

5. 许可程序

(1)申请人向设区的市级道路运输管理机构提交申请材料；

(2)市级道路运输管理机构对申请人提交的申请材料进行审查和进行实地核查，并在收到申请之日起20日内审查完毕，作出许可或者不予许可的决定；

(3)决定准予许可的，应当向被许可人出具《道路危险货物运输行政许可决定书》(见附表五)，注明许可事项，许可事项为运输危险货物的类别和项别、专用车辆数量及要求、运输性质；并在10日内向道路危险货物运输经营申请人发放《道路运输经营许可证》，向非经营性道路危险货物运输申请人颁发《道路危险货物运输许可证》；

(4)决定不予许可的，应当向申请人出具《不予交通行政许可决定书》；

(5)被许可人应当持《道路运输经营许可证》依法向工商行政管理机关办理登记手续。

(6)目前各地政府为提高行政效能,采取了“一门式”行政服务模式,将具有行政审批功能的行政机关由当地政府集中到行政许可服务中心,同时承诺许可周期适度缩短,从而方便了经营者,提高了行政效能,普遍受到经营者的欢迎。

(7)证件的发放

①被许可人已获得其他道路运输经营许可的,设区的市级道路运输管理机构应当为其换发《道路运输经营许可证》,并在其经营范围中加注新许可的事项。如果原《道路运输经营许可证》是由省级道路运输管理机构发放的,由原发证机关按照上述要求予以换发。

②被许可人应当按照限定的时间落实拟投入车辆承诺书的承诺。做出许可决定的道路运输管理机构已核实被许可人落实了拟投入车辆承诺书且专用车辆和从业人员符合许可要求、罐体经质检部门检验合格后,应当为专用车辆配发《道路运输证》,并在《道路运输证》经营范围栏内注明允许运输危险货物的类别、项别;

对从事非经营性道路危险货物运输的,应当在其《道路运输证》上加盖“非经营性危险货物运输专用章”。

二、非经营性道路危险货物运输许可

1. 许可依据

《中华人民共和国道路运输条例》第二十五条、第八十条

第二十五条　申请从事货运经营的,应当按照下列规定提出申请并分别提交符合本条例第二十二条、第二十四条规定条件的相关材料:

(一)从事危险货物运输经营以外的货运经营的,向县级道路运输管理机构提出申请;

(二)从事危险货物运输经营的,向设区的市级道路运输管理机构提出申请。

依照前款规定收到申请的道路运输管理机构,应当自受理申请之日起20日内审查完毕,作出许可或者不予许可的决定。予以许可的,向申请人颁发道路运输经营许可证,并向申请人投入运输的车辆配发车辆营运证;不予许可的,应当书面通知申请人并说明理由。

货运经营者应当持道路运输经营许可证依法向工商行政管理机关办理有关登记手续。

第八十条　从事非经营性危险货物运输的,应当遵守本条例有关规定。

2. 许可主体

(1)中外合资、中外合作、外商独资形式投资道路危险货物运输的,应当同时遵守《外商投资道路运输业管理规定》。设区的市级交通主管部门受理逐级转报交通运输部许可;

(2)除中外合资、中外合作、外商独资形式投资道路危险货物运输的外,均由设区的市级道路运输管理机构许可。

3. 许可条件

(1)申请从事非经营性道路危险货物运输企事业单位范围:

①省级以上安全生产监督管理部门批准设立的生产、使用、储存危险化学品的企业；

②有特殊需求的科研、军工、通用民航等企事业单位。

(2)有符合下列要求的专用车辆及设备：

①专用车辆技术性能符合国家标准《营运车辆综合性能要求和检验方法》(GB 18565)的要求，车辆外廓尺寸、轴荷和载质量符合国家标准《道路车辆外廓尺寸、轴荷和质量限值》(GB 1589)的要求，车辆技术等级达到行业标准《营运车辆技术等级划分和评定要求》(JT/T 198)规定的一级技术等级；

②配备有效的通讯工具；

③有符合安全规定并与经营范围、规模相适应的停车场地。具有运输剧毒、爆炸和Ⅰ类包装危险货物专用车辆的，还应当配备与其设备、车辆、人员隔离的专用停车区域，并设立明显的警示标志；

④配备有与运输的危险货物性质相适应的安全防护、环境保护和消防设施设备；

⑤运输剧毒、爆炸、易燃、放射性危险货物的，应当具备罐式车辆或厢式车辆、专用容器，车辆应当安装行驶记录仪或定位系统；

⑥罐式专用车辆的罐体应当经质量检验部门检验合格。运输爆炸、强腐蚀性危险货物的罐式专用车辆的罐体容积不得超过20立方米，运输剧毒危险货物的罐式专用车辆的罐体容积不得超过10立方米，但罐式集装箱除外；

⑦运输剧毒、爆炸、强腐蚀性危险货物的非罐式专用车辆，核定载质量不得超过10吨。

(3)有符合下列要求的从业人员：

①专用车辆的驾驶人员取得相应机动车驾驶证，年龄不超过60周岁；

②从事道路危险货物运输的驾驶人员、装卸管理人员、押运人员经所在地设区的市级人民政府交通主管部门考试合格。

(4)有健全的安全生产管理制度，包括安全生产操作规程、安全生产责任制、安全生产监督检查制度以及从业人员、车辆、设备安全管理制度。

4. 提交的材料

(1)申请表；

(2)下列形式之一的单位基本情况证明：

①省级以上安全生产监督管理部门颁发的《危险化学品登记证》；

②能证明科研、军工、通用民航等企事业单位性质或者业务范围的有关材料；

(3)特殊运输需求的说明材料；

(4)经办人的身份证明及其复印件，所在单位的工作证明或者委托书。

(5)拟投入车辆承诺书，内容包括专用车辆数量、类型、技术等级、通信工具配备、总质量、核定载质量、车轴数以及车辆外廓长、宽、高等情况，罐式专用车辆的罐体容积，罐体容积与车辆载质量匹配情况，运输剧毒、爆炸、易燃、放射性危险货物的专用车辆配备行驶记录仪或者定位系统情况。若拟投入专用车辆为已购置或者现有的，应提供行驶证、车辆技术等级证书或者车辆技术检测合格证、罐式专用车辆的罐体检测合格证或者检测报告及其复印件；

(6)拟聘用驾驶人员、装卸管理人员、押运人员的从业资格证及其复印件，驾驶人员的驾驶证及其复印件；

(7)停车场地、专用停车区域和安全防护、环境保护、消防设施设备的证明材料；

(8)有符合要求的安全生产管理制度文本。

5. 许可程序

(1)当事人申请；

(2)形式审查：申请主体是否适格，材料是否齐全并符合法定形式；

(3)作出是否受理决定；

(4)实质审查：条件是否符合，根据许可条件和程序核实申请材料的实质内容，符合条件的，准予许可，制作并送达《道路危险货物运输许可证》；

(5)被许可人所购车辆符合法定条件并在承诺范围的，持许可决定书和车辆检测合格证明、承运人责任险保单到规定的道路运输管理机构申请配发《道路运输证》。

三、道路危险货物运输许可中应注意的事项

(1)道路运输管理机构不得许可一次性或临时性的道路危险货物运输；

(2)道路危险货物运输企业或者单位设立子公司从事道路危险货物运输的，应向设立地设区的市级道路运输管理机构申请运输许可；设立分公司的，向设立地设区的市级道路运输管理机构报备；

(3)为了实现道路危险货物运输长效管理，道路危险货物运输企业一般应建立以下安全管理制度：

①企业的公司化管理制度。公司化管理必须符合车辆资产统一、劳动关系统一、经营调度统一、财务结算统一等“四个统一”的最低标准。

a. 车辆资产统一：车辆入企业固定资产台账、折旧台账、车辆技术管理台账；车辆行驶证与企业名称一致。

b. 劳动关系统一：从业人员(安全管理人员、驾驶人员、装卸管理人员、押运人员)具有劳动保障部门统一文本格式的一年以上有效的劳动合同或劳务合同。

c. 经营调度统一：运输车辆必须由企业统一调度，出车必须有调度记录和行车日志。

d. 财务结算统一：企业具有统一自开税务发票的资格；所有运输收入、成本全部进入企业账册。

②安全生产管理制度；

③岗位责任制；

④岗位安全生产操作规程；

⑤车辆、设备及设施的维护、检查制度；

⑥劳动防护和清洗消毒制度；

⑦安全学习制度；

⑧从业人员技术培训制度及培训计划；

⑨安全生产事故报告和处理制度；

⑩安全生产奖励、惩罚制度；

⑪突发事件的应急预案(内容包括报告程序、应急指挥、应急车辆和设备的储备及处置措施等)。

⑫与具备道路危险货物运输车辆维修资质的维修企业签订的合同(附维修企业的相应的资质证明)

⑬取得安全评估机构出具的合格级次以上的评估报告(GPS 安装使用作为安全评估先决条件)。

四、案例分析

案例 1：申请道路危险货物运输经营许可的案例

2006 年 12 月 20 日，李某向所在地县级道路运输管理机构提出了申请，要求办理道路危险货物第 4 类第 2 项(第 4、2 项)运输的经营许可，并提交了《道路危险货物运输经营申请表》；拟运输的危险货物类别、项别及运营方案；企业的工商名称登记核准手续、企业章程文本；投资人、负责人身份证明及其复印件，经办人、身份证明及其复印件和委托书；拟聘用专职安全管理人员、驾驶人员、装卸管理人员、押运人员的从业资格证及其复印件和一年以上的有效劳动合同及其复印件，驾驶人员的驾驶证及其复印件和 3 年以上安全驾驶经历证明；拟投入 8 辆危险货物专用运输车辆的承诺书；有关安全生产管理制度文本。

李某所在地的县级道路运输管理机构在接到李某的申请材料后，当即对李某提交的材料进行了审查，并开出了行政许可受理通知书给李某，且于 2007 年 1 月 25 日向李某出具了《道路危险货物运输行政许可决定书》，准予李某申请的道路危险货物第 4 类第 2 项(第 4、2 项)运输的经营许可，而且于 2007 年 1 月 30 日向李某发放了《道路运输经营许可证》。试问：李某所在地的县级道路运输管理机构在这一过程中有哪些违法行为，为什么？

在此案例中，李某所在地的县级道路运输管理机构违反了道路危险货物运输由设区的市道路运输管理机构办理行政许可的规定超越了自身的权限，属越权许可。同时即使其有权办理该许可事项，然而在操作过程中也存在着以下两个问题：

(1)越权许可。道路危险货物运输经营的许可，按照国家《道条》和交通部的《道路危险货物运输管理规定》，只有设区的市级道路运输管理机构才能许可。因此，李某所在地的县级道路运输管理机构违反了《道条》和交通部的《道路危险货物运输管理规定》。

(2)按照国家《道条》和《交通行政许可实施程序规定》,应在受理申请之日起20个工作日内审查完毕,作出许可或者不予许可的决定。而该县级道路运输管理机构,超越了规定的许可时限;

(3)道路危险货物运输经营的许可,按照《道条》、《交通行政许可实施程序规定》和交通部的《道路危险货物运输管理规定》,设区的市级道路运输管理机构在受理经营业户的申请时,除了要审查李某提交的上述材料以外,还须要求其提交有与运输规模相适应的办公场所、停车场地、专用停车区域和安全防护、环境保护、消防设施设备等的证明材料,并且要组织2名以上的运政执法人员对李某的企业进行实地核查,写出符合相关要求的核查报告后,经运政管理机构内部逐级报批后,才能在规定的时间内作出许可决定,向李某发放《道路运输经营许可证》。而李某所在地的县级道路运输管理机构并未审查这些内容,即作出了准予许可的决定,这本身也是违法的。

案例2:配发《道路运输证》的案例

某省某市一家道路危险货物运输有限责任公司,已取得了道路危险货物运输经营许可证,并已经领取8辆危险货物运输车辆的《道路运输证》,最近,该公司又向原发证机关即设区的市级运管机构申请配发一辆载质量12吨、罐体容积为15立方米、运输剧毒品的罐车(属常压)。结果原发证的运管机构仅审查了该车的行驶证,确认该车的行驶证的载质量为15吨并且行驶证的审验记录在有效期内,就给其配发了经营范围为第6类的载质量为15吨的道路运输证。请问该运管机构的配发道路运输证的工作合法吗,应当如何审核配发?

在配发道路运输证的过程中,作为运管机构按照有关规定,应审查以下材料:

①该公司的经营许可证的经营范围,有无6类经营范围;

②申请配发车辆运输危险货物的类别、项别,以及《道路危险货物运输管理规定》允许配发的载质量和容积(按规定运输剧毒货物的罐车容积不得超过10立方米);

③有效的驾驶证、从业资格证和驾驶员与公司签订的1年以上的有效劳动合同;

④有效的押运员证和与押运公司签订1年以上的有效劳动合同;

⑤行驶证、车辆技术等级和车辆维护情况;车辆的标志牌、灯(提供照片)、车辆的消防器具配备、车辆是否入该公司固定资产账目;

⑥车辆的罐车经质检部门检验合格的有效证明(检验合格证);

⑦企业的承运人责任险此车辆是否在内;

⑧车辆安装行驶记录仪或定位系统;

⑨安全卡的配备。

该运管机构仅审查,行驶证上的载质量和审验有效期远远达不到要求的,因此也是不合法的,必须对上述9种提供的材料重新补充并审查,审查结果应为不予配发。(即使其他材料齐全,《道路危险货物运输管理规定》中明确规定:运输剧毒品的罐车,罐体容积不得超过10立方米)。

第五节　道路危险货物运输的管理

道路运输管理部门对道路危险货物运输的管理主要应抓住两个重点,即日常监管和道路稽查。

一、危险品运输的日常管理与监督

各级交通运输管理部门要按照交通部《关于印发加强道路运输安全管理工作的意见的通知》(交通部交道路发[2002]356号)有关精神,在道路运输安全生产监督管理方面重点要做好"严把运输经营者市场准入关;严把营运车辆技术状况关;严把营运驾驶员从业资格关;搞好汽车客运站安全监督。"的工作。具体主要做好以下工作:

(1)要按照相关规定,加强对道路危险货物运输企业(单位)的管理。例如江苏省交通厅运输管理局就制定了《江苏省道路危险货物运输管理工作规范》,明确了省、市、县(市、区)各级道路运输管理机构的日常管理和监督的职责和要求,规定了设区的市级道路运输管理机构对危险货物运输企业(单位)的监督检查每年不少于2次,县级道路运输管理机构对危险货物运输企业(单位)的监督检查每年不少于4次。

(2)把好车辆的技术状况关。包括对新增车辆要严格按市场准入的规定把关;对已进入市场的车辆,行业管理部门要利用年审和定期、不定期的按规定进行检查。内容包括:承运人责任险[保险公司同我们行业管理部门有三条承诺]、车况等级评定、车辆维护、罐车检验、应急处理器材和防护设施配备、顶灯标志、安全卡等情况。

(3)把好从业人员的市场准入关(包括驾驶人员、押运人员、装卸管理人员等的资格);

(4)对企业各项安全管理制度的落实情况的监管。包括检查企业(单位)对各种制度的执行情况,各类台账的使用情况,各类管理措施的落实情况。

(5)按照相关规定做好各类检查的相关台账和有关检查记录。

(6)按照相关规定做好各类经营业户(单位)的资质档案和车辆档案和各类源头监督与管理的相关台账和有关检查记录档案管理。

(7)证件的管理:

①停业(终止业务)管理。道路危险货物运输企业或者单位终止危险货物运输业务的,应当在终止之日的30日前告知原许可机关,并在停业后10日内将《道路运输经营许可证》或者《道路危险货物运输许可证》以及《道路运输证》交回原发证机关。

②变更管理。道路危险货物运输企业或者单位需要变更许可事项的,应当向原许可机关提出申请,按上述有关规定办理。

a. 法人变更;

b. 股权变更;

c. 经营场地或停车场变更;

d. 经营范围变更等;

③证件遗失补办等管理。由遗失证件的道路危险货物运输企业或者单位向原许可机关提出书面申请,说明理由,并经核实后给予补发;

④经营条件的年审。经营条件的年审是对道路危险货物运输企业或单位能否继续经营的资质的再次审查,也是道路运输管理机构对运输企业管理的重要手段,因此,要充分利用好这一机会,严格履行好职责。经营条件年审分为二项:一项为《道路运输证》的年审,围绕车辆,按照车辆准入市场的条件来进行,其内容包括车辆的技术等级状况,维护情况,行驶证、罐检证、GPS(行车记录仪)、消防器具配备、顶灯标志、安全卡、承运人责任险以及人员配备和持证是否齐全有效的情况审查;另一项为《道路运输经营许可证》或者《道路危险货物运输许可证》的年审,《道条》没有具体规定,仅有江苏省等少数省(市)通过地方法规的形式,可以实施。围绕企业资质,按照企业或单位准入市场的条件来进行,其内容重点是对企业或单位的各项管理制度贯彻落实的情况、经营场地、设备设施(包括安全评估情况)、从业人员及有无违章等情况进行审查。符合要求的办理年审的相应手续,不合格的按相关规定,给予限期整改,整改合格后办理年审的相应手续,整改后仍不合格的,依法退出运输市场。

二、道路危险货物运输管理中有关危险货物的识别方法

根据交通部发布的《汽车运输危险货物规则》、《汽车运输、装卸危险货物作业规程》等中华人民共和国交通行业标准的相关规定,国家对道路危险货物的包装、标志和标签,托运、承运方责任,车辆和设备要求,运输,从业人员劳动保护,事故应急处理等均有一整套管理规范。至于对危险货物的具体识别,这里介绍几种方法仅供参考:

(1)根据《汽车运输危险货物规则》,托运人须提交给承运人与托运的危险货物完全一致的安全技术说明书和安全标签,从安全技术说明书和安全标签上可以初步确定其危险货物的种类及运输要求;

(2)根据危险货物的实物,与安全技术说明书和安全标签比对是否一致;

(3)抽取危险货物的实样,送国家法定的专业鉴定机构鉴定,出具相关鉴定报告;

(4)《道路运输危险货物安全卡手册》,收集和介绍了目前常用的危险货物的特性、储运要求、泄漏处理、急救方法、防护措施等内容,对各类涉业和管理人员有一定的参考价值。

思考题

1. 简述危险货物的分类。
2. 道路危险货物运输市场准入的主要政策法规依据有哪些?
3. 申请从事道路危险货物运输经营应当具备哪些条件,需要提交哪些材料?
4. 运政管理机构如何加强对危险货物运输企业和车辆的监管?

第五章 水路运输管理

第一节 水路运输概述

一、水路运输的概念及分类

1. 水路运输概念

水路运输是指利用船舶和其他浮运工具，在海上、江河、湖泊以及其他通航水域中运送旅客和货物的一种运输方式。水路运输是现代交通运输五种基本运输方式之一，它具有运量大，运价低，占地少，能耗省和环境影响小等显著优势，是最有利于发展资源节约型、环境友好型社会的运输方式，是交通运输的重要组成部分。

2. 水路运输分类

(1)按航行区域分:可分为内河运输、沿海运输和远洋运输。内河运输是指利用船舶和其他工具，在国内江河、湖泊、水库及人工水道运送旅客和货物。沿海运输是指利用船舶在本国沿海区域，包括岛屿之间以及岛屿与大陆之间运送旅客和货物。远洋运输是指利用船舶在海洋上进行国际间或地区间运送旅客和货物。

(2)按运输对象分:可分为水路旅客运输和水路货物运输。运输对象是人的，称水路旅客运输;运输对象是物的，称水路货物运输。

(3)按经营船舶种类分:可分为货船运输和客船运输。其中，货船运输又分为普通货船运输和散装液体危险品船运输(液化气船、散装化学品船、油船)(简称“液货危险品船运输”);客船运输又分为普通客船(客渡船)、客滚船(车客渡船)和高速客船运输。

二、水路运输特点

水路运输是世界上历史最悠久、最古老的运输方式。它具有以下特点:

(1)运量大、距离长。船舶的载运能力是各种运输方式中最大的。现在，海上运输船舶一般都是“万吨级”的船舶，小的也有几百吨级，大的达几十万吨。内河运输船舶，根据不同的航道条件，小的几十吨，大的几千吨，部分通江达海的河道上也有万吨级的船舶。水路运输由于运量大,所以更适合大宗物资运输和长途运输,尤其是远洋运输可以无偿地利用国际航道进行运输,服务范围广,运输距离长,是发展国际贸易的主要渠道,而且还适宜于受道路等运输条件限制的大件、重件等的特种运输。

(2)水路基础设施建设投资小,一般不占用农田和耕地。水路运输一般利用天然河流或古运河,不占用农田和耕地。目前我国可耕地面积不到全国土地的15%,节约耕地占用面积,是交通运输建设中一个值得注意的重要因素。发展水运,主要是在利用改造原有天然航道或古运河条件的基础上,不断改善船舶运力结构和港口吞吐及航道通过能力。因此,对它在资金和土地方面投资,相对于发展铁路、航空和高等级道路等运输方式,要节省得多。

(3)能耗省,成本低。水路运输的耗能水平和运输成本,与其他几种运输方式相比是比较低的。表5-1所示是内河航运、铁路、汽车运输每千吨公里的能耗情况。

内河航运、铁路、汽车运输能耗情况一览表 表5-1

运输方式	能耗(千克)	运输方式	能耗(千克)
内河航运	4.5	汽车	38.2
铁路	7.5		

一般来说,各种运输方式的能耗占运输成本的30%左右,水运由于能耗低,其运输成本也相对低一些,一般是汽车运输成本的1/5左右。

(4)劳动生产率高。水运由于它的载质量大,使用的人员相对要少一些,因此全员劳动生产率相对较高。

(5)水路运输也有不足。水路运输虽然优点很多,但也有一些不足之处。一是时速低、运输周期长,普通船舶时速一般在8~20千米左右;二是受航道、船闸等条件的限制,中间环节多,不能实现一次性门到门的运输;三是受季节气候条件和航道水深的制约,除水量充足的海洋、长江和珠江中下游外,一般航道容易出现水浅、枯水断航或冰封期,国内有些地区水域,不能满足长年船舶运输。另外,台风季节和大雾能见度低等恶劣天气等情况,也严重影响船舶的正常运行。

第二节 水路运输许可

一、水路运输必须取得的营运证件

经营水路运输的单位和个人,必须取得有许可权限的交通运输主管部门颁发的下列营运证件方可从事营业性运输。

(1)经营国内水路运输,必须取得有许可权限的交通运输主管部门部门颁发的《水路运输许可证》,其营运船舶要取得《船舶营业运输证》。

(2)经营国际船舶运输,必须取得交通运输部颁发的《国际船舶运输许可证》,其中,从事进出中国港口国际集装箱班轮和旅客班轮运输的,应取得交通运输部颁发的《国际班轮运输经营资格登记证》;经营无船承运业务的,应取得交通运输部签发的《无船承运业务资格证明书》。

二、水路运输经营许可

1. 许可依据

《中华人民共和国水路运输管理条例》第八条。

第八条 设立水路运输企业、水路运输服务企业以及水路运输企业以外的单位和个人从事营业性运输,由交通主管部门根据本条例的有关规定和社会运力运量综合平衡情况审查批准。审批办法由交通运输部规定。

对水路运输行业管理影响较大的非营业性船舶运输的审批办法,由交通运输部会同有关部门另行规定。

2. 许可主体

(1)设立沿海省际运输企业、经营国际船舶运输、国际无船承运业务、三资企业经营我国内河水路运输的,许可主体是交通运输部。

国外进口运输船舶、国际海运船舶转入国内市场的管理,许可主体是交通运输部。

申请新增国内沿海营业性水路运输客船、危险品船舶的,其船舶营运证由交通运输部核发。

(2)设立内河省际水路运输企业的,由许可主体是交通运输部派驻水系的航务(运)管理局。

申请新增长江、珠江水系省际营业性水路运输客船、危险品船舶的,其船舶营运证由交通运输部派驻水系的航务(运)管理局核发。

(3)设立省内水路运输企业及个体(联户)船舶从事省内船舶运输的,许可主体是所在地的省级交通主管部门或其授权委托的航运管理部门。

设立本行政区内各类客(渡)运输以及库区、湖泊、陆岛运输及封闭水域水上运输企业及个体(联户)船舶运输涉及两个或两个以上行政区域的,由经营人所在地省级交通主管部门,或其授权委托的航运管理部门商相关省(自治区、直辖市)交通主管部门进行管理。

申请新增省内营业性水路运输客船、危险品船舶的,其船舶营运证由经营人所在地省级交通主管部门或其授权委托的航运管理部门核发。

(4)设立市内运输企业及个体(联户)船舶从事市内船舶运输的,许可主体是所在地的市级交通主管部门或其授权委托的航运管理部门。

申请新增市内营业性水路运输客船、危险品船舶的,其船舶营运证由经营人所在地的市级交通主管部门或其授权委托的航运管理部门核发。

3. 许可条件

(1)国内水路运输经营资质条件

①经营主体条件:

除经营单船600总吨以下的内河普通货船运输外，经营国内水路运输应当取得企业法人资格。

②经营资质条件：

a. 从事国内水路运输的企业应具备的经营资质条件，见表5-2所示。

从事国内水路运输的企业应当具备的经营资质条件对照表 表5-2

序　号	经营资质条件	备　注
1	拥有与经营区域范围、经营业务相适应的自有并经营的适航船舶企业船舶总运力规模满足表5-3的要求	见表5-3所示
2	有满足经营需要和安全管理要求的经营、海务、机务、船员管理等组织机构、固定办公场所和国家规定的注册资本	
3	有健全的安全生产责任制度、安全生产规章制度和操作规程以及生产安全事故应急救援预案等安全管理与生产经营管理制度，并且按照《中华人民共和国航运公司安全与防污染管理规定》的要求建立安全管理体系	
4	有与经营船舶种类、经营规模相适应的经营、海务、机务专职管理人员，相关专职管理人员应当满足表5-4的要求	见表5-4所示
5	经营客船运输的，应当落实船舶靠泊、旅客上下船所必需的服务设施和安全设施	

b. 水运企业最低运力规模，见表5-3所示。

水运企业最低运力规模对照表 表5-3

航区	种类		省　际	省　内
沿海	普通货船		2000总吨	1000总吨
沿海	危险品船		2000总吨	1000总吨
沿海	液化气体船		3000立方米	1000立方米
沿海	客船	普通客船	400客位	200客位
沿海	客船	高速客船	200客位	100客位
沿海	客船	客滚船	3000总吨并400座	1000总吨并100座
内河	普通货船		600总吨	600总吨
内河	危险品船		1000总吨	500总吨
内河	液化气体船		500立方米	300立方米
内河	客船	普通客船	200客位	100客位
内河	客船	高速客船	100客位	50客位
内河	客船	客滚船	1000总吨并50客位	300总吨并50客位

（表头斜线栏：区域、规模、种类、航区）

注：1. 同时经营油船和化学品船运输或者同时经营普通客船和高速客船运输的，总运力规模可以合并计算，但每一艘船舶种类应至少拥有一艘自有并经营的适航船舶。

2. 交通运输部可以针对因市场需求有限，致使从事水路运输的企业规模无法满足规定要求的情况，公布低于规定总运力规模的特定区域。

c. 水运企业最低专职管理人员配置,见表 5-4 所示。

水运企业最低专职管理人员配置对照表

表 5-4

形式		船舶数(艘)	经营管理(人)	海务管理(人)	机务管理(人)	管理人员合计(人)
沿海	普货船	1~10	1	1	1	3
		11~20	1	2	2	5
		21~30	1	3	3	7
		30 以上	1	4	4	9
	散装液体危险品船或客船	1~5	1	1	1	3
		6~10	1	2	2	5
		11~20	1	3	3	7
		20 以上	1	4	4	9
内河	普货船	1~10	1	1	1	3
		11~50	1	2	2	5
		51~100	1	3	3	7
		100 以上	1	4	4	9
	散装液体危险品船或客船	1~10	1	1	1	3
		11~20	1	2	2	5
		21~30	1	3	3	7
		30 以上	1	4	4	9

注:1. 在有效代管期内,委托企业可以只配备海务、机务和经营专职管理人员各 1 名。

2. 经营普通货船运输企业的海务、机务专职管理人员应当具有与所经营船舶种类和航区相对应的不低于大副、大管轮任职的从业资历。

3. 经营客船、散装液体危险品船运输企业的最高管理层中至少有 1 人专职负责安全管理工作并具有与所经营船舶种类和航区相对应的船长或者轮机长任职的从业资历;其海务、机务专职管理人员应当具有与其所经营船舶种类和航区相对应的船长、轮机长任职的从业资历。

4. 提交的材料

申请经营船舶运输,应当向其所在地人民政府有主管部门提交相应的申报材料,按规定的许可程序和权限,逐级转报有许可权的交通主管部门许可,见表 5-5 所示。

申请经营国内水路运输及扩大经营范围提交的申报材料清单

表 5-5

序号	材料名称	主要内容
1	申请书	包括申请的经营范围、运力规模及其来源
2	可行性报告	包括客货源市场分析及落实情况、资金来源及落实情况、营运经济效益分析

续上表

序号	材料名称	主要内容
3	《营业执照》	复印件(筹建中需提供《企业名称预先核准通知书》)
4	企业股东的基本情况和说明材料	股东的验资报告;法人股东提供《企业法人营业执照》及其复印件,自然人股东提供身份证及其复印件
5	公司章程、固定办公场所使用证明	复印件;租房协议(附房产证明)
6	组织机构的设置和专职管理人员配备情况的证明文件	包括专职管理人员名单、任职文件、身份证、任职资历材料、劳动合同(筹建的提供意向协议即可)等及其复印件
7	企业基本管理制度	包括生产经营管理与安全管理制度在内
8	"符合证明"或者"临时符合证明"证书	与船舶管理企业签订的安全与防污染管理协议、船舶管理企业的《水路运输服务许可证》和有效的"符合证明"或者"临时符合证明"证书及其复印件
9	船舶来源证明文件和船舶有关证书	1. 拟投入营运船舶的新增运力批准文件(国内新建或进口客船、液货危险品船)、登记证书(国内新建或进口普通货船)或《船舶营业运输证注销登记证明书》(购置具有国内水路运输经营资格的现有船舶)。 2. 有效的《船舶所有权登记证书》、《船舶国籍证书》、《船舶检验证书》或者《船舶入级证书》、《船舶最低安全配员证书》复印件,《中华人民共和国航运公司安全与防污染管理规定》适用范围内的船舶还应当提供有效的"安全管理证书"或者"临时安全管理证书"及其复印件
10	经营客船运输的客船靠泊、旅客上下船所必需的服务设施、安全设施作出安排的其他证明文件	提供与经营航线停靠站点的港口经营人达成的靠泊港航协议及其复印件

注:1. 个体运输经营者申请从事国内水路运输应当提交上述第1项、第9项、本人身份证及其复印件和自有并经营的适航船舶及相对应的有效内河船员适任证书及其复印件。

2. 企业筹建应当提交上述第1项至第7项、第10项规定的申报材料。

3. 企业开业应当提交上述第1项至第10项规定的申报材料;有筹建环节的需要提供《水路运输许可证(筹建专用)》及筹建批准文件复印件;已经取得国内水路运输经营资质的企业扩大经营范围,应当提交第1项、第2项、第6项至第10项规定的申报材料及原批准文件复印件和《水路运输许可证》(副本)。

4. 从事国内水路运输的企业可以将其所属船舶的安全与防污染管理委托具有国内船舶管理业经营资格的船舶管理企业代管。

5. 许可程序

(1)申请经营国内水路运输业务的企业和个人,应当向其所在地人民政府交通主管部门提交相应申报材料。

(2)受理申请的交通主管部门应当在核实申报材料中的原件和复印件后,盖章确认复印件的内容与原件一致,将材料原件退还申请人;并按照《中华人民共和国水路运输管理条例实施细则》规定的审批权限,将初步审查意见和全部申请材料逐级转报至有审批权的交通主管部门审批。

申请经营国内客船、散装液体危险品船运输的,市(设区的市)级人民政府交通主管部门应当在收到申报或者转报材料后的10个工作日内，根据申报材料和实地调查情况，对申请人是否符合国内水路运输经营资质条件进行评估，出具评估报告。评估结束后，市(设区的市)级人民政府交通主管部门应当及时将评估报告和申报材料一并转报至有相应审批权限的交通主管部门。

省级人民政府交通主管部门应当对评估的过程进行监督检查，对评估结果有异议的，可以组织复评。国内水路运输经营资质评估办法由交通运输部另行制定。

(3)具有相应审批权限的交通主管部门在收到申报或者转报材料后，应当对经营资质条件和国家规定的有关条件进行审查。符合条件的，作出许可决定，并且向申请人颁发《水路运输许可证》；不符合条件的，作出不予许可决定，并且应当书面通知申请人不予许可的理由。

应当事人申请，具有相应审批权限的交通主管部门可以参照《国内水路运输经营资质管理规定》要求的经营资质条件，对于筹建期的企业颁发《水路运输许可证(筹建专用)》。企业凭筹建批准文件和《水路运输许可证(筹建专用)》办理购建船舶、工商注册登记等手续。

三、国际海上运输经营许可

为规范国际海上运输活动，维护国际海上运输市场秩序，保障国际海上运输各方当事人的合法权益，国务院在总结我国国际海运管理实践的基础上，制定了《中华人民共和国国际海运条例》(以下简称《海运条例》)，交通运输部根据《海运条例》，制定了《中华人民共和国国际海运条例实施细则》(以下简称《海运条例实施细则》)，对加强国际海运市场的监督管理提供了有力的法律依据。

1. 许可依据

《中华人民共和国国际海运条例》第六条。

第六条　经营国际船舶运输业务，应当向国务院交通主管部门提出申请，并附送符合本条例第五条规定条件的相关材料。国务院交通主管部门应当自受理申请之日起30日内审核完毕，作出许可或者不予许可的决定。予以许可的，向申请人颁发《国际船舶运输经营许可证》；不予许可的，应当书面通知申请人并告知理由。

2. 许可主体

许可主体为交通运输部。

3. 许可条件

根据《海运条例》和《海运条例实施细则》的规定，在中国境内设立企业经营国际船舶运输业务，或者中国企业法人申请经营国际船舶运输业务，应当具备下列条件：

(1)有与经营国际海上运输业务相适应的船舶，其中必须有中国籍船舶。

(2)投入运营的船舶符合国家规定的海上交通安全技术标准。

(3)有提单、客票或者多式联运单证。

(4)具有国务院交通运输主管部门规定的从业资格的高级业务管理人员。

4. 提交材料及许可程序

(1)申请人应当向交通运输部提出申请，并同时将申请材料抄报企业所在地的省、自治区、直辖市人民政府交通主管部门。提交申请材料如下：

①申请书；

②可行性分析报告、投资协议；

③申请人的商业登记文件(拟设立企业的，主要投资人的商业登记文件或者身份证明)；

④船舶所有权证书、国籍证书和法定检验证书的副本或复印件；

⑤提单、客票或多式联运单证样本；

⑥符合交通运输部规定的高级业务管理人员的从业资格证明。

有关省、自治区、直辖市人民政府交通主管部门自收到上述抄报材料后，应当进行审核，提出意见，并自收到有关材料之日起10个工作日内将有关意见报送交通运输部。交通运输部在收到申请材料完备之日起30个工作日内按照规定进行审核，作出许可或不许可的决定。决定许可的，颁发《国际船舶运输经营许可证》；决定不许可的，书面通知申请人并告知理由。

(2)中国国际船舶运输经营者在中国境内设立分支机构，应提交下列申请材料。

①申请书；

②可行性分析报告；

③母公司的商业登记文件；

④母公司的《国际船舶运输经营许可证》副本；

⑤母公司对该分支机构经营范围的确认文件；

⑥符合交通运输部要求的高级业务管理人员的从业资格证明。

中国国际船舶运输经营者的分支机构可为其母公司所有或经营的船舶提供办理船舶进出港口手续、安排港口作业、接受订舱、签发提单、收取运费等服务。

四、国际班轮运输经营许可

国际班轮运输是指以自有或者经营的船舶或者以共同派船、舱位互换、联合经营等方式。在固定的港口之间提供的定期国际海上货物或旅客运输。

1. 许可依据

《中华人民共和国国际海运条例》第十六条。

第十六条　国际船舶运输经营者经营进出中国港口的国际班轮运输业务，应当依照本条例的规定取得国际班轮运输经营资格。

未取得国际班轮运输经营资格的，不得从事国际班轮运输经营活动，不得对外公布班期、接受订舱。

2. 许可主体

许可主体为交通运输部。

3. 许可条件

(1)必须是依法设立的企业。

(2)有健全的组织管理机构。

(3)有正常运行的船舶。

(4)交通运输部规定的其他条件。

4. 提交的材料

(1)申请表。

(2)国际船舶运输经营者的名称、注册地、营业执照副本、主要出资人。

(3)经营者的主要管理人员的姓名及其身份证明。

(4)运营船舶资料。

(5)拟开航的航线、班期及沿途停泊港口。

(6)运价本。

(7)提单、客票或者多式联运单证。

5. 许可程序

交通运输部应当自收到经营国际班轮运输业务申请之日起30个工作日内审核完毕,申请材料真实、齐备的,予以登记,颁发《国际班轮运输经营资格登记证》;申请材料不真实或者不齐备的,不予登记,书面通知申请人并告知理由。

五、无船承运业务经营许可

无船承运业务,是指无船承运业务经营者以承运人身份接受托运人的委托,签发自己的提单或其他运输单证,向托运人收取运费,通过国际船舶运输经营者完成国际海上货物运输,承担承运人责任的国际海上运输经营活动。

1. 许可依据

《中华人民共和国国际海运条例》第七条。

第七条　经营无船承运业务,应当向国务院交通主管部门办理提单登记,并交纳保证金。

2. 许可主体

许可主体为交通运输部。

3. 许可条件

(1)必须是依法设立的企业。

(2)有健全的组织管理机构。

(3)项目可行并为社会需要。

(4)有符合相关要求的资金。

(5)交通运输部规定的其他条件。

4. 提交的材料

(1)申请办理无船承运业务经营者提单登记的应当向交通运输部提交以下材料：

①申请书。

②可行性分析报告。

③企业商业登记文件。

④提单格式样本。

⑤保证金已交存的银行凭证复印件。

(2)申请人为外国无船承运业务经营者的，还应当提交以下材料：

①联络机构说明书，载明联络机构名称、住所，联系方式及联系人。

②委托书副本或者复印件。

③委托人与联络机构的协议副本。

④联络机构的工商登记文件复印件。

联络机构为该外国企业在中国境内的外商投资企业或者常驻代表机构的，无需提供第②项、第③项文件。

(3)中国的无船承运业务经营者在中国境内设立分支机构的应当向交通运输部提交以下材料：

①申请书；

②母公司的商业登记文件；

③母公司的《无船承运业务经营资格登记证》副本；

④母公司确认该分支机构经营范围的确认文件；

⑤保证金已交存的银行凭证复印件。

5. 许可程序

有关省、自治区、直辖市人民政府交通主管部门自收到上述抄报材料后，应当就有关材料进行审核，提出意见，并应当自收到抄报的申请材料之日起7个工作日内将有关意见报送交通运输部。

交通运输部收到申请人的材料后，应当在申请材料完整齐备之日起15个工作日内按照《海运条例》第七条和第八条的规定进行审核。审核合格的，予以提单登记，并颁发《无船承运业务经营资格登记证》；不合格的，应当书面通知当事人并告知理由。

中国的申请人取得《无船承运业务经营资格登记证》，并向原企业登记机关办理企业相应登记手续后，方可从事无船承运业务经营活动。

六、外商常驻代表机构许可

外商常驻代表机构，是指外国企业或者其他经济组织在中国境内依法设立的，为其派出机构开展宣传、推介、咨询和联络活动的非营业机构。

1. 许可依据

《中华人民共和国国际海运条例》第三十四条。

第三十四条　外国国际船舶运输经营者以及外国国际海运辅助企业，经国务院交通主管部门批准，可以依法在中国境内设立常驻代表机构。

外国国际船舶运输经营者以及外国国际海运辅助企业在中国境内设立的常驻代表机构，不得从事经营活动。

2. 许可主体

许可主体为交通运输部。

3. 许可条件

(1)企业依法成立并有一定的经济实力和经历。

(2)符合我国的外商投资指南条件。

(3)在我国有总部指派的机构和人员。

(4)交通运输部规定的其他条件。

4. 提交的材料

(1)申请书。申请书应当载明拟设机构名称、设立地区、驻在期限、主要业务范围等。

(2)企业商业登记文件。

(3)企业介绍，包括企业设立时间、主营业务范围、最近年份经营业绩、雇员数、海外机构等。

(4)首席代表授权书，由企业董事长或者总经理签署。

(5)首席代表姓名、国籍、履历及身份证件。

5. 许可程序

有关省、自治区、直辖市人民政府交通运输主管部门收到完整齐备的上述材料后，应当于7个工作日内将有关材料及意见转报交通运输部。交通运输部应当在收到转报的上述材料和意见之日起15个工作日内，作出批准或者不予批准的决定。决定批准的，由交通运输部颁发《外国(境外)水路运输企业在中国设立常驻代表机构批准书》；申请材料不真实的，不予批准，书面通知申请人并告知理由。

获得批准的申请人应当自批准之日起30日内，持批准书向企业登记机关办理注册登记，逾期未办理相关手续的，批准书即自行失效。批准常驻代表机构驻在有效期限为3年。

6. 其他事项

(1)常驻代表机构变更名称、首席代表的，应当在变更后15日内提交有关材料向交通运输部备案。交通运输部收到报备材料后应当及时办理变更登记手续。

①变更常驻代表机构名称的，备案时应当报送原名称与现名称关系说明；属于外国企业名称变更或者因为企业合并、分立等原因变更常驻代表机构名称的，还应当报送相关法律证

明文件；

②变更首席代表的，备案时应当报送新任首席代表的履历及身份证复印件，以及由企业董事长或者总经理签署的首席代表授权书。

(2)常驻代表机构需要延长驻在期的，应当自期满之日60日内提交下列资料向交通运输部提出申请，申请材料包括：

①申请书；

②交通运输部颁发的批准书复印件；

③常驻代表机构工商登记文件复印件。

交通运输部应当自收到申请人齐备有效材料之日起15个工作日内办理变更登记手续，并出具相关登记证明文件，常驻代表机构的每次延长驻在期限为3年。

(3)常驻代表机构终止，应当在终止之日起10日内报告交通运输部注销常驻代表机构。常驻代表机构在期满未办理延期登记手续的，该常驻代表机构驻在资格自动丧失。常驻代表机构终止、自动丧失资格或者被注销，由交通运输部签发《外国(境外)水路运输企业在中国设立常驻代表机构注销通知书》，同时通知有关省、自治区、直辖市人民政府交通运输主管部门和企业登记机关。

七、新增客船、危险品船投入运营许可

1. 许可依据

(1)《国务院对确需保留的行政审批项目设定行政许可的决定》(国务院令第412号)第135项“新增客船、危险品船投入运营审批”。

(2)《中华人民共和国水路运输管理条例》(国务院令第237号)第十二条规定：“交通主管部门应当根据水路运输企业和其他从事营业性运输单位、个人的管理水平、运输能力、客源货源情况审批其经营范围”。

2. 许可主体

(1)经营沿海省际运输、国际船舶运输的，许可主体是交通运输部。

申请新增国内沿海营业性水路运输客船、危险品船舶的，其船舶营运证由交通运输部核发。

(2)经营内河省际水路运输的，许可主体是交通运输部派驻水系的航务(运)管理局。

新增长江、珠江水系省际营业性水路运输客船、危险品船舶的，其船舶营运证由交通运输部派驻水系的航务(运)管理局核发。

(3)经营省内区域水路运输的，许可主体是区域内的地方交通主管部门或其授权委托的航运管理部门。

新增省内营业性水路运输客船、危险品船舶的，其船舶营运证由区域内的地方交通主管部门或其授权委托的航运管理部门核发。

3. 许可条件

(1)为社会所需要。

(2)具备相应的运输经营资格。

(3)有相应的资金。

(4)有符合国家规定需要建立的安全管理体系。

(5)船舶靠泊、旅客上下船所必需的服务设施的证明文件(指客船)。

(6)交通运输部规定的其他要求。

4. 提交的材料

(1)《水路运输新增运力申请书》。

(2)企业法人营业执照和水路运输许可证复印件。

(3)水路运输业核查报告书复印件。

(4)可行性报告。

(5)造船或购置船舶意向合同书及资金来源证明。

(6)按规定要求提供企业安全符合证明及其复印件。

(7)企业与货主签订的长期运输协议及其复印件,且企业自有运力(含在建船舶)明显不能满足协议约定运量要求的证明材料。

(8)企业对新增船舶的所有权不低于51%的证明及其复印件。

(9)新增船舶的主要技术参数资料。

(10)交通运输部规定的其他有关条件。

5. 许可程序

按照许可权限,有许可权限的交通主管部门应当自收到申请之日起法定工作日内审核完毕,申请材料真实、齐备的,予以许可批复;不符合许可条件的,书面通知申请人并告知理由。

八、水路运输许可中的注意事项

(1)负责初始受理申请人报送申报材料的交通运输管理部门的工作人员,在对申报材料进行书面形式审核中,应认真细致地对照相关条件和要求核对所有材料,尤其是核对复印件和原始件的一致性;必要时可组织专人到申请人所在地,对有关材料内容进行实地勘验。

(2)各级交通运输管理部门按照权限分工原则,应在规定的法定时限内完成对申报材料的审核上报或作出许可决定。

(3)各级交通运输管理部门应正确使用或指导申请人正确使用规范的交通行政许可专用法律术语制作许可文书或填制申请材料。

(4)对申请从事沿海、内河运输的危险化学品运输船、客船和从事三峡库区、京杭运河水域运输的船舶应审核其是否符合国家有关准入规定和标准。

(5)对申请人的经营项目在我国《外商投资产业目录》中属于限制或禁止类项目的，受理部门应对申请人解释清楚，以免申请人因盲目投资造成损失或产生不必要的损失。

九、案例分析

案例1：

某地一航运公司从事长江上、中、下游干线及支流普通货船运输业务。公司的基本情况如下：

(1)船舶运力规模为：普通货船9艘、1400总吨。

(2)主要管理人员中，机务专职管理员1人（二等大管轮），海务专职管理员1人（二等大副），公司主要负责人兼任海务专职管理员。

公司考虑到生存和发展的需要，利用现有的管理机构及人员，扩大经营范围，增加"长江上、中、下游干线及支流散装液体危险品船运输"业务。并自筹资金，计划新购二艘分别为300总吨的油品船，另外再将原先一艘160总吨的普通货船改建为油品船。公司经办人将申报材料到公司附近的一家基层交管所办理申报手续。

试问1. 该公司是否符合扩大经营范围的许可条件？

2. 公司经办人的申请程序是否正确？

分析：

(1)从形式上看，该公司不符合从事内河省际散装液体危险品船运输的申报条件。主要理由如下：

①《国内水路运输经营资质管理规定》第八条规定，经营省际内河散装液体危险品运输的，自有并经营的适航船舶总运力最低应达到1000总吨。而该公司申报的运力规模只有600总吨，显然达不到最低运力规模条件；

②《国内水路运输经营资质管理规定》第九条对专职机务和海务管理员的最低配员有具体的要求，经营内河普通货船1~10艘的，至少分别配备1人；11~50艘的，至少分别配备2人；要求经营内河散装液体危险品船或者客船1~5艘的，至少分别配备1人；"经营客船、散装液体危险品船运输企业的最高管理层中至少1人专职负责安全管理工作并有与所经营船舶种类和航区相对应的船长或者轮机长任职的从业资质；其海务、机务专职管理人员应当具有与其所经营船舶种类和航区相对应的船长、轮机长任职的从业经历"。而该公司申请扩大经营范围后，船舶总数超过了10艘，原机务专职管理员和海务专职管理员的配备数和任职条件都达不到规定的要求；

③交通运输部明文规定，禁止普通货船改建为液货危险品船从事国内水路运输。

(2)公司向附近的基层交管所提交申报材料不符合法定的申报程序。《国内水路运输经营资质管理规定》指出，申请经营国内水路运输业务的企业和个人，应当向其所在地人民政府交通主管部门提交相应申报材料。所以该公司应向公司所在地的交通主管部门提交申报材料，而不是向公司附近的基层交管所提交申报材料。

案例2：

某海运有限责任公司完成了“从事国内各港间普通货船运输”的筹建项目后，向所在地交通主管部门提交了下列开业申请材料：

（1）申请书。

（2）可行性报告。

（3）《企业法人营业执照》。

（4）企业股东自然人的基本情况（简历）、身份证和投股的资信证明材料。

（5）《公司章程》和办公用房的自有产权证明。

（6）组织机构的设置和符合要求的专职管理人员的名单、任职文件、身份证、任职资历材料、劳动合同等材料。

（7）企业基本管理制度汇编。

（8）一艘8000总吨级的船舶来源证明文件和有效的《船舶所有权登记证书》、《船舶国籍证书》、《船舶检验证书》、《船舶最低安全配员证书》复印件。

（9）《水路运输许可证（筹建专用）》原件及筹建批准文件复印件。

其中上述（3）、（4）、（5）、（6）和（8）项材料均为复印件，其他材料均为盖有企业印章的材料。

受理申请材料的交通主管部门对此申请如何处理？

分析：

从形式审核的角度看，申请人提供的申报材料不全，同时也不符合申请程序规定。

受理申请材料的交通主管部门的具体做法为：

（1）应请其补充下列材料：

①企业的安全管理体系“符合证明”或“临时符合证明”证书原件及其复印件；

②船舶的有效“安全管理证书”或者“临时安全管理证书”原件及其复印件；

如果该企业将其所属船舶的安全与防污染管理委托具有国内船舶管理业经营资格的船舶管理企业代管的，应由申请人提供其与船舶管理企业签订的安全防污染管理协议，船舶管理企业的《水路运输服务许可证》和有效的“符合证明”证书原件及其复印件。

（2）应要求其同时提供相关材料的原始件。

（3）在核实所有申报材料中的原件和复印件后，盖章确认复印件的内容与原件一致，将材料原件退还申请人后，并将初步审查意见和全部申请材料转报上一级交通主管部门。

案例3：

某中国企业法人申请经营国际船舶运输业务。申请人向交通运输部提出申请并以邮寄的方式向交通运输部报送了下列相关材料：

（1）申请书。

(2)可行性分析报告、投资协议。

(3)申请人的企业商业登记文件(拟设立企业的,主要投资人的商业登记文件或者身份证明)。

(4)船舶所有权证书、国籍证书和法定检验证书的副本或者复印件。

(5)提单、客票或者多式联运单证样本。

(6)符合交通运输部规定的高级业务管理人员的从业资格证明。

试问,该企业的申报过程有无不当之处?

分析:

企业的申报过程有缺陷。

《中华人民共和国国际海运条例实施细则》第五条规定"在中国境内设立企业经营国际船舶运输业务,或者中国企业法人申请经营国际船舶运输业务,申请人应当向交通部提出申请,报送相关材料,并应同时将申请材料抄报企业所在地的省、自治区、直辖市人民政府交通主管部门。"

该企业在向交通运输部报送相关材料的同时应将申请材料抄报所在地的省级人民政府交通主管部门。

所在地的省级人民政府交通主管部门自收到企业的抄报材料后,会就有关材料进行审核,提出意见,并在自收到有关材料之日起10个工作日内将有关意见报送交通运输部。交通运输部收到转报的申请人的申请材料后,会在申请材料完整齐备之日起30个工作日内按照规定进行审核,作出许可或者不许可的决定。决定许可的,向申请人颁发《国际船舶运输经营许可证》;决定不许可的,会书面通知申请人并告知理由。

第三节　水路运输营运证件管理

水路运输证件是根据行业特点,由国家有关法律、法规和规章规定,经相关交通管理部门核准经营者的经营范围、项目的专用凭证。

水路运输业所使用的证件种类较多,按其功能来说,可分为经营资格凭证和经营活动凭证两大类,即《水路运输经营许可证》、《船舶营业运输证》。这些证件,是完善水路运输市场管理的重要内容和手段。

一、水路运输经营许可证管理

水路运输经营许可证是交通运输部统一制发的合法凭证。凡在我国境内经营水路客货运输和运输服务业的单位和个人,必须取得相应交通主管部门颁发的许可证。

1. 许可证的作用

水路运输(经营)许可证是经营者具有合法经营资格的凭证,也是水路运输管理的重要载体。根据运输市场的需求，按照开业申报审批程序，通过审查申请人的经营资质条件，相关管理机构发给水路运输（经营）许可证，核定其经营项目或经营范围。

2. 水路运输（经营）许可证管理

水路运输许可证是由交通运输部统一制发的从事水路运输的合法凭证。

凡在我国沿海、江河、湖泊及其他国内通航水域从事水路运输的单位和个人，必须取得有审批权限的相关管理部门核发的水路运输许可证。

（1）水路运输许可证的内容：

水路运输许可证包括正本和副本，正本与副本内容基本相同，副本还包括年度审验记录。水路运输许可证主要包括以下内容：

①编号。由发证机关统一编写，一般由四个部分组成，从左至右顺序为：发证机关代码、船舶经营人所在省份简称或其他、许可代号 XK、流水号。如交长苏 XK0001，表明交通运输部长江航务管理局核发的船舶经营人为江苏地区编号为 0001 的航运企业。

②业户名称，即船舶经营人的名称（个体户姓名）。

③法定代表人，即企业法人代表或负责人。

④地址，即船舶经营人的办公地址或住址。

⑤经济类型，即船舶经营人的经济性质，主要类型有国有、集体、个体、私营、有限责任公司、股份制、中外合资等。

⑥经营范围，分旅客运输和货物运输，按经营类别填在相应栏内。旅客运输经营范围一般包括客运航线和经营客船类型，如南京至上海高速客船运输。货物运输经营范围一般主要包括航行区域、货物性质，如国内沿海普通货船运输、长江中下游干线及支流省际散装化学品运输等。

⑦经营期限，即船舶经营人可以经营的时限，一般为 5 年（筹建为 1 年），到期后符合条件的办理换证手续。

⑧批准机关及文号，即审批机关及批准的文件编号。

（2）水路运输许可证的发放和管理

①水路运输许可证必须按交通运输部统一规定的格式印制，由具有审批权限的管理机构负责发放。

②要建立健全水路运输许可证发放、核查登记台账。

③船舶经营人应将许可证正本悬挂在办公室内显著位置，以便管理机构检查和货主或其代理人等识别。

④严禁涂改、仿造、转让水路运输许可证。凡水路运输许可证项目变更的，必须按规定程序和权限办理许可证变更手续，重新核发许可证。

二、船舶营业运输证的管理

《船舶营业运输证》是船舶从事水路运输经营合法凭证。凡在我国境内从事水路运输经营活动的船舶,均须持有船舶营业运输证,一船一证,随船携带,以备检查。《船舶营业运输证》的发放实行配发制,但新增水路客船和散装液体危险品船的运力投入和《船舶营业运输证》的发放实行审批制。对未经相关交通主管部门许可建造或购置的客船和散装液体危险品船舶,船检不予检验,海事部门不予发证,航运管理部门不得发放《船舶营业运输证》。

1. 船舶营业运输证的作用

(1)通过核发船舶营业运输证来划分经营者的经营范围,有利于规范经营行为。

(2)通过对船舶营业运输证进行年度核查,便于掌握营运船舶的相关情况。

(3)通过船舶营业运输证上违章情况记录,有针对性地进行管理和处置。

2. 船舶营业运输证的内容

《船舶营业运输证》(以下简称船舶营运证)是运输船舶参加营业性运输主体资格合法的凭证。船舶营运证由有审批权限的交通管理机构核发,一船一证,随船携带,以备检查。

根据交通运输部交水发[2002]179 号《关于修改和换发 <船舶营业运输证> 等有关事项的通知》精神,从 2003 年 5 月 1 日起,全面启用新版《船舶营业运输证》,原旧版《船舶营业运输证》全面停用。

(1)新版船舶营运证的特点:

①新版船舶营运证样式不再分“长期”和“临时”,统一为一种样式,具体使用期限以签发的有效期及船舶营运证编号区分。

②新版船舶营运证为“插页式”。

③新版营运证每一内页的右上角位置有防伪标志。

(2)船舶营运证的主要内容及填写要求:

①编号,即为船舶营运证编号。编号由四部分组成,从左至右顺序为:发证机关代码、经营范围代码、发证(换证)年度、流水号。由交通运输部核发的船舶营运证,发证机关代码第一字为“交”,其后为船舶经营人所在省份简称汉字(中央管理的航运企业集团为集团简称)。各省级交通运输主管部门(航运管理机构)核发的船舶营运证发证机关代码为其省份简称汉字。长江、珠江航务管理局核发的船舶营运证发证机关代码分别为“交长”“交珠”加省份简称汉字。经营范围代码分为 SJ(省际)和 SN(省内)。例如:交苏 SJ(2003)007,表明交通运输部 2003 年核发船舶经营人为江苏地区航运企业从事省际运输的第 7 号船舶营运证;苏 SN(2003)015,表明江苏省 2003 年核发从事省内运输的第 15 号船舶营运证。

因船舶营运证为插页式,为防止插页被调换,每一插页均有“船名”和“船舶营业运输证编号”内容,必须在每一插页逐一填写并与第 1 页相一致。

②“船名/曾用名”、“船籍港”应按照船舶所有权登记证书、国籍证书有关内容填写,并与其一致。无船舶曾用名的,曾用名一栏可不填写。

③“船舶登记号”按照船舶所有权证书(国籍证书)的登记号码填写,“船检登记号”按照船检证书填写。

④"船舶所有人"按照船舶所有权登记证书填写。"船舶经营人"和"经营人许可证号码"按航运管理部门核定的有经营资格的船舶经营人及其水路运输许可证填写。

⑤"船舶管理人"和"管理人许可证号码"是指按照《国内船舶管理业规定》为船舶经营人提供船舶海务管理、机务管理等服务的专业船舶管理企业及其水路运输服务许可证号码。无委托管理行为，由船舶经营人自行管理的船舶，这两栏不填。

⑥船舶营运证有效期应按以下规定：

a. 船舶营运证的有效期不得超过其强制报废日期；

b. 除液货危险品船、客船类船舶之外的其他运输船舶，其船舶营运证有效期一般为3年，从签发之日起计算；

c. 未达到特别定期检验船龄的液货危险品船，其船舶营运证有效期一般为3年，但不得超过其特别定期检验船龄。达到特别定期检验船龄的液货危险品船，其船舶营运证的有效期不得超过船舶适航证书（或入级证书）的有效期；

d. 客船类船舶其船舶营运证的有效期不得超过船舶适航证书（或入级证书）的有效期。

⑦"船舶类型"、"船舶材料"、"船舶总吨"、"建成日期"、"改建日期"、"主机功率"按船舶所有权登记证书（国籍证书）、船检证书（入级证书）有关内容填写。

⑧"载货定额"、"载客定额"按船舶检验证书（入级证书）有关内容填写。其中内河船舶的载货定额不再区分航区，可只填最大载货定额作为参考。

⑨内河货运船舶船形标准化：按照《内河运输船舶标准化管理规定》（交通运输部2001年第8号令）的规定，内河货运船舶应在船舶营运证上注明该船是否符合内河货运船舶船形主尺度系列标准。所有内河货运船舶应按照交通运输部颁布的内河货运船舶船形主尺度系列行业标准（JT/T 447.1 ~ 447.3）进行对照，符合的，在"本船内河货运船舶船形主尺度系列标准"一栏的空白处填写"符合"，不符合的，填写"不符合"。内河货运船舶之外的其他运输船舶，这一栏不填。

⑩"船舶经营人许可证核定的经营范围"应与船舶经营人的《水路运输许可证》相关内容一致。"本船核定的经营范围"不得超越"船舶经营人许可证核定的经营范围"。

（3）船舶营运证的核发。

有水路运输经营资格的船舶经营人办理船舶营运证，应按以下程序申办：

①到船籍所在地县以上管理机构填写船舶营运证申领表；

②提交船舶检验证书、国籍证书、船舶所有权证书、液货危险品船运输新增运力批准文件原件和复印件报受理机关核对，并加盖审核专用章，符合条件的，逐级上报至有审批权限的管理机构发证；

③船舶营运证按一船一证核发，其经营范围必须和该船舶适航、适装范围一致，但不得超过船舶经营人水路运输许可证批准的经营范围。

(4)船舶营运证的管理。

①船舶经营人在领取工商营业执照后,方可按规定程序申领船舶营运证。

②船舶营运证必须按交通运输部规定的式样统一印制,并按规定权限发证,严禁越权办证。

③要建立健全船舶营运证发证、核查登记台账,加强船舶营运证的监督检查。

④船舶营运证严禁涂改、转让、买卖。营运船舶变更(含转让、报废等)时,船舶经营人应向原发证机构交回船舶营运证,并按有关规定办理船舶营运证注销登记证明手续。

第四节 运输船舶管理

通过依法对运输船舶的管理,优化水路运力结构,提高船舶技术水平,保障水路运输安全,促进水路运输事业健康发展。

一、内河运输船舶标准化管理

为推进内河运输船舶标准化,提高内河运输船舶技术水平,防止船舶污染水域,优化内河运输船舶结构,交通运输部于2001年10月颁布了第8号令《内河运输船舶标准化管理规定》,对内河运输船舶标准化管理作出了一系列规定,该规定从2001年12月11日起施行。

1. 标准化管理的含义

根据交通运输部规定,凡新建、改建内河运输船舶,其总长、总宽和吃水应当符合交通运输部制定的《内河运输船舶船型主尺度系列》标准。

内河运输船舶标准化管理,目前主要是指内河货运船舶标准化管理,包括普通货船、集装箱船和驳船3类。凡在我国境内江河、湖泊、水库及其他内河通航水域从事运输的船舶,必须遵守《内河运输船舶标准化管理规定》,但在与外界通航水域不相通的封闭性通航水域内从事运输的船舶除外。

2. 标准化管理的主要规定

(1)任何组织和个人不得新建、改建水泥质船舶、总长5米以上的木质船舶从事内河运输。

(2)任何组织和个人不得新建、改建总长20米以上的挂浆机船舶从事内河运输,不得新建、改建挂浆机船舶在长江干线、珠江干线、黑龙江干线、京杭运河及太湖水域从事内河运输。

(3)新建、改建内河运输船舶,应当按国家有关规定向海事管理机构认可的船舶检验机构申请建造检验,取得船舶检验证书,并按国家有关规定向海事管理机构申请船舶登记,取得法定的船舶登记证书。

(4)使用新建、改建的船舶从事内河运输经营,应按有关规定取得船舶营运证。

(5)内河运输船舶所有人、船舶经营人、船舶管理人应当按照国家有关规定,向海事管理机构认可的船舶检验机构对营运中的水泥质船舶、木质船舶和挂桨机船舶申请定期检验。经检验不合格的,不得从事内河运输。

(6)任何组织和个人不得使用交通运输部明文规定已经淘汰的水泥质船舶、木质船舶、挂桨机船舶从事内河运输。

二、老旧运输船舶管理

为加强对老旧运输船舶的管理,优化水路运力结构,提高船舶技术水平,保障水路运输安全,促进水路运输事业健康发展。交通部于 2006 年 7 月修订了《老旧运输船舶管理规定》。凡拥有中华人民共和国国籍,从事水路运输的海船和河船均必须遵守《老旧运输船舶管理规定》。

1. 老旧运输船舶的含义

(1)老旧运输船舶:是指船龄超过国家规定的船龄的运输船舶。

(2)船龄:是指船舶自建造完工之日起至现今的年限。

(3)报废船舶:是指按国家规定永久不能从事水路运输的船舶。

2. 老旧运输船舶分类

(1)老旧海船分类:

①一类老旧海船:船龄在 10 年以上的高速客船;

②二类老旧海船:船龄在 10 年以上的客滚船、客货船、客渡船、客货渡船(包括旅客列车轮渡)、旅游船、客船;

③三类老旧海船:船龄在 12 年以上的油船(包括沥青船)、散装化学品船、液化气船;

④四类老旧海船:船龄在 18 年以上的散货船、矿砂船;

⑤五类老旧海船:船龄在 20 年以上的货运滚装船、散装水泥船、冷藏船、杂货船、多用途船、集装箱船、木材船、拖轮、推轮、驳船等。

(2)老旧河船分类:

①一类老旧河船:船龄在 10 年以上的高速客船;

②二类老旧河船:船龄在 10 年以上的客滚船、客货船、客渡船、客货渡船(包括旅客列车轮渡)、旅游船、客船;

③三类老旧河船:船龄在 16 年以上的油船(包括沥青船)、散装化学品船、液化气船;

④四类老旧河船:船龄在 18 年以上的散货船、矿砂船;

⑤五类老旧河船:船龄在 20 年以上的货运滚装船、散装水泥船、冷藏船、杂货船、多用途船、集装箱船、木材船、拖轮、推轮、驳船(包括油驳)等。

老旧海、河船分类,见表 5-6 所示。

老旧海、河船分类一览表 表5-6

船舶类别		购置、光租外籍船船龄
一类海船、河船		10年以下
二类海船、河船		10年以下
三类	海船	12年以下
	河船	16年以下
四类海船、河船		18年以下
五类海船、河船		20年以下

3. 购置、光租外国籍船舶管理规定

(1)购置、光租外国籍船舶从事水路运输，船龄必须符合国家规定的要求(见表5-7)，船体主要机电设备和专用设备应符合国家船检技术规范。

(2)船体、主要机电设备和专用设备应符合船检法定检验技术规则；

(3)任何组织和个人不得购置或光租外国籍废钢船从事水路运输。

4. 老旧运输船舶特别定期检验和强制报废船龄规定

(1)老旧运输船舶特别定期检验船龄规定

老旧运输船舶达到规定的船龄，见表5-7所示，必须进行特别定期检验。

老旧运输船舶定期检验一览表 表5-7

船舶类别	特别定期检验船龄	船舶类别	特别定期检验船龄
一类海船、河船	18年以上	四类海船、河船	28年以上 (黑龙江水系河船33年以上)
二类海船、河船	24年以上	五类海船、河船	29年以上 (黑龙江水系河船35年以上)
三类海船、河船	26年以上		

(2)老旧运输船舶强制报废船龄规定

老旧运输船舶达到规定的船龄，必须强制报废，见表5-8所示。

老旧运输船舶强制报废一览表 表5-8

船舶类别		强制报废船龄
一类海船、河船		25年以上
二类海船、河船		30年以上
三类海船、河船		31年以上
四类海船、河船		33年以上 黑龙江水系河船39年以上
五类	海船	34年以上
	河船	35年以上 (黑龙江水系41年以上)

5. 老旧运输船舶改建、改变用途管理规定

当某一类船舶达到或未达到报废年限的,经过批准,可以改建或改作报废年限较长类型的船舶从事水路运输,但必须遵守《老旧运输船舶管理规定》中的相关要求。

(1)老旧运输普通货船改为液化气船、化学品船、散装水泥船、客滚船、滚装船、高速客船、省际运输普通客船,应报交通运输部批准。(普通货船不准改造为油船,进口的二手滚装货船不准改造为客滚船)

(2)老旧运输普通货船改为省内运输客船,应报省级交通主管部门批准。

(3)改建老旧运输船舶或老旧运输船舶改变用途,必须向海事管理机构认可的船舶检验机构申请建造检验,领取新的船舶检验证书和登记证书。

(4)老旧运输船舶经过改建,与改建前不属于《老旧运输船舶管理规定》的同一船舶类型,其特别定期检验船龄、强制报废船龄适用于改建后老旧运输船舶类型的规定。

6. 老旧运输船舶营运管理规定

(1)船舶所有人或经营人应采取有效措施,加强老旧运输船舶的跟踪管理,严禁失修失养。

(2)船舶所有人或经营人改变老旧船舶的用途或航区的,必须向海事管理机构认可的船舶检验机构申请临时检验。

(3)老旧运输船舶办理进出港口签证,除应当向海事管理机构交验有关安全证书外,还应当交验船舶营运证或国际船舶运输批准文件。

(4)老旧运输船舶达到规定的特别定期检验的船龄,继续经营水路运输的,应当每年向海事管理机构认可的船检机构申请特别定期检验,取得相应的船检证书,并报批准经营水路运输的交通主管部门备案。

(5)未按时申请特别定期检验或经特别定期检验不合格的老旧运输船舶,应予以报废。

(6)老旧运输船舶的船检证书、船舶营运证或国际船舶运输批准文件,有效期最长不得超过规定的船舶强制报废船龄的日期。达到规定的强制报废船龄的船舶,应予以报废。船舶所有人或经营人应在船舶报废之日起15日内将船舶营运证或国际船舶运输批准文件交回原发证机关予以注销。

(7)禁止使用已经报废的船舶从事水路运输,禁止使用报废船舶的设备及其他零部件拼装运输船舶从事水路运输。

(8)报废船舶改作趸船、水上娱乐设施以及其他非运输设施,应当符合国家有关规定。

第五节　水路旅客运输管理

一、水路客运管理的目的和原则

1. 水路客运管理的目的

水路旅客运输工作,应当贯彻“安全第一,正点运行,以客为主,便利旅客”的方针。水路

客运经营者的任务就是按照规范要求,安全、及时地把旅客运送到目的地。水路客运管理的目的就是规范水路客运经营者的经营行为,监督客运经营者按照规范要求,安全、正点地将旅客运送到目的地,建立和维护良好的客运市场秩序。如何规范经营者的经营行为,水路客运管理有一系列的规章制度和规范操作程序,就其客运管理主要内容来说,水路客运管理的目的可归纳为5点:

(1)确保运输安全及时。即"安全第一、正点运行"的方针。在旅客运输中,客运经营者首要的是保证运行安全,确保不发生人身伤亡事故,同时要按照预定的时间发航、停靠和到达,不能提前开航或晚点到达。

(2)确保运价合理且相对稳定。虽然从2001年5月1日起,水路运价已全面放开,但经营者不能因此随意要价,要根据运输成本和市场行情合理确定运价,使旅客能够接受,价格一旦确定,要保持相对稳定,并要提前做好票价公示和明码标价工作。

(3)确保客运设施舒适完善。硬件环境、服务功能要综合配套,尽可能地满足旅客在旅途中的物质条件需要。

(4)提高服务质量。软件环境方面要整体优化,即服务方法规范化、服务质量标准化,服务过程程序化。

(5)提高服务人员整体素质。强化文明服务意识,加强职业道德修养,提高服务水平。

2. 水路客运管理的原则

水路旅客运输管理要起到人便于行的作用,要求水路旅客运输组织工作,应本着"方便旅客、有利生产、照顾全局、全面安排、保证重点"的原则,按照长短航线和船舶类型适当分工,经济合理地使用运力,充分发挥运输工具效能,保证安全、正点、舒适、及时地完成旅客和行李、包裹运输任务。

二、旅游船、客滚船和高速客船管理

1. 旅游船管理

(1)旅游船的等级分类、性质及其与旅游管理部门的业务分工。

①旅游船的等级分类:

第一类:内河星级旅游船。这类船舶主要承担消费需求起点高,有较高经济支付能力的游客、团组的旅游业务。它的船舶造价高昂,管理要求严格,因而票价也很高。

第二类:非星级旅游船。又叫一般旅游船。这类船舶目前实际大都承担我国国内游览者的观光业务。这类船舶造价不高,票价也相对低廉。

第三类:短程旅游船。这类船舶一般在大、中城市的城区内、湖泊、河流某段或封闭水域的风景区内,承担旅游者旅游观光。

②旅游船的性质及其与旅游管理部门的业务分工。

由于行业分工的交叉,以及一些旅游船的隶属关系不同,往往在行政管理上,交通主管部门与旅游管理部门发生业务上的交叉。旅游管理部门一般都把旅游手段和对象作为其行业管理范围;但是作为一种运输行为,车、船、客又是交通主管部门管理运输市场的对象,并且水上旅游运输作为交通管理的范畴,也是《水路运输管理条例》及其《实施细则》明确规定的。目前少数水路旅游运输游离运输管理的现象应当予以纠正。

(2)旅游船与客班船的发航时间、停靠站(点)、(景点)的区别。客班船是严格按照固定的发航时间、班次、航线和停靠站(点)运行的,即便实载率很低时,到时间也要开航,在规定的停靠站(点)必须停靠,不能超越航线和缩短航程。

旅游船是按照季节,根据景点,来安排发航时间和停靠景点及停靠时间长短的。航线根据旅客需要有长有短。它虽与客班船不同,但它的航线、景点也是相对稳定的。只是根据旅客在某阶段、某季节的需要作出调整。近几年有些船公司从经营策略上考虑,采取了一种"客班与旅游相结合"的营运形式,结合景点安排停靠站(点),既满足游客需要又方便一般的旅客乘船。但它的运作时间、线路都是比较固定的,按时发航,不像旅游船在景点停靠长达数小时之久。

2. 客运滚装船管理

(1)客运滚装船的一般概况。客运滚装船,简称客滚船,又叫客货"渡船"。客滚船在国外比较普遍,它主要适用于陆岛之间没有或无法架设桥梁或修建隧道的地段,用来连接两岸的水上客货运输。这种船舶既运载旅客又运载汽车(客、货分隔式),是一种有别于普通客船和货船的水上运载工具。

(2)客滚船与车渡船的异同。国内的一般车渡机动船,主要担任两点一线的水上渡运车辆的业务,船舶型式设计简单,没有遮盖,没有客运设施和设备,渡运距离较短,在船舶的两端通过活动吊桥进出车辆,它本身没有客舱,所以这种渡船不运载旅客(客车旅客除外)。客运滚装船与车渡船相比较,也具有渡运特点,国外也称客滚船为渡船,但所不同的是,客滚船是装载旅客和车辆的多用途船。载客部分在上甲板,与常规客船一样,设有1~5等级的客位。主甲板是装载车辆的统舱。船首有两扇式的对开门,门内设有活动吊桥,供汽车进出。船的两边设有舷梯,专供旅客上下使用。这样便于客货分隔和客货分流,确保人身和车辆的安全。因此,由于客滚船的特点,它需要有专用码头供其旅客与车辆同时分流与上下。

(3)客滚船管理适用的法律法规。客滚船的管理规则,由于其营运的特殊性,比如汽车装载的货物在进入舱位的前后,均无法进行安全检查,只能依赖本人申报,个别进行抽查。但是,这种抽查办法给安全可能留下重大隐患。特别是客、货同船,不能不引起高度重视。因此,需制定专门规章加以规范。对客滚船的经营资质管理,适用于《国内水路运输经营资质管理规定》。根据现行《水路旅客运输规则》第二条第二款的规定,在专门客滚船管理的规章出台之前,仍适用《水路旅客运输规则》管理。

3. 高速客船管理

(1)高速客船的分类。高速客船,简称高速船。高速船分类按照日本旅客船协会的统计分类方法,是以每小时航行速度来区分的:即40海里(1海里=1852米)以上为超高速船;40海里以下至30海里为高速船。我国水上安全监督部门把静水时速沿海20~17海里、内河35千米/小时也称为高速船。按照已引进的高速船和自己建造的气垫船习惯以及参照邻国的习惯,一般情况下将高速船分为两类。第一类为高速船(时速50千米以上);第二类超高速船(时速70千米以上)。50千米以下及30千米以上,可以划入快速船之类。这样划分,在运政管理上,便于对其经营行为的分类管理。

(2)高速客船管理适用的法律法规。由于高速船的引进时间不长,《水路运输管理条例》及其实施细则,没有将其作为一种特殊的水路客运工具单独分立条款。因此,高速船的管理从法规上讲,适用于一般客船的管理法规。以后新的专项规定出台后,再按新规定进行管理。

三、国内水路客运管理

通过依法对水路运输企业经营资质、经营行为、经营过程和经营质量的全程监督管理,维护客运市场的规范有序,实现人便于行。

除实施《水路运输管理条例》、《国内水路运输经营资质管理规定》等一系列法律法规外,为明确水路旅客运输承运人、港口经营人、旅客之间的权利和责任界限,维护水路旅客运输合同、行李运输合同和港口作业、服务合同当事人的合法权益,交通运输部根据国家有关法律、法规,制定了《水路旅客运输规则》(以下简称《客规》),它是我们对国内水路旅客运输进行运政管理的主要法律依据。

这里主要介绍《客规》的一些基本内容,便于在管理过程中运用。

1.《客规》的调整对象

《客规》的调整对象是"在中华人民共和国沿海、江河、湖泊以及其他通航水域一切从事水路旅客运输(含旅游运输)、行李运输及其有关的装卸作业"。

军事运输、集装箱运输、滚装运输,除另有规定者外,均适用本规则。

2.《客规》中相关用语含义

(1)"水路旅客运输合同",是指承运人以适合运送旅客的船舶经水路将旅客及其自带行李从一港运送至另一港,由旅客支付票款的合同。

旅客运输合同成立的凭证为船票,合同双方当事人——旅客和承运人买、卖船票后合同即成立。

旅客运输的运送期间,自旅客登船时起至旅客离船时止。船票票价含接送费用的,运送期间并包括承运人经水路将旅客从岸上接到船上和从船上送到岸上的期间,但是不包括旅客在港站内、码头上或者在港口其他设施内的时间。

(2)"水路行李运输合同",是指承运人收取运费,负责将旅客托运的行李经水路由一港运送至另一港的合同。

行李运输合同成立的凭证为行李运单,合同双方当事人——旅客和承运人即时清结费用,填制行李运单后合同即成立。旅客的托运行李的运送期间,自旅客将行李交付承运人或其代理人时起至承运人或其代理人交还旅客时止。

(3)"港口作业、服务合同"(以下简称作业合同),是指港口经营人收取港口作业费,负责为承运人承运的旅客和行李提供候船、集散服务及装卸、仓储、驳运等作业的合同。

(4)"旅客",是指根据水路旅客运输合同被运送的人;经承运人同意,根据水路货物运输合同,随船护送货物的人,视为旅客。

(5)"行李",是指根据水路旅客运输合同或水路行李运输合同由承运人载运的任何物品和车辆。

(6)"自带行李",是指旅客自行携带、保管的行李。

(7)"托运行李",是指根据水路行李运输合同由承运人运送的行李。

(8)"承运人",是指本人或他人以本人名义与旅客签订水路旅客运输合同和水路行李运输合同的人。

(9)"港口经营人",是指与承运人订立作业合同的人。

(10)"客运记录",是指在旅客运输中发生意外或特殊情况所作记录的文字材料。它是客船与客运站有关客运业务移交的凭证。

四、港、澳、台航线客运管理

1. 港、澳、台航线客运的特点

(1)运距较短。目前港、澳航线是按照国际惯例由地方交通主管部门根据历史习惯进行经营和行业管理的。它的航线多由广东省的深圳(蛇口)、珠海、中山等城市直航香港和澳门。

(2)手续齐全。往来于香港、澳门和内地省市之间的旅客,完全按照国际出、入境管理规定履行合法手续后,才能乘船。

(3)投入量大。港、澳与内地接通的航线,因具有明显的涉外性,所以一般都配备豪华客船和客运设施。投入的运力大多数是从澳大利亚进口的双体高速客船,这种客船的到岸价格一般都比较高。

(4)政策性强。港、澳、台地区,是我国的领土。由于历史原因,中央针对港、澳、台地区的政策与我国的其他地区有所区别。因此,在运政管理上,必须以中央的政策为前提,按交通运输部的具体部署来实施具体的行政行为。

2. 应用国际惯例管理港、澳、台的客运

长期以来,港、澳、台与国际上经济往来频繁,在经济管理上与国际惯例接轨较多。为了有利于我国的改革开放,有利于我国参加国际经济大循环,有利于促进我国的经济发展,采用国际惯例管理我国港、澳、台地区,对于推行"一国两制",促进祖国统一大业,具有重要意义。国际惯例做法,早已在这些地区推行,我们只是按照国家的特别法律以及特别的规章与我国大陆的运政管理接轨,运用于实践。

我国经营港、澳、台客运航线的船公司，在国家尚未制定统一的特别规章之前，首先必须适用地方省一级政府交通主管部门制定的规范经营者经营行为的有关规定。在港、澳水路客运市场准入上，则应按照交通运输部的规定，经过省一级交通主管部门审核后，报交通运输部批准。

五、国际水路客运管理

1. 国际水路客运概述

国际水路客运在有关国际公约中提及的客运船舶是指海运船舶，因此，一般又称海上旅客运输。它是利用客船或客货船（客滚船）在始发港国家或地区受载旅客，取道海洋或河流，至目的港国家或地区旅客下船为止的旅客运送工作。历史上海上旅客运输对国家、地区和人民之间的经济文化交往，起过很大的作用。但随着航空技术的发展，海上客运已逐渐被航空运输所替代。我国的国际水路运输，多在周边国家或地区的海上或河流上。

参加国际水路客运的船舶，必须是适合客运规范的船舶。不仅船舶在安全航行能力、设备和设施、供应和船员配备方面应适合客运，而且在船舶的稳性、消防、救生设备等方面也应是完善的。运送旅客的船舶，可以是定期的班轮，也可以是不定期的加班轮。此外，还有游览船、专线旅游运输船舶等。有关国际公约中提及的海上客运船舶中，不包括气垫船。

2. 国际水路客运管理适用的法律法规

我国《海商法》第五章对调整国际水路客运有关当事人之间的法律关系进行了明确，它对旅客乘船、行李规定、承运人的责任及其海事赔偿责任限制等均作了比较具体的规定，是我们对国际水路客运进行运政管理的主要法律依据。

六、水路客运质量管理

水路客运质量管理，与社会商品质量管理一样，不仅影响国家声誉，也关系到企业本身的存亡。因此，管好客运的服务质量，其意义直接关系到企业的经营成败。这是运输管理工作不可忽视的一个既关系企业自身利益，又决定社会效益的重要方面。因此，对水路客运质量的管理主要是从监督检查客运服务质量标准的角度，来促使企业建立健全客运质量管理体系，按照交通运输部颁布的《水路客运服务质量要求》规定的质量标准约束经营者的经营行为，做到规范化、标准化、程序化。

第六节　水路货物运输管理

一、水路货物运输管理的基本原则

我国目前尚处于社会主义初级阶段，生产力水平相对低下和结构不尽合理这一国情，决定了我国的市场需要有一个从不成熟向成熟过渡的时期。经过改革开放30年来的发展，一个多层次、多渠道、多形式、开放性的水运市场已经基本形成，这就要求我们必须遵循一定的管理原则，把水路货运市场管得更好。

1. 遵循"统一开放，竞争有序"的原则

我国的水运市场是一个开放的大市场，我们不能人为地为了保护某个企业或几个企业而"封锁货源"、"垄断货源"，因此，在水路货运管理中，要认真贯彻国家"运输市场化，运输交易有形化和企业公司化"的政策，切实维护统一开放的水运市场秩序，做到竞争而有序。

2. 遵循"依法行政"的原则

管理水路货运市场，必须依法行政。目前，除《海商法》、《水路运输管理条例》、《国际海运条例》等法律、法规外，交通运输部还颁发了一系列货运管理的规章，如《水路运输管理条例实施细则》、《国内水路运输经营资质管理规定》、《国内水路货物运输规则》、《港口货物作业规则》等。我们的职责就是监督管理经营者是否依法进入市场，经营行为是否规范，这就要求我们水路运输管理人员必须熟悉、掌握这些专业性法律、法规和规章，否则，就不能做到"依法行政"。

3. 遵循"执行指令性计划"原则

水路货运除了绝大多数货运放开以外，仍有极少数关系国计民生公共利益的货物运输，必须实行指令性计划。这些指令性计划是：

(1)防汛、抢险、救灾的货物运输。

(2)军事运输。

上述两种指令性计划，由国务院和省级政府直接下达或者授权有关部门下达给有关水运企业，由有关当事人依照有关法律、行政法规规定的权利和义务签订运输合同来履行。

4. 遵循"堵截违、禁物品运输和反恐防恐"原则

我国法律、法规规定的违法物品和禁运物品，如鸦片、大麻、海洛因、黄色书刊和音像制品、侵犯知识产权的印刷品以及洋垃圾等，一旦流入社会，对社会危害极大，因此必须在运输过程中协助有关部门进行堵截，防止这些违、禁物品通过水上运输渠道流入社会，危害人民健康，损害公共利益。

5. 货物运输保险原则

水路运输保险，是一项有益于企业、个体经营者的事业，一旦发生事故，投保人可以从保险公司得到经济补偿，减轻其经济损失。因此，运政管理工作的触角也应延伸到对船舶的经济保障方面来，督促经营业户按照《水路运输管理条例实施细则》和《海商法》第十二章关于海上保险合同等法律、法规的要求，该实施强制保险的，必须强制保险，并积极动员业户投保其他险种，将水上的社会保障工作有序开展起来。

二、水路货物运输合同管理

1. 运输合同订立的形式

水路货物运输合同应当按照公平的原则订立。主要形式有：

(1)书面形式，是指合同书、信件和数据电文(包括电报、电传、传真、电子数据交换和电子邮件)等可以有形地表现所载内容的形式。

采用书面形式订立运输合同成立的条件是：

①采用合同书形式订立运输合同的，自双方当事人签字或盖章时合同成立；

②采用信件、数据电文等形式订立合同的，可以在合同成立之前要求签订确认书，签订确认书时合同成立；

③采用合同书形式订立运输合同，在签字或盖章之前，当事人一方已经履行主要任务，对方接受的，该合同成立。

(2)口头形式，是指当事人双方口头约定的形式。

(3)其他形式，主要是指法律上的“默示”形式，当事人可以通过实施一定行为，使他人通过这一行为推定出当事人为某种意思表示的形式。

2. 运输合同基本类型

(1)单航次运输合同，即承运人和托运人就一个航次运输签订的合同。

(2)长期运输合同，即承运人和托运人就一定时期内的运输签订的合同，如年度运输合同。

3. 水路货物运输合同的履行

水路货物运输合同的履行，就是指承托双方依照运输合同的约定全面地完成各自承担的义务。运输合同的履行以有效的运输合同为前提和依据。

水路货物运输合同履行的原则，是指承托双方在完成合同约定义务的全过程中，必须共同遵守的一般原则：

(1)实际履行原则。指除法律和运输合同规定或者客观已不可能履行者外，承托双方均需依照运输合同约定的标的完成义务，不能用其他标的来代替约定标的；一方违约时也不能以偿付违约金、赔偿金的方式代替履约，对方要求继续履行运输合同的，仍应继续履行。

(2)全面履行原则。是指承托双方除按货运合同规定的标的履行外，还要按运输合同规定的标的数量、质量、履行期限与地点、包装和结算条款等要求来承担义务，该原则是对实际履行原则的补充和扩展，对运输合同中任何一个条款若没有依约定履行，就是违约行为。

(3)协作履行原则。是指当事人双方要团结协作，互相帮助来完成运输合同规定的任务。虽然运输合同当事人双方各有具体的经济利益，但是订立运输合同所要实现的经济目的，从整体上来讲都是一致的，全面履行合同对双方都有利。

三、国内水路货物运输管理

通过依法对水路运输企业经营资质、经营行为、经营过程和经营质量的全程监督管理，维护水路货运市场的规范有序，实现货畅其流。

在对国内水路货物运输管理过程中，除实施《水路运输管理条例》、《国内水路运输经营资质管理规定》等一系列法律法规外，为加强国内水路货物运输管理，规范国内水路货物运输经营行为，明确国内水路货物运输有关当事人的权利、义务，保护其合法权益，交通部于2000年制定了《国内水路货物运输规则》（以下简称《货规》），它是调整国内水路货物运输有关当事人法律关系的依据，对促进水路货运市场的健康有序发展起到了积极的推动作用。

这里主要介绍《货规》的一些基本内容，便于在管理过程中运用。

1.《货规》的适用范围

《货规》的适用范围是在“中华人民共和国沿海、江河、湖泊以及其他通航水域内从事营业性水路货物运输”的行为。水路与其他运输方式之间货物联运中的水路运输、水路军事运输、邮件运输、危险货物运输，除另有规定外也适用该规则。

2.《货规》相关用语含义

（1）水路货物运输合同（以下简称“运输合同”），是指承运人收取运输费用，负责将托运人托运的货物经水路由一港（站、点）运至另一港（站、点）的合同。

（2）班轮运输，是指在特定的航线上按照预定船期和挂港从事有规律水上货物运输的运输形式。

（3）航次租船运输，是指船舶出租人向承租人提供船舶的全部或者部分舱位，装运约定的货物，从一港（站、点）运至另一港（站、点）的运输形式。

（4）承运人，是指依法与托运人订立运输合同，负责履行承运货物所应承担的义务，并享有相应权利的人。

（5）实际承运人，是指接受承运人委托或者接受转委托从事水路货物运输的人。

（6）托运人，是指依法与承运人订立运输合同，负责履行托运货物所应承担的义务并享受相应权利的人。

（7）收货人，是指在运输合同中托运人指定接收货物的人。

（8）单元滚装运输，是指以一台不论是否装载货物的机动车辆或者移动机械作为一个运输单元，由托运人或者其受雇人驾驶驶入、驶离船舶的水路运输方式。

（9）集装箱货物运输，是指将货物装入符合国际标准、国家标准、行业标准的集装箱进行运输的水路运输方式。

3. 有关当事人的义务和权利

（1）托运人的义务和权利：

①及时办理有关运输手续的义务：托运人应当根据托运货物的运输要求，相应及时办理

港口、海关、检验、检疫、公安和其他货物运输所需的各种手续,危险品、特种货物以及有关主管机关根据行政管理的需要,要求对其进行查验或核准后才能投入运输的货物,都要求在相应的管理机关办理好有关手续,取得准运证明,并将办好的各种单证与文件送交承运人。

②提交托运的货物与合同约定相符的义务;

③对所托运的货物进行交接的义务;

④对货物包装的义务;

⑤预付运费承担相关费用的义务;

⑥押运相关货物的义务;

⑦正确制作识别标志及指示标志的义务;

⑧配合作业的义务;

⑨负责特殊性额外作业的义务;

⑩因过错或违规、违约承担赔偿责任的义务;

⑪其他与承运人权利相对等的义务;

⑫变更运输要求的权利;

⑬验舱的权利;

⑭可以以船舶水尺数计算散装货物质量的权利;

⑮要求赔偿的权利;

⑯办理保价运输的权利;

⑰要求限期运抵目的港的权利;

⑱其他与承运人义务相对等的权利。

(2)承运人的义务和权利:

①保证船舶适航的义务;

所谓船舶适航,就是指船舶可以抵御航行的风险并适合水路货物运输的能力或状态。

②按约定接受货物的义务;

③管货的义务;

管货即妥善地装载、搬移、积载、运输、保管、照料和卸载这 7 个环节,贯穿于承运人接受货物到交付货物的全过程。

④不得绕航的义务;

承运人应当按照三种可能的航线要求完成货物运输,其选择的顺序依次为:双方约定的航线、没有约定时按照习惯航线、不具备约定及习惯航线时,船舶应按地理上的航线将货物运往到达港。

⑤不得迟延交付货物的义务;

⑥向收货人发出到货通知和验明身份交付货物的义务;

⑦货物因不可抗力灭失而不得收取运费的义务;

⑧编制普通记录和货运记录的义务；

⑨对货物进行检验的权利；

⑩在邻近港口卸货的权利；

因不可抗力不能在约定的到达港卸货或不能进入到达港，而选择一个与到达港邻近的安全港口卸货。

⑪拒绝运输的权利；

承运人在难以正常履行自己的合同义务时，才可以拒绝运输。

⑫对危险货物特殊处理的权利；

承运人对危险货物的紧急处理权，即“卸下、销毁或者使之不能为害”。承运人在行使这一权利时，应尽量考虑货方的利益，尽量减少货主的损失。

⑬先行委托港口作业的权利；

⑭对运输货物行使留置的权利；

留置是指债权人按照合同约定占有债务人的动产，债务人不按照合同约定的期限履行债务的，债权人有权依照法律的规定留置该财产，以该财产的价款优先受偿。

留置权是承运人享有的一项非常重要的权利，是保护其合法权益的一个重要手段。

⑮对无人提取货物处理的权利；

⑯将货物提存的权利；

⑰对地脚货物处理的权利；

⑱享有免责的权利。

由承运人举证，由于不可抗力、货物本身的自然属性或者合理损耗以及托运人、收货人的过错造成的货物毁损、灭失，不负赔偿责任。

(3)收货人的义务和权利

①及时提货的义务；

②按约定付清相关费用的义务；

③编制货物记录的义务；

④对货物进行检验的权利；

⑤验收货物的权利；

⑥有索赔的权利。如果在到达港交付的货物与运单上的记载相比发生损坏或灭失，则收货人有权要求承运人赔偿。

四、国际海上货物运输管理

通过依法对水路运输企业经营资质、经营行为、经营过程和经营质量的全程监督管理，维护水路货运市场的规范有序，促进国民经济的健康稳定发展。

海上货物运输是人类最频繁的海上活动之一，为调整海上运输中发生的法律关系和与船舶有关的法律关系,维护国际海上运输当事人各方的合法权益,促进海上运输和经济贸易的发展,我国于1992年制定了《中华人民共和国海商法》(以下简称《海商法》),它是我国国际海上货物运输管理的主要法律依据,这里简单介绍《海商法》中与国际海上货物运输有关的基本内容。

1.《海商法》的调整对象

《海商法》的调整对象是"海上运输中发生的以及与船舶有关的各种法律关系"。首先,海商法的核心部分是海上运输,因此,它的调整对象主要是海上运输中产生的各种关系,这些关系主要表现为承运人、托运人、收货人以及船舶出租人、承租人和承拖方、被拖方等权利义务关系;其次,海上运输所不能包括的内容,如船舶登记、船舶检验、船员配备等内容都与海上运输船舶有关,也是海商法的调整范围,所以海商法的调整对象包括以上两个方面。

2. 海上货物运输合同的主要种类

国际海上运输风险很大,且航行的船舶及所载货物价值一般要远远高于沿海运输和内河运输。为规范国际海上运输有关当事人的权利和义务,海上货物运输必须订立运输合同。国际海上货物运输合同是指承运人收取运费,负责将托运人托运的货物经海路由一国港口运到另一国港口的合同。

海上货物运输合同,主要包括提单、航次租船合同和多式联运合同。

(1)提单。提单是指用以证明海上货物运输合同和货物已经由承运人接管或者装船,以及承运人保证据以交付货物的单证。它具有以下3个特征:①海上货物运输合同的证明;②证明货物由承运人接管或装船的单证;③承运人保证据以交付货物的物权凭证。

(2)航次租船合同。航次租船合同是指船舶出租人向承租人提供船舶或者船舶的部分舱位,装运约定的货物,从一港运至另一港,由承运人支付约定运费的合同。主要用于不定期船运输。其主要内容包括出租人和承租人的名称、船名、船籍、载货质量、容积、货名、装货港和目的港、受载期限、装卸期限、运费、滞期费、速遣费以及其他有关事项。

(3)多式联运合同

多式联运合同是指多式联运经营人以两种以上的不同运输方式,其中一种是海上运输方式,负责将货物从接收地运到目的地交付收货人,并收取全程运费的合同。国际货物多式联运是随着集装箱运输的发展而兴起的,代表了货物运输的发展方向。

3. 海上货物运输合同的履行

海上货物运输合同成立后,合同当事人应依法履行各自根据合同承担的义务,同时享有相应的权利。

(1)承运人的义务和权利:

①承运人的义务。承运人在海上货物运输合同下的义务,主要有3项:

a. 船舶适航。承运人应当使载运货物的船舶适航,内容包括:使船舶处于良好的技术状态;妥善地配备船员,装备船舶和配备供应品;使货舱、冷藏舱、冷气舱和其他载货处所适于并能安全收受、载运和保管货物。

b. 管理货物。承运人应当妥善地、谨慎地装载、搬移、积载、运输、保管、照料和卸载所运货物。在管理货物方面,承运人,或其受雇人、代理人不能有过失,如果因为他们的过失造成货物的灭失或损坏,承运人应负赔偿责任。

c. 不得进行不合理绕航。没有按照约定的或者习惯的或者地理上的航线将货物运到目的港的行为,是不合理绕航。承运人不得进行不合理绕航。但在特殊情况下,可以进行合理绕航,因合理绕航产生的损失,承运人可以免责。凡是在海上救助或者企图救助人命、财产而发生的绕航是合理绕航;船舶在航行中遇难,为了安全而离开原定航线,驶往附近的港口避难修理或者送病人下船等,也是合理绕航。

②承运人的权利:

a. 运费请求权。承运人根据运输合同有请求运费的权利。运费有预付运费和到付运费两种。运费请求权在解释上还可包括对亏舱费、滞期费及其他应由货主支付的费用的请求权。

b. 留置权。承运人为担保其债权的实现而对占有债务人货物留置的权利。债务人应当向承运人支付的运费、共同海损分摊、滞期费和承运人为运输货物垫付的必要费用以及应当向承运人支付的其他费用没有付清,又没有提供适当担保的,承运人可以在合理的限度内留置债务人的货物。

c. 责任限制权。承运人对因其过失造成货物的灭失、损坏和迟延交付负赔偿责任。但《海商法》赋予承运人在赔偿时的责任限制权,使承运人只承担有限的赔偿责任。

d. 免责权。《海商法》规定了12项承运人对在责任期间发生的货物灭失或损坏不负赔偿责任,主要包括船长、船员、引航员或者承运人的其他受雇人在驾驶船舶或者管理船舶中的过失、原因不明的火灾、天灾、战争或武装冲突、政府或主管部门的行为、检疫限制或者司法扣押、罢工(停工)或劳动受到限制、在海上救助或者企图救助人命或财产、托运人或货物所有人或其代理人的行为、货物的自然特性或固有缺陷、货物包装不良或标志欠缺不清、经谨慎处理仍未发现的船舶潜在缺陷及非由于承运人或其受雇人和代理人过失的其他原因。

(2)托运人的义务和权利:

①托运人的义务。托运人在海上货物运输合同中应尽的义务,主要有:

a. 支付运费。托运人应当按照约定向承运人支付运费;

b. 提供货物。托运人应当按照与承运人的约定,或者根据承运人的要求,向承运人提供托运的货物;

c. 办妥货物运输手续。托运人应当及时向港口、海关、检疫、检验和其他主管机关办理货物运输所需的各项手续。

②托运人的权利:

a. 要求承运人把货物由装货港运抵目的港;

b. 要求承运人签发与承运人接受或装船时货物状况一致的提单。

第七节　水路运输服务业管理

一、水路运输服务业的概念

水路运输服务业，是指接受旅客、托运人、收货人、承运人或船舶所有人、船舶经营人等委托，为委托人办理旅客或货物运输、中转、港口作业、仓储以及其他相关业务的服务行业（交通运输部将船舶管理业的许可证书也以《水路运输服务业许可证》的形式进行规范），是水路运输业的重要组成部分。

二、水路运输服务业的主要种类和业务范围

水路运输服务业按其服务对象和服务内容分，主要有以下几种：

1. 国内船舶代理业

是指以国内运输船舶为对象，在国内水运市场上为承运人代办下列部分或全部业务：

(1) 承揽货源或客源（含旅游客源）；

(2) 安排和联系货物配载、积载、船舶装卸或旅客乘降以及船舶作业所需拖轮、浮吊等；

(3) 办理旅客中转、货物中转或储存；

(4) 代售客票或签订运输合同，缮制运输单证、票据；

(5) 结算、交付票款或运杂费；

(6) 通报船期和货物到港情况，办理承运验收、货物交付手续；

(7) 联系船舶修理和船舶燃物料及其他用品供应；

(8) 协助处理属于承运人责任事宜和客货运事故；

(9) 办理承运人委托的其他事项。

2. 国内客货运输代理业

是指接受旅客或托运人、收货人委托，为其在国内水路运输代办下列部分或全部业务：

(1) 联系船舶，确定舱位，签订运输合同，代订客票；

(2) 联系货物装卸、储存或驳运，签订装卸合同；

(3) 办理货物提取、交付手续；

(4) 结算、交纳运输票款和港口费；

(5) 办理货物运输、作业所需证明；

(6) 协助处理旅客或托运人、收货人责任事宜和客货运事故；

(7) 办理旅客或托运人、收货人委托的其他事项。

3. 国内船舶管理业

是指船舶管理经营人以国内运输船舶为对象，根据约定，为船舶所有人或船舶承租人、船舶经营人提供下列船舶管理服务：

(1)船舶机务管理；

(2)船舶海务管理；

(3)船舶检修、保养；

(4)船员配给、管理；

(5)船舶买卖、租赁、营运及资产管理；

(6)其他船舶管理服务。

4. 国际船舶代理业

是指以国际运输船舶为对象，接受船舶所有人或船舶承租人、船舶经营人的委托，为其办理下列部分或全部业务：

(1)办理船舶进出港口手续，联系安排引航、靠泊和装卸；

(2)代签提单、运输合同，代办接受订舱业务；

(3)办理船舶、集装箱以及货物的报关手续；

(4)承揽货物、组织货载，办理货物、集装箱的托运和中转；

(5)代收运费，代办结算；

(6)组织客源，办理有关海上旅客运输业务；

(7)其他相关业务。

5. 国际船舶管理业

是指国际船舶管理经营人以国际运输船舶为对象，接受船舶所有人或船舶承租人、船舶经营人的委托，为其代办下列业务：

(1)船舶买卖、租赁以及其他船舶资产管理；

(2)机务、海务和安排维修；

(3)船员招聘、训练和配备；

(4)保证船舶技术状况和正常航行的其他服务。

6. 国际海运货物仓储业

是指国际海运货物仓储经营者以国际海运货物为对象，为委托人提供下列服务：

(1)仓储保管、存货管理；

(2)货物整理、分装、包装、分拨等服务。

7. 国际海运集装箱站与堆场业

是指以国际海运集装箱为对象，为委托人提供下列服务：

(1)集装箱的堆存、保管、清洗、修理；

(2)集装箱货物的存储、集拼、分拨等服务。

三、水路运输服务业许可分类

(1)国内企业经营国际船舶代理业务和外商投资企业经营国内水路运输服务业务、国际船舶代理业务、国际船舶管理业务、国际海运货物仓储业务以及设立中外合资、中外合作企业经营国际集装箱站与堆场业务,由交通运输部负责许可(登记);

(2)国内企业经营国内船舶管理业、国际船舶管理业,由所在地的省级交通主管部门或其设置的航运管理部门负责许可(登记);

(3)国内企业经营国内船舶代理、国内客货运输代理业务,由所在地的市级交通主管部门或其设置的航运管理部门负责许可。

四、水路运输服务业经营许可

1. 国内水路运输服务业经营

(1)许可依据:《中华人民共和国水路运输管理条例》第八条。

第八条　设立水路运输企业、水路运输服务企业以及水路运输企业以外的单位和个人从事营业性运输,由交通主管部门根据本条例的有关规定和社会运力运量综合平衡情况审查批准。审批办法由交通部规定。

(2)许可主体。由设区的市交通主管部门负责受理许可申请或受理、办理相应许可事项。

(3)许可条件:

①有稳定的水路运输客源、货源和船舶业务来源;

②有与经营范围相适应的组织机构和专业人员;

③有固定经营场所和必要的营业设施;

④有符合下列规定的最低限额的注册资本:经营船舶代理业务的,为20万元人民币;经营客货运输代理业务的,为30万元人民币;同时经营船舶代理和客货运输代理业务的为50万元人民币。

(4)提交材料:

①水路运输服务企业开业申请书;

②可行性研究报告;

③企业章程草案;

④拟注册地工商行政管理机关签发的“企业名称预先核准通知书”;

⑤资信证明;

⑥办公经营场所产权证明(或租赁证明、协议等);

⑦主要出资单位同意设立企业的文件(董事会决议、联营协议或经济担保人证明);

⑧企业负责人和主要业务人员姓名、职务和身份证明;

⑨国务院交通主管部门规定的其他条件。

(5)许可程序:

①当事人申请;

②形式审查:申请主体是否适格,材料是否齐全并符合法定形式;

③作出是否受理决定;

④实质审查:条件是否符合,根据法定条件和程序核实申请材料的实质内容,直接关系他人重大利益的,应当告知利害关系人并听取意见,必要时组织听证;

⑤作出是否许可决定;

⑥准予许可的,颁发《水路运输服务许可证》;

⑦取得《水路运输服务许可证》的单位和个人,凭证向当地工商行政管理机关申请营业登记。

2. 国内船舶管理业经营资格管理

交通运输部将船舶管理业的许可证书以《水路运输服务业许可证》的形式进行规范,因此,我们不妨在实践操作中也可将其作为水路运输服务业看待。

(1)经营船舶管理业应当具备的条件:

①有符合国家规定的注册资本;

②有符合规定的管理人员;

③有与经营业务相适应的设备、设施;

④有符合国家规定的船舶安全管理和防止污染管理体系;

⑤法律、行政法规和交通运输部规章规定的其他条件。

(2)国内船舶管理业的资格要求:

申请经营国内船舶管理业,应当向县级以上交通部门提交下列文件和证件,经市级交通主管部门审核后上报省级交通主管部门许可,企业在取得《水路运输服务许可证》及其他法定手续后方可从事经营活动:

①筹建或开业申请书;

②可行性研究报告;

③组织章程;

④名称登记证书;

⑤验资证明;

⑥管理人员的身份证件、学历证明或专业技术证书、从业资格证书;

⑦符合国家船舶管理和防止污染管理规定的证书;

⑧经营场所使用证明。

(3)许可程序。县级以上交通主管部门应当在收到申请书和有关材料之日起 15 日内审核并上报省级交通主管部门,省级交通主管部门应当自收到筹建申请材料之日起 30 日内作出许可或不予许可的决定,决定同意筹建的,发给许可筹建文件,不予许可的,书面通知申请人并告知理由。经同意筹建的,申请人应当在一年内完成筹建。筹建完毕后,省级交通主管部门应当自收到开业申请材料之日起20日内作出许可或不予许可的决定,同意开业的,发给《水路运输服务许可证》,对不同意的,书面通知申请人并告知理由。

3. 国际船舶代理业经营

(1)许可依据:《中华人民共和国国际海运条例》第九、十条。

第九条　经营国际船舶代理业务,应当具备下列条件:

(一)高级业务管理人员中至少2人具有3年以上从事国际海上运输经营活动的经历;

(二)有固定的营业场所和必要的营业设施。

第十条　经营国际船舶代理业务,应当向国务院交通主管部门提出申请,并附送符合本条例第九条规定条件的相关材料。国务院交通主管部门应当自收到申请之日起15日内审核完毕。申请材料真实、齐备的,予以登记,并通知申请人;申请材料不真实或者不齐备的,不予登记,书面通知申请人并告知理由。

(2)许可主体:交通运输部。

(3)许可条件:

①高级业务管理人员中至少2人具有3年以上从事国际海上运输经营活动的经历;

②有固定的营业场所和必要的营业设施。

(4)提交材料:

①申请书;

②可行性分析报告、投资协议;

③申请人的商业登记文件(拟设立企业的,主要投资人的商业登记文件或者身份证明);

④固定营业场所的证明文件;

⑤至少2名具有3年以上从事国际海上运输经营活动经历的高级业务管理人员的从业资历证明文件;

⑥与港口和海关等口岸部门进行电子数据交换的协议。不具备电子数据交换条件的,应当提供港口或海关的相应证明文件。

国际船舶代理经营者在中国境内的分支机构经营相关业务的,应符合上述规定条件,并提交下列登记申请材料。

①申请书;

②可行性分析报告;

③母公司的商业登记文件;

④母公司的《国际船舶代理经营资格登记证书》副本;

⑤母公司确定该分支机构经营范围的确认文件;

⑥营业场所的证明文件;

⑦至少2名具有3年以上从事国际海上运输经营活动经历的高级业务管理人员的从业资历证明文件；

⑧该分支机构与港口和海关等口岸部门进行电子数据交换的协议。不具备电子数据交换条件的，应当提供港口或海关的相应证明文件。

(5)许可程序。有关省级交通主管部门自收到上述抄报材料后，应当进行审核，提出意见，并自收到有关材料之日起7个工作日内将有关意见报送交通运输部。交通运输部在收到申请材料完备之日起15个工作日内按照规定进行审核，审核合格的，予以登记，并发给《国际船舶代理经营资格登记证书》；不合格的，书面通知当事人并告知理由。

4. 国际船舶管理业经营

(1)许可依据：

《中华人民共和国国际海运条例》第十二条。

第十二条　经营国际船舶管理业务，应当向拟经营业务所在地的省、自治区、直辖市人民政府交通主管部门提出申请，并附送符合本条例第十一条规定条件的相关材料。省、自治区、直辖市人民政府交通主管部门应当自收到申请之日起15日内审核完毕。申请材料真实、齐备的，予以登记，并通知申请人；申请材料不真实或者不齐备的，不予登记，书面通知申请人并告知理由。

(2)许可主体：

省、自治区、直辖市人民政府交通主管部门。

(3)许可条件：

①高级业务管理人员中至少2人具有3年以上从事国际海上运输经营活动的经历；

②有持有与所管理船舶种类和航区相适应的船长、轮机长适任证书的人员；

③有与国际船舶管理业务相适应的设备、设施。

(4)提交材料：

①申请书；

②可行性分析报告、投资协议；

③申请人的商业登记文件(拟设立企业的，主要投资人的商业登记文件或者身份证明)；

④固定营业场所的证明文件；

⑤至少2名具有3年以上从事国际海上运输经营活动经历的高级业务管理人员的从业资历证明文件；

⑥与所管理船舶种类和航区相适应的船长、轮机长适任证书复印件。

国际船舶管理经营者在中国境内的分支机构经营相关业务的，应符合上述规定条件，并提交下列登记申请材料。

①申请书；

②可行性分析报告；

③母公司的商业登记文件；

④母公司的《国际海运辅助业经营资格登记证》副本；

⑤母公司确定该分支机构经营范围的确认文件；

⑥营业场所的证明文件；

⑦至少2名具有3年以上从事国际海上运输经营活动经历的高级业务管理人员的从业资格证明文件。

(5)许可程序。新设立企业筹建：

①当事人申请；

②形式审查：申请主体是否适格，材料是否齐全并符合法定形式；

③作出是否受理决定；

④实质审查，条件是否符合；核实申请材料的实质内容；直接关系他人重大利益的，应当告知利害关系人并听取意见；必要时组织听证；

⑤作出是否许可决定；

⑥准予设立企业筹建的，发放《办理国际海运辅助业经营资格登记通知书》；

⑦被许可人凭《办理国际海运辅助业经营资格登记通知书》依法向工商行政管理机关办理企业登记手续。

新设立企业筹建结束申请开业或企业扩大经营范围：

①当事人申请；

②实质审查，条件是否符合，核实申请材料的实质内容；

③作出是否许可决定；

④准予许可的，发放《国际海运辅助业经营资格登记证》。

五、水路运输服务业许可中的注意事项

(1)负责初始受理申请人报送申报材料的交通运输管理部门的工作人员，在对申报材料进行书面形式审核中，应认真细致地对照相关条件和要求核对所有材料，尤其是核对复印件和原始件的一致性。

(2)各级交通运输管理部门按照权限分工原则，应在规定的法定时限内完成对申报材料的审核上报或作出许可决定。

(3)各级交通运输管理部门要指导申请人正确使用规范的交通行政许可专用法律术语制作许可文书或填制申请材料。

(4)对申请人的经营项目在我国《外商投资产业目录》中属于限制或禁止类项目的，受理部门应对申请人解释清楚，以免申请人因盲目投资造成损失或产生不必要的麻烦。

(5)地方交通主管部门要按相关规定做好对有关许可项目许可结果向上级管理部门的报备工作。

(6)企业所在地的地方交通主管部门要提醒取得《许可证》后的企业,凭审批机关颁发的许可证书,依法到其他管理部门办理相关手续。

六、案例分析

王某注册资金10万元,在工商管理部门领取了《个体工商营业执照》,在港口作业区附近开了家小店,从事小百货和烟酒经营。在日常经营过程中接触了一些船民和从事水路运输服务业的业务员。随着港口业的发展,他想介入水路运输服务业的领域。王某打算利用现有的营业执照,增加从事船舶代理和货物运输代理的经营项目,把原先的商店及业务给其他人承包,自己一个人从事船舶代理和货物运输代理的经营活动。

试问:王某的打算是否可行?

分析:

根据上述情况的描述,依据《中华人民共和国水路运输服务业管理规定》的相关条款,我们可以认定,王某的打算暂不可行:①从事水路运输服务业必须是依法取得中华人民共和国企业法人资格的企业,而王某只有个体工商执照;②从事船舶代理和货物运输代理经营的,注册资金的最低限额不少于50万元,王某领取工商执照时的注册资金是10万元;③王某没有对水路运输服务业市场作认真的调查分析及可行性论证,货源和船舶业务来源的渠道没有意向性的佐证材料;④王某没有建立相应的公司经营组织机构和专业人员等。因此,王某如果要实质性地取得水路运输服务业——船舶代理和货物运输代理的经营资质,应当认真对照《中华人民共和国水路运输服务业管理规定》中规定的设立水路运输服务企业应当具备的条件和程序一一落实。

思考题

1. 如何理解水路运输的分类?

2. 各级交通运输管理部门水路运输管理经营许可的权限是什么?

3. 申请经营国内水路运输、运输服务业的企业和个人各应具备哪些条件?

4. 分别说出申请经营国内水路运输、运输服务业的企业和个人各应向交通主管部门递交哪些申报材料?

5. 国内水路运输服务业和国际海运辅助业的种类和业务范围各是什么?

6. 简述内河运输船舶标准化管理。

第六章 机动车维修与营运车辆技术管理

第一节 机动车维修管理概述

机动车在使用过程中,随着行驶里程的增加,其技术状况不断地发生变化,使用性能也逐渐变坏,直至完全不能工作。为减少零件磨损和防止机动车损伤,消除已出现的故障、损伤和察觉的隐患,延长机动车使用寿命,就应该对机动车实施维修。因此,合理组织机动车维修,才能确保车辆技术状况完好。1905 年我国在上海出现了第一家汽车维修企业"汪福昌修理行"从事汽车维修业务。中华人民共和国成立后,我国的汽车维修沿用了前苏联四五十年代的维修制度,维修企业基本上附属于大型的专业运输单位,很少有独立的维修企业。随着改革开放,我国机动车保有量的逐年增加,专业运输单位的附属修理厂已难以承当迅速增长的修车任务,修车难成为一时的话题,随后机动车维修企业大量产生。在维修企业大量增加的过程中,维修企业的资质、维修质量、维修价格、维修人员的技术水平等大量的问题也同时出现。为此,交通部、国家经委、国家工商管理局于 1986 年联合颁发了《汽车维修行业管理暂行办法》,明确了汽车维修行业主管部门是交通主管部门,各级道路运输管理机构具体负责实施行业管理。2004 年 4 月 30 日《中华人民共和国道路运输条例》(以下简称《道路运输条例》)的颁布实施,将汽车维修管理扩展到机动车维修管理。2005 年 6 月 24 日交通部颁布了 2005 年第 7 号令《机动车维修管理规定》。2006 年 1 月 10 日全国第一部机动车维修地方性法规《江苏省机动车维修管理条例》由江苏省第十届人民代表大会常务委员会第二十次会议通过,于 2006 年 4 月 1 日起施行。这些法规、规章的颁布实施,为道路运输管理机构实施机动车维修管理提供了法律依据。

一、机动车维修概念

1. 机动车维修定义

(1)机动车:机动车是指由动力装置驱动或牵引,在道路上行驶的、供乘用或(和)运送物品或进行专项作业的轮式车辆。包括汽车及汽车列车、摩托车及轻便摩托车、拖拉机运输机组、轮式专用机械车和挂车等,但不包括任何在轨道上运行的车辆。

(2)机动车维修:机动车维修是为保障机动车在使用过程中维持或恢复技术状况和正常功能,延长车辆使用寿命所采取的各种技术措施的总称,包括机动车维护和修理。机动车维护是为维持机动车完好技术状况或工作能力而进行的作业。机动车修理是为恢复机动车完好技术状况或工作能力和寿命而进行的作业。

机动车维修包括汽车、摩托车和其他机动车维修。

2. 机动车维修的分级分类

(1)机动车维护的分级。机动车维护按作业范围和深度可分为日常维护、一级维护和二级维护。

①日常维护:是由驾驶员每日出车前、行车中和收车后负责执行的机动车维护作业。其作业中心内容是清洁、补给和安全检视。

②一级维护:是由维修企业负责执行的机动车维护作业。其作业中心内容除日常维护作业外,以清洁、润滑、紧固为主,并检查有关制动、操纵等安全部件。

③二级维护:是由维修企业负责执行的机动车维护作业。其作业中心内容除一级维护作业外,以检查、调整转向节、转向摇臂、制动蹄片、悬架等经过一定时间的使用容易磨损或变形的安全部件为主,并拆检轮胎,进行轮胎换位,检查调整发动机工作状况和排气污染控制装置等。

机动车日常维护、一级维护、二级维护应按维护周期定期进行,除以上定期维护外,还有季节性维护、走合维护和专项维护等。

(2)机动车修理的分类。机动车修理按修理对象和作业范围可分为机动车整车修理、总成修理、机动车小修和零件修理。

①整车修理:用修理或更换机动车零部件(包括基础件)的方法,恢复机动车完好技术状况和完全(或接近完全)恢复机动车寿命而进行的作业。

②总成修理:为恢复机动车总成完好技术状况或工作能力和寿命而进行的作业。

③小修:用更换或修理机动车个别零部件来恢复机动车各部工作能力而进行的作业。

④零件修理:为恢复机动车零件性能和寿命而进行的作业。

二、机动车维修管理的对象

1. 机动车维修经营者的定义

机动车维修经营者是指有能力对所维修机动车的整车、各个总成及主要零部件进行各级维护、修理及更换,使车辆技术状况和运行性能完全(或接近完全)恢复到原车的技术要求,并符合相应国家标准和行业标准规定的经济实体。

2. 机动车维修经营者类别

机动车维修经营者类别,见表6-1所示。

机动车维修经营者类别 表 6-1

企业类别	经营类别					
	汽车			危险货物运输车辆	摩托车	其他机动车
	大型货车	大中型客车	小型汽车			
一类整车	√	√	√	√	√	√
二类整车	√	√	√	—	√	√
三类专项	√	√	√	—	—	√

注：1. 大中型客车：车身总长超过 6 米的载客车辆；

2. 大型货车：最大设计总质量超过 3500 千米的载货车辆、挂车及专用汽车的车辆；

3. 小型汽车：车身总长不超过 6 米的载客车辆和最大设计总质量超过 3500 千米的载货车辆。

3. 机动车维修经营者经营范围

(1)汽车维修、其他机动车维修经营业务范围：

①获得一类汽车维修经营业务、一类其他机动车维修经营业务许可的，可以从事相应车型的整车修理、总成修理、整车维护、小修、维修救援、专项修理和维修竣工检验业务。

②获得二类汽车维修经营业务、二类其他机动车维修经营业务许可的，可以从事相应车型的整车修理、总成修理、整车维护、小修、维修救援和专项修理业务。

③获得三类汽车维修经营业务、三类其他机动车维修经营业务许可的，可以分别从事发动机、车身、电气系统、自动变速器维修及车身清洁维护、涂漆、轮胎动平衡和修补、四轮定位检测调整、供油系统维护和油品更换、喷油泵和喷油器维修、曲轴修磨、气缸镗磨、散热器（水箱）、空调维修、车辆装潢（篷布、坐垫及内装饰）、车辆玻璃安装等专项业务。

(2)危险货物运输车辆维修经营业务范围。获得危险货物运输车辆维修经营业务许可的，除可以从事危险货物运输车辆维修经营业务外，还可以从事一类汽车维修经营业务。

(3)摩托车维修经营业务范围：

①获得一类摩托车维修经营业务许可的，可以从事摩托车整车修理、总成修理、整车维护、小修、专项修理和竣工检验工作；

②获得二类摩托车维修经营业务许可的，可以从事摩托车维护、小修和专项修理工作。

第二节 机动车维修经营许可

一、机动车维修经营许可的依据及内容

道路运输管理机构依据《道路运输条例》、《机动车维修管理规定》和地方性法规（如《江苏省机动车维修管理条例》）、规章等实施机动车维修经营许可。

《道路运输条例》第四十条规定:申请从事机动车维修经营业务的,应当向所在地县级道路运输管理机构提出申请,并附送符合本《条例》第三十八条规定条件的相关材料。县级道路运输管理机构应当自受理申请之日起 15 天内审查完毕,作出许可或者不予许可的决定,并书面通知申请人。机动车维修经营者应当持许可证明依法向工商行政管理机关办理有关登记手续。

《机动车维修管理规定》第十条规定:机动车维修经营依据维修车型种类、服务能力和经营项目实施分类许可。

二、机动车维修经营许可主体

根据《道路运输条例》以及《中华人民共和国行政处罚法》、《中华人民共和国行政许可法》的有关规定,由交通主管部门统一设置的道路运输管理机构实施机动车维修行政许可、监督检查和行政处罚工作,并承担相应的法律责任。经当地编委批准单独设置的机动车维修管理机构,可在自己的职权范围内以自己的名义从事机动车维修管理工作。

设区的市交通主管部门及其道路运输管理机构在所辖区设立的派出机构和直属机构,不属《道路运输条例》所称的县级道路运输机构。所辖区范围内的机动车维修管理,由设区的市级道路运输管理机构履行。经国务院批准"县改区"、"市改区"的区,原有道路运输管理机构仍行使《道路运输条例》规定的机动车维修管理职能,其期限按照国务院"县改区"、"市改区"批复文件规定的期限执行。

三、机动车维修经营许可条件

机动车维修经营许可条件,见表 6-2 所示。

机动车维修经营许可条件 表 6-2

车型 条件	汽　车	危险货物 运输车辆	摩　托　车	其他机动车
厂房、停车场	1. 租用的场地应当有书面的租赁合同,且租赁期限不得少于 1 年; 2. 停车场和生产厂家面积按照国家标准《汽车维修业开业条件》(GB/T 16739)相关条款的规定执行	与一类大型货车整车维修企业条件相同,且有与其作业内容相适应的专用维修车间,并设置明显的指示性标志	1. 租用的场地应有书面的租赁合同,且租赁期限不得少于 1 年; 2. 停车场和生产厂家面积按照国家标准《摩托车维修业开业条件》(GB/T 18189)相关条款的规定执行	1. 租用的场地应当有书面的租赁合同,且租赁期限不得少于 1 年; 2. 停车场和生产厂家面积按照国家标准《汽车维修业开业条件》(GB/T 16739)相关条款的规定执行
设备、设施	有与其作业内容相适应的设备、设施,并按照国家标准《汽车维修业开业条件》(GB/T 16739)相关条款的规定执行	有与其作业内容相适应的设备、设施,并按照国家标准《汽车维修业开业条件》(GB/T 16739)相关条款的规定执行	有与其作业内容相适应的设备、设施,并按照国家标准《摩托车维修业开业条件》(GB/T 18189)相关条款的规定执行	参照《汽车维修业开业条件》(GB/T 16739)执行,但所配备设施、设备应与其维修车型相适应

续上表

条件＼车型	汽　车	危险货物运输车辆	摩　托　车	其他机动车
人　员	1.《汽车维修业开业条件》相关条款； 2.相关人员持有从业资格证书	1.《汽车维修业开业条件》相关条款； 2.相关人员持有从业资格证书； 3.有相应的安全管理人员	1.《摩托车维修业开业条件》相关条款； 2.相关人员持有从业资格证书	1.《汽车维修业开业条件》相关条款； 2.相关人员持有从业资格证书
管理制度	包括质量管理制度、安全生产管理制度、车辆维修档案管理制度、人员培训制度、设备管理制度及配件管理制度。具体要求按照国家标准《汽车维修业开业条件》相关条款的规定执行	除汽车的管理制度以外，还应有： 1.有完善的突发事件应急预案，应急预案包括报告程序、应急指挥以及处置措施等内容； 2.有齐全的安全操作规程	包括质量管理制度、安全生产管理制度、摩托车维修档案管理制度、人员培训制度、设备管理制度及配件管理制度。具体要求按照国家标准《摩托车维修业开业条件》相关条款的规定执行	包括质量管理制度、安全生产管理制度、车辆维修档案管理制度、人员培训制度、设备管理制度及配件管理制度。具体要求按照国家标准《汽车维修业开业条件》相关条款的规定执行
环境保护措施	《汽车维修业开业条件》相关条款	《汽车维修业开业条件》相关条款	《摩托车维修业开业条件》相关条款	《汽车维修业开业条件》相关条款

四、申请机动车维修经营的提交材料

(1)申请从事汽车、危险货物运输车辆、摩托车以及其他机动车维修经营的，县级道路运输管理机构(设区的市在城市市区范围内申请从事机动车维修经营活动的，市道路运输管理机构)应当要求申请人提交下列材料：

①《经营许可申请书》；

②工商部门的《企业名称预先核准通知书》；

③经营场地、停车场地的结构面积平面图、土地使用权及产权证明复印件。租用的场地应有书面的租赁合同，且租赁期限不得少于1年；

④从业人员、技术人员汇总表及相应职业资格证明；

⑤维修、检测设备和计量设备检定、校准合格证明复印件；

⑥各项管理制度、措施文本。包括：经营管理制度、质量管理制度、人员培训制度、设备管理制度；配件管理制度、安全管理制度、环境保护制度等。

(2)申请从事危险货物运输车辆维修的，还应当提交专用维修车间、设备、设施证明材料，安全管理人员名单，安全操作规程和突发事件应急预案文本。

(3)申请机动车维修连锁经营服务网点的，可由机动车维修连锁经营企业总部向连锁经营服务网点所在地县级道路运输管理机构提出申请。道路运输管理机构应当要求申请人提交下列材料：

①机动车维修连锁经营企业总部机动车维修经营许可证件复印件；

②连锁经营协议书副本；

③连锁经营的作业标准和管理手册；

④连锁经营服务网点符合机动车维修经营相应开业条件的承诺书。

(4)外商在中华人民共和国境内申请中外合资、中外合作、独资形式投资机动车维修经营的，应同时遵守《外商投资道路运输业管理规定》及相关法律、法规的规定。

五、机动车维修经营许可程序

道路运输管理机构应按照《道路运输条例》和《交通行政许可实施程序规定》(2004 年第10 号令)规定的程序实施机动车维修经营许可。

1. 受理

道路运输管理机构应当对申请材料的完整性进行审查：

(1)申请材料齐全有效的，应出具《交通行政许可申请许可受理通知书》。

(2)申请材料不齐全或者不符合法定形式的，应当要求申请人当场补全或者更正，当场不能补全或者更正的，应当场或在 5 日内出具注明日期且加盖道路运输管理机构专用印章的《交通行政许可申请补正通知书》，一次性告知需补正的全部内容。

(3)申请事项依法不需要取得行政许可或申请事项依法不属于本级道路运输管理机构职权范围的，应出具《交通行政许可不予受理通知书》。

2. 审查

受理机动车维修经营申请后，道路运输管理机构应当对申请材料中关于机动车维修经营场地、设施设备等实质内容进行核实，并对照各项业务的许可条件进行审查。

对申请机动车维修连锁经营服务网点的，道路运输管理机构在受理后，只查验申请资料是否符合要求。

3. 决定

道路运输管理机构应当自受理申请之日起 15 日内作出许可或不予许可的决定：

(1)道路运输管理机构对符合法定条件的机动车维修经营申请，在拟作出准予行政许可决定前，应进行公示。公示后无异议的，向申请人出具《机动车维修经营行政许可决定书》，明确许可事项。

(2)对不予行政许可的，应当向申请人出具《不予交通行政许可决定书》，并说明理由。

(3)因需要延长许可办理时间的，须经道路运输管理机构负责人批准，向申请人出具《延长交通行政许可期限通知书》，并说明理由，但延长时间不得超过 10 个工作日。

4. 机动车维修许可证件发放

道路运输管理机构作出准予行政许可决定的，向申请人出具《交通行政许可决定书》后，应当在 10 日内向被许可人颁发机动车维修经营许可证件，明确许可事项。

道路运输管理机构在查验机动车维修连锁经营服务申请资料齐全有效后，应当场或在 5

日内予以许可,并发给相应许可证件。连锁经营服务网点的经营许可项目应当在机动车维修连锁经营企业总部许可项目的范围内。

机动车维修经营者应当持机动车维修经营许可证件依法向工商行政管理机关办理有关登记手续。

六、机动车维修许可证件管理

(1)机动车维修经营许可证件由各省、自治区、直辖市道路运输管理机构统一印制并编号,市、县级道路运输管理机构按照规定发放和管理。

(2)机动车维修经营者应当在许可证件有效期届满前30日到作出原许可决定的道路运输管理机构办理换证手续。

道路运输管理机构根据被许可人申请,在许可证件有效期届满前审查许可条件后,作出是否准予换证的决定;逾期未作出决定的,视为准予延续。

(3)禁止伪造、变造、冒用、倒卖、出租、出借或者以其他形式非法转让机动车维修经营许可证。

(4)机动车维修经营许可证件实行有效期制。

①从事一、二类汽车维修和一类摩托车维修业务的证件有效期为6年;

②从事三类汽车维修、二类摩托车维修及其他机动车维修业务的证件有效期为3年。

七、机动车维修经营许可注意事项

(1)机动车维修经营者变更许可事项的,应当按照有关规定办理经营许可事宜。

(2)机动车维修经营者变更名称、法定代表人、地址等事项的,应当在向工商等部门办理相应手续的同时,向原作出许可决定的道路运输管理机构备案。

(3)机动车维修经营者需要终止经营的,应当在终止经营前30日告知作出原许可决定的道路运输管理机构办理注销手续。

(4)机动车维修经营者需要合并、分立或者变更经营场所、经营项目等经营许可事项的,应事先向作出许可决定的道路运输管理机构提出申请。道路运输管理机构在查验相关变更事项的证明材料后,应当按照规定,办理相关手续。

(5)道路运输管理机构审查申请人机动车维修经营有关申请材料时,发现隐瞒有关情况或者提供虚假材料的,除了不予许可外,申请人在1年内不得再次申请;被许可人以欺骗、贿赂等手段取得机动车维修经营许可的,道路运输管理机构应当取消机动车维修经营许可证件,申请人在3年内不得再次申请。

八、案例分析

2007年4月25日某县一个企业向某省辖市道路运输管理机构提出了书面申请,要求办理二类汽车(小型汽车)整车维修的经营许可,并提交了《机动车维修业开业申请表》;企业名称预先核准通知书;维修(检测)设备清单及购置凭证;人员名册及资质证书复印件;经营场所租赁合同及平面图;管理制度汇编,内容包括:①质量管理制度;②安全生产管理制度;③车辆维修档案管理制度;④人员培训制度;⑤设备管理制度;⑥配件管理制度;⑦各级岗位责任制度;⑧主要设备安全操作规程等。该道路运输管理机构在接到企业的申请材料后,当即对企业提交的材料进行了审查,开出了《行政许可受理通知书》,并于5月10日填写了《交通行政许可事项核查意见书》和《交通行政许可审查意见书》,5月15日作出了准予许可的决定,开具了《准予交通行政许可决定书》,5月20日向申请人颁发、送达了经营许可证,企业负责人在《交通行政许可文书送达回证》签名。该许可存在哪些问题?

在此案例中,该道路运输管理机构违反了许可权限规定,许可主体不合法。按照《道路运输条例》规定,从事机动车维修经营应当向所在地县级道路运输管理机构提出申请,此案例中,省辖市道路运输管理机构属越权许可。即使其有权许可,但在此案例中也存在两个问题。

(1)许可期限不合法。《道路运输条例》规定,机动车维修经营许可期限应不超过15日,该许可期限已超过15日。

(2)许可程序不充分。机动车维修经营许可,涉及到对申请人的场地、设备、设施、环境等诸多因素的实体审查,因此,道路运输管理机构在受理经营业户的申请后,除了要审查申请人提交的书面材料外,还要组织2名以上的运政执法人员对申请人申请的与维修类别相适应的设施条件、人员条件、组织管理条件、安全生产条件、环境保护条件、设备条件和管理制度进行实地核查,写出符合相关要求的核查报告后,经道路运输管理机构内部逐级报批后,才能在规定的时间内作出许可决定,发放《道路运输经营许可证》。而该道路运输管理机构仅作了书面审查后就作出了准予许可的决定,其许可程序是不充分的,许可结果可能是有问题的。

第三节 机动车维修经营管理

机动车维修经营管理,主要是道路运输管理机构对机动车维修经营者执行国家有关法律、法规和规章制度的规定从事经营活动的监督管理。

一、机动车维修合同管理

机动车维修合同是承揽机动车维修交易的法律形式,也是规范机动车维修市场的基础。

1.合同订立的范围

机动车整车修理、主要是总成修理、二级维护及维修费用超过2000元以上的各类维修作业,从保护承、托修双方合法权益的角度出发,建议双方订立书面合同。

机动车维修经营者在维修过程中,确需增加维修项目、扩大维修范围的,在事先征得托修方同意后,应订立维修补充合同。

2. 合同订立的形式

承托修双方订立合同的形式有书面形式、口头形式和其他形式。

法律、行政法规规定采用书面方式的,应当采用书面方式。

代订立机动车维修合同必须要有委托单位证明,根据授权范围,以委托单位的名义订立,对委托单位直接产生权利和义务。

二、机动车维修工时和计费管理

1. 机动车维修工时定额

工时定额是指在一定的生产技术条件下,工人完成某项维修作业所消耗的劳动时间标准。机动车维修工时定额是机动车维修技术经济指标之一,是机动车维修经营者进行经济核算和制定机动车维修价格的重要依据。机动车工时定额分类有多种,主要分类有:

(1)按照维修工艺方式可分为机动车大修工时定额、总成大修工时定额、机动车维护工时定额、机动车小修工时定额和机动车专项修理工时定额。

(2)按照维修车辆类型可分为客、货、轿车类,汽、柴油车类,事故车修理和汽车检测工时定额。

(3)机动车维修工时定额可按各省级机动车维修协会等行业中介组织统一制定的标准执行,也可按机动车维修经营者报所在地道路运输管理机构备案后的标准执行,也可按机动车生产厂家公布的标准执行。当上述标准不一致时,优先适用机动车维修经营者备案的标准。

2. 机动车维修费用的组成

机动车维修费用一般由工时费、材料费、加工费、维修诊断费和检测费等构成。

(1)工时费:工时费是指维修技术和劳务的费用,是用于结算的费用,而不是实际发生维修小时的费用。某项作业的工时定额与工时单价的乘积为该项目的工时费。

(2)材料费:材料费主要是在车辆维修过程中消耗的外购件(包括配件、材料、漆料、油料等)费,自制配件费和辅料费。

(3)加工费:加工费是指受本企业大的技术条件限制,需要委托其他企业进行维修或加工零、配件所发生的费用。

(4)维修诊断费:维修诊断费是指维修经营者在维修作业前通过仪器检测所发生的费用。

(5)检测费:经过二级维护以上作业的车辆,竣工出厂前按照有关规定进行的竣工出厂质量检验所发生的费用。

3. 机动车维修费用结算

机动车维修费用结算必须符合合法性和准确性原则,费用结算方法由各省、自治区、直辖市根据当地情况确定。

为加强机动车维修费用结算管理，规范费用结算行为，打击欺诈和违法行为，查处虚报维修作业项目、只收费不维修、偷换机动车零部件、随意抬高工时单价、不按技术规范作业、作业中漏项或减项、采用虚假广告招揽业务等欺骗、坑害托修方的行为，保护机动车维修承托双方的合法权益，维修费用结算必须以下列凭证作为费用结算的依据：

①维修合同或委托书；

②派工单；

③材料出库单；

④工时定额与收费标准；

⑤维修工时结算清单；

⑥维修材料结算清单；

⑦车辆维修竣工出厂合格证；

⑧机动车维修发票（专用发票或增值税发票）。

机动车维修经营者收取维修费用时，不得超过公示的收费项目和收费标准，不得虚报维修项目、维修工时、诊断、加工、检测费用以及材料费用。机动车经营者应使用规定的结算票据，并向用户提供维修结算清单。维修结算清单中，工时费和材料费应分项计算。维修结算清单格式和内容由省级道路运输管理机构制定。不出具规定的结算票据和结算清单的，托修方有权拒绝支付费用。

4. 维修收费标准备案

机动车维修经营者应当将其执行的机动车维修工时定额和工时单价标准报所在地道路运输管理机构备案。

5. 明码标价制度

根据《道路运输条例》第五十三条规定，机动车维修经营者应当在经营场所公布收费项目、工时定额和工时单价，对机动车维修价格收费实行明码标价，以提高收费行为的透明度，合理收取费用。

机动车维修经营者应在业务接待大厅醒目位置公示以下内容，并做到公示项目齐全、标价准确、收费合理：

（1）机动车维修工时定额和收费标准；

（2）主修车型的常用配件价格；

（3）提供《机动车维修结算工时定额与收费标准》文本，为托修方查阅使用，有条件的机动车维修经营者应建立维修价格电子查询系统，方便托修方查询。

（4）所陈列的展示样品，必须实行“一货一标”，并详细注明产地、生产厂家、规格、型号、价格等，禁止价格欺诈。

三、机动车维修经营行为管理

(1)道路运输管理机构应核查机动车维修经营者是否按照经批准的经营许可事项开展维修服务。

(2)道路运输管理机构应督促机动车维修经营者在经营场所的醒目位置悬挂机动车维修经营许可证件和《机动车维修标志牌》,并公示机动车维修工时定额、工时单价、收费项目、收费标准、服务承诺和道路运输管理机构的监督电话。

(3)道路运输管理机构应监督机动车维修经营者将其执行的机动车维修工时单价标准报所在地道路运输管理机构备案。

(4)道路运输管理机构应监督机动车维修经营者是否按公布的收费标准合理收取费用。

(5)道路运输管理机构应督促机动车维修经营者使用并出具结算票据和省级道路运输管理机构规定内容、格式的结算清单以及法定的文本。

(6)道路运输管理机构应督促机动车维修经营者配备经考试合格并持证上岗的专(兼)职维修价格结算管理及结算人员。

(7)道路运输管理机构应督促机动车维修经营者按照国家的有关规定处理机动车维修产生的废弃物。

(8)道路运输管理机构应督促机动车维修经营者按照规定及时向道路运输管理机构报送统计资料,并为机动车维修经营者保守商业秘密。

第四节　机动车维修质量管理

机动车维修质量不仅是维修企业赖以生存的基础,而且是行业管理的一项重要目标。各级道路运输管理机构应当按照《道路运输条例》和《机动车维修管理规定》的有关规定,实施机动车维修质量管理。

一、机动车维修质量概念

1. 机动车维修质量

机动车维修质量是指反映机动车维修服务满足托修方明确和隐含需要能力的特性总和。

维修服务包括服务质量和维修技术质量。

(1)机动车维修服务质量具体是指业务接待、维修经营、生产进度、跟踪服务、管理水平和企业信誉。

(2)机动车维修技术质量具体是指维修竣工车辆满足相应竣工出厂技术条件的一种定

量评价。

2. 机动车维修质量评定参数

机动车维修质量的主要衡量标志是经维修的车辆是否符合相应的竣工出厂技术条件，这里所讲述的"技术条件"即机动车主要性能参数（也称为质量特性参数），是评定机动车维修质量的主要参数，主要有机动车的动力性、经济性、滑行性、制动性、转向操纵性、前照灯性能、可靠性、密封性、悬架特性及废气排放和噪声。

3. 机动车维修质量评价指标

为衡量机动车维修经营者的维修质量，应按维修质量考核指标进行考核。

(1)质量监督抽查检测一次合格率。一次检测合格率＝报告期内一次检测合格车辆数/报告期内全部检测车辆总数×100%。

(2)返修率。返修率＝在质量保证期内返修的车辆数/在质量保证期内总修竣车辆数×100%。返修率应小于5%。在质量保证期内返修的车辆，不包括因使用不当而造成损坏的修理。

(3)投诉率。投诉率＝在质量保证期内被投诉的车辆数/在质量保证期内总修竣车辆数×100%。投诉率应小于3%。在质量保证期内被投诉的车辆，不包括无责投诉。

(4)用户满意率。是指用户基本满意或满意的车辆数与维修车辆总数的比率。

(5)质量保证期内汽车维修质量纠纷和质量事故发生数。

二、机动车维修质量检验

机动车维修质量检验是指采用一定的检验测试手段和检查方法，测定车辆维修过程中和维修竣工后（含整车、总成、零件、工序等）的质量特性，并将测定的结果同机动车维修质量评价参数标准相比较，从而对车辆维修质量作出合格或不合格的判断。它是检查监督车辆维修质量的重要手段。

1. 机动车维修质量检验的方法

机动车维修质量检验的方法可分为两类：

(1)经验检视法。

(2)仪器测试法。

2. 机动车维修质量检验的分类

(1)按检验职责可分为：

①自检；

②互检；

③专职检验。

(2)按工艺流程可分为：

①进厂检验；

②过程检验;

③竣工出厂检验。

3. 机动车维修质量检验标准

(1)我国标准分类。我国标准按照层次分为国家标准、行业标准、地方标准、企业标准;按照是否强制实行分为强制性标准、推荐性标准。

(2)机动车维修标准归类。我国机动车维修标准基本上可归纳为维修基础性标准、维修管理性标准、机动车维修生产技术标准、机动车维修质量检验标准、维修设备产品性标准、检测设备产品性标准等6类。

4. 机动车维修计量器具、检测诊断设备的检定

机动车维修计量器具、检测诊断设备均应按照《中华人民共和国计量法》的有关规定进行定期检定,并取得计量检定合格证。

三、机动车维修质量管理

机动车维修质量管理是为保证和提高机动车维修质量在质量方面指挥和控制组织的协调的活动。在质量方面的指挥和控制活动,通常包括制定质量方针和质量目标及质量策划、质量控制、质量保证和质量改进。它是一项有计划、全方位、经常性的综合技术管理,是机动车维修行业管理和机动车维修经营者管理系统的重要组成部分。道路运输管理机构要引导和督促机动车维修企业认真执行法规和规章确立的各项制度,以提高机动车维修质量。

机动车维修质量管理制度是为贯彻机动车维修质量管理方针目标,依据有关法规、标准制定的管理规章,主要包括:

1. 机动车维修记录制度

机动车维修记录制度就是要求机动车维修经营者将每次维修或养护机动车的日期、"症状"、诊断的数据、诊断的故障原因、修理情况等内容进行记录的制度。要求机动车维修经营者对承修的机动车应当进行修前诊断、确定故障,制定维护和修理方案,所诊断的故障、维护和修理方案、维修项目等内容应当填写机动车维修记录。

《江苏省机动车维修管理条例》规定:机动车维修竣工出厂时,机动车维修经营者不出具《机动车维修记录》的,托修人有权拒绝支付维修费用。

2. 质量保证期制度

质量保证期制度是提高机动车维修质量、维护用户合法权益的一项重要措施。机动车维修竣工出厂必须达到恢复机动车技术性能,保证有一定的质量稳定使用期限。

(1)机动车维修质量保证期为:

①汽车和危险货物运输车辆整车修理或总成修理质量保证期为车辆行驶20000千米或者100日;二级维护质量保证期为车辆行驶5000千米或者30日;一级维护、小修及专项修理质量保证期为车辆行驶2000千米或者10日;

②摩托车整车修理或者总成修理质量保证期为摩托车行驶7000千米或者80日;维护、小修及专项修理质量保证期为摩托车行驶800千米或者10日;

③其他机动车整车修理或者总成修理质量保证期为机动车行驶6000千米或者60日;维护、小修及专项修理质量保证期为机动车行驶700千米或者7日。

(2)质量保证期中行驶里程和日期指标,以先达到者为准。

(3)机动车维修质量保证期,从维修竣工出厂之日起计算。

(4)机动车维修经营者应当公示承诺的机动车维修质量保证期。所承诺的质量保证期不得低于以上规定。

(5)机动车维修经营者应当严格执行维修质量返修制度。

在承诺的质量保证期内,有下列情形之一的,机动车维修经营者应当及时无偿返修,不得故意拖延或者无理拒绝:并承担全部返修费用,因维修质量造成机械事故和经济损失的,由机动车维修经营者负责赔偿。

①机动车因维修质量原因造成车辆故障和损坏,无法正常使用,且承修方在3日内不能或者无法提供因非维修原因而造成车辆无法使用的相关证据的;

②没有和托修方签订书面合同以及无法提供真实的维修记录的。

③由于托修方违反规定使用或驾驶员违反操作规程造成的车辆故障或损坏,不属于维修质量问题,经济责任由托修方承担。

(6)在质量保证期内,机动车因同一故障或维修项目经两次修理仍不能正常使用的,机动车维修经营者应当负责联系其他机动车维修经营者,并承担相应修理费用。

3. 竣工出厂合格证制度

机动车维修经营者对机动车进行二级维护、总成修理、整车修理的,应当实行二级维护以上作业车辆竣工出厂合格证制度。

机动车维修经营者进行车辆二级维护以上作业竣工经检验合格后,由质量检验员签发《机动车维修竣工出厂合格证》;未签发机动车维修竣工出厂合格证的机动车,不得交付使用,车主可以拒绝交费或接车。

4. 维修档案管理制度

机动车维修档案管理是质量信息工作的保证。只有做好机动车维修质量检验原始记录并妥善保存,才能为质量管理提供可靠的质量评定依据和信息反馈,有助于提高机动车维修质量。

(1)机动车维修经营者对机动车进行二级维护、总成修理、整车修理的,应建立机动车维修档案。

(2)机动车维修档案主要内容包括:维修合同、维修项目、具体维修人员及质量检验人员、进厂、过程、竣工检验记录、竣工出厂合格证副页及结算凭证和工时、材料清单等。

(3)机动车维修档案保存期为2年。

5. 机动车维修零配件使用制度

为加强对机动车维修配件质量控制，避免因使用有质量问题的配件、辅助原材料而造成的维修质量事故，机动车维修经营者应执行机动车维修零配件使用制度。

(1)建立采购配件登记制度，记录购买日期，供应商名称、地址，产品名称及规格型号等，并查验产品合格证等相关证明。

(2)使用的零配件、燃润料等应当符合相关产品质量标准的要求，对配件、原材料的质量进行把关。

(3)使用旧配件或者修复配件维修机动车的，该配件应当达到规定的质量标准，并应当征得托修人书面同意。

(4)杜绝使用"无厂名、无产地、无合格证"的"三无"产品，做到质次产品不进厂，伪劣配件不装车。禁止使用无厂名厂址、伪造或者冒用他人厂名厂址、伪造产地、伪造或者冒用质量标志、以假充真、以次充好、以不合格品冒充合格品等假冒伪劣零配件维修机动车。

(5)托修人自备配件，应当提供配件合格证明，并在机动车维修合同或者结算清单中记载。机动车维修经营者在安装使用托修人提供的维修配件时，应当查验配件合格证明；无合格证明或者表面有瑕疵的，不得使用。

(6)对于换下的配件、总成，应当交托修方自行处理。托修人支付费用更换配件，要求取回旧配件的，机动车维修经营者不得拒绝。

(7)不得利用配件拼装机动车。

6. 持证上岗制度

机动车维修企业的技术负责人员、质量检验人员及机修、电器、钣金、涂漆等维修专业技术人员经参加全国统一考试，取得《从业资格证书》，方能持证上岗。

7. 质量检验制度

机动车维修经营者对进行二级维护、总成修理、整车修理的车辆，必须实行进厂检验、过程检验和竣工质量检验制度。

道路运输管理机构应当督促机动车维修经营者加强和规范质量管理工作，不断提高维修服务水平。

(1)督促机动车维修经营者严格按照国家、行业或者地方标准和规范维修机动车。尚无标准或规范的，可参照机动车生产企业提供的机动车维修手册、使用说明书和有关技术资料维修机动车。

(2)监督机动车维修经营者使用正规的配件维修机动车，查处机动车维修经营者使用假冒伪劣配件维修机动车的行为，有以下几点：

①督促机动车维修经营者建立配件采购登记制度，记录配件购买日期、供应商名称、地址、产品名称及规格型号等，并要求机动车维修经营者查验产品合格证等相关证明；

②监督机动车维修经营者将换下的配件、总成交托修方自行处理；

③监督机动车维修经营者将原厂配件、副厂配件和修复配件分别标识，明码标价，供用户选择。

(3)督促机动车维修经营者在进行机动车二级维护、总成修理、整车修理作业时，严格实行进厂检验、维修过程检验和竣工质量检验制度。

(4)查处机动车维修经营者伪造、倒卖、转借、签发虚假机动车维修竣工出厂合格证以及不签发机动车维修竣工出厂合格证的行为。

(5)督促承担机动车维修竣工质量检验的机动车维修企业或机动车综合性能检测机构使用符合有关标准并在检定有效期内的设备，按照有关标准进行检测，如实提供检测结果证明，并对检测结果承担法律责任。

(6)道路运输管理机构应当加强对机动车维修经营者的质量监督和管理工作，定期、不定期地组织对机动车维修经营者的维修质量抽查，可委托相关行业协会或具有法定资格的机动车维修质量监督检验中心，对机动车维修质量进行监督检验。

(7)加强对机动车维修专业技术人员的管理，严格执行专业技术人员考试和管理制度。查处无从业资格证件人员维修机动车行为。

(8)建立维修质量投诉举报制度，开展维修质量纠纷调解。

四、机动车维修信誉管理

道路运输管理机构应当加快建立健全行业信用体系，建立信用监督和失信惩戒制度、质量信誉考核制度、质量信誉诚信档案，打造公平和谐的信用环境，对机动车维修经营者进行质量信誉的严格考核和评估，根据车主投诉反映的违法、违章事实和运政执法检查记录，确定质量信誉等次，对存在问题的进行整改处理。

1. 机动车维修企业质量信誉等级

机动车维修企业质量信誉等级分为优良、合格、基本合格和不合格，分别用 AAA 级、AA 级、A 级和 B 级表示。

2. 机动车维修企业质量信誉评价指标

(1)考核期内发生一次死亡 1 人及以上的安全生产责任事故和重大、特大恶性服务质量事件情况。

(2)上年度企业信誉等级。

(3)用户满意度。

(4)修竣车辆检验一次合格率。

(5)企业记分考核情况。

(6)有责投诉情况。

(7)近 3 年内企业获得荣誉称号或表彰情况。

重大恶性服务质量事件是指由于企业原因，对社会造成不良影响，而受到市级交通主管部门或者道路运输管理机构通报批评的服务质量事件;特大恶性服务质量事件是指由于企业原因,对社会造成恶劣影响,而受到省级以上交通主管部门或者道路运输管理机构通报批评的服务质量事件。

3. 机动车维修企业质量信誉考核程序

(1)申请。机动车维修企业在每年的3月底前,根据本企业的质量信誉档案对上年度的质量信誉情况进行总结,向所在地县级或设区的市级道路运输管理机构申请考核,并提交质量信誉考核申请表、本企业上年度的质量信誉情况总结及与质量信誉考核指标相对应的相关材料。

(2)初评。机动车维修企业所在地的道路运输管理机构根据本机构的机动车维修企业质量信誉管理档案,对机动车维修企业报送的质量信誉材料进行核实。发现不一致的,应要求机动车维修企业进行说明或者组织调查。核实结束后,根据各项评价指标的初步结果对机动车维修企业质量信誉等级进行初评,并将各项评价指标数据和初评结果汇总至设区的市级道路运输管理机构。

设区的市级道路运输管理机构将机动车维修企业的考核数据和初步考核结果书面通知被考核机动车维修企业。

实施维修质量信誉考核制度是道路运输管理机构从“重审批、轻监管”向“重监管、轻审批”转变的具体要求,重在动态监督管理,防止变相成为“年度审验”和年终评比。道路运输管理机构在对机动车维修企业信誉考核时,应避免集中一段时间对企业进行检查,而应作为全年的工作,即要将信誉考核与中心工作相结合、与具体活动相结合、与动态监管相结合、与信息采集相结合、与推广应用相结合,这样的考核结果更具有真实性。

(3)公示。设区的市级道路运输管理机构将辖区内机动车维修企业的各项考核指标数据和初步考核结果,在当地主要新闻媒体、本机构网站或本级交通主管部门网站上进行为期15天的公示。

(4)上报。公示结束后,设区的市级道路运输管理机构将考核结果上报省级道路运输管理机构。

(5)发布。AAA级机动车维修企业由省级道路运输管理机构向社会发布,AA级及以下的机动车维修企业由设区的市级道路运输管理机构向社会发布。具体发布权限由省级道路运输管理机构确定。

省级或设区的市级道路运输管理机构于每年6月30日前在当地主要新闻媒体、本机构网站或本级交通主管部门网站上发布上一年度机动车维修企业质量信誉考核结果,同时发布维修企业的基本情况、地址、联系方式、资质类别、经营范围、特约维修车型、服务承诺、经备案的收费项目和收费标准、修竣车辆一次合格率、质量抽检情况、满意度调查情况、记分考核情况、投诉及查处信息、监督检查情况、违法违规情况、表扬和获奖情况、历年的维修信誉等级等。

4. 机动车维修企业质量信誉考核期限

机动车维修企业质量信誉考核工作每年进行一次。考核周期为每年的 1 月 1 日 ~12 月 31 日。考核工作在考核周期次年 3 ~6 月进行。

五、机动车维修质量纠纷受理和调解

机动车维修质量纠纷调解是指在机动车维修质量保证期内或维修合同约定期内,因机动车维修质量产生纠纷,承托修双方自愿向道路运输管理机构申请进行的调解。

道路运输管理机构应当根据《机动车维修管理规定》第四十条规定,受理机动车维修质量投诉,积极按照维修合同约定和相关规定调解维修质量纠纷。

第五节　营运车辆技术管理

车辆技术管理是指道路运输管理机构依照有关法律、法规、规章和相关政策规定,对道路运输车辆的选购配置、使用管理、检测诊断、维护修理、更新报废全过程进行的技术管理。

车辆技术管理应以提高道路运输车辆技术状况、促进车辆结构合理调整为主线,以科技进步和技术创新为动力,充分运用技术的、经济的、法律的和必要的行政手段,完善道路运输车辆进退运输市场管理机制,优化车型结构,加强对车辆维修、检测的监督管理,提高车辆使用的可靠性和安全性,有效节约资源,全面推动行业技术进步,促进我国道路运输运力结构水平的不断升级,为提高道路运输竞争能力和可持续发展做好技术支持和运力保障。

车辆技术管理应坚持预防为主和技术与经济相结合的原则以及对运输车辆实行"择优选配、正确使用、定期检测、强制维护、合理改造、适时更新和报废"的全过程综合性管理的原则。

一、营运车辆技术管理主要内容

1. 车辆定期检测

车辆定期检测是检查鉴定车辆技术状况、监督车辆正确使用和维修质量的重要手段。其目的是防止车辆早期损坏,及时发现和消除故障隐患,保持车辆技术状况完好,减少零部件、总成件故障率,延长车辆使用寿命,保证安全生产,提高经济效益、社会效益和环境效益。车辆定期检测周期为每年 1 次,并可结合车辆二级维护竣工出厂检测一并进行。

(1) 车辆技术等级评定:

①道路运输经营者应在规定时间内,到具有检测资质的汽车综合性能检测机构进行检测。汽车综合性能检测机构按照国家标准《营运车辆综合性能要求和检验方法》(GB 18565)和《道路车辆外廓尺寸、轴荷和质量限值》(GB 1589)的规定进行检测,出具全国统一

式样的检测报告，并依据检测结果，对照行业标准《营运车辆技术等级划分和评定要求》(JT/T 198)评定车辆技术等级；

②营运车辆技术等级划分为一级、二级和三级；

③车籍所在地县级以上道路运输管理机构根据检测站出具的检测报告和车辆技术等级评定结果，作为客、货运经营许可的条件以及发放、审验《道路运输证》和车辆技术管理的监督检查内容，并将车辆技术等级评定结果记入《道路运输证》“车辆技术等级评定”栏内。

(2)营运客车类型划分及等级评定：

①道路客运经营者应在领取《道路运输证》前，将拟从事营运的客车送到具有检测资质的汽车综合性能检测机构进行检测，由汽车综合性能检测站对营运客车按 GB 18565 进行检测，JT/T 198 进行技术等级评定，并根据车辆现有技术等级和设施的实车检测结果，按 JT/T 325 规定进行等级初评，市级道路运输管理机构进行复核，将复核结果记录在车辆技术档案中，作为客运经营许可的条件以及发放、审验《道路运输证》和车辆技术管理的监督检查内容。

②客车类型划分，见表 6-3 所示。

客车类型划分 单位：米 表 6-3

类型	特大型[①]	大型	中型	小型
车长(L)	$13.7 \geq L > 12$	$12 \geq L > 9$	$9 \geq L > 6$	$6 \geq L > 3.5$

注：①按 GB 1589 规定。

③客车等级划分，见表 6-4 所示。

客车等级划分 表 6-4

类型	客车																乘用车			
	特大型					大型					中型				小型					
等级	高三级	高二级	高一级	中级	普通级	高三级	高二级	高一级	中级	普通级	高二级	高一级	中级	普通级	高二级	高一级	中级	普通级	高二级	高一级	中级	普通级

④在用营运客车等级年度审核

由汽车综合性能检测站对营运客车按 GB 18565 进行检测，JT/T 198 进行技术等级评定，并根据车辆现有技术等级和设施的实车检测结果，按 JT/T 325 规定进行等级初评，县级以上道路运输管理机构进行复核，将复核结果记录在车辆技术档案中，作为审验《道路运输证》的内容。

2. 车辆二级维护

车辆二级维护是由维修企业负责执行的机动车维护作业，其作业中心内容除一级维护作业外，以检查、调整转向节、转向摇臂、制动蹄片、悬架等经过一定时间的使用容易磨损或变形的安全部件为主，并拆检轮胎，进行轮胎换位，检查调整发动机工作状况和排气污染控制装置等。车辆二级维护制度是车辆技术管理的一项重要内容，是保持车辆技术状况完好，及时发现和排除故障、隐患，防止车辆早期损坏，保证车辆运行安全，降低运输消耗，防止环境污染，充分发挥车辆效能的制度。

凡取得道路运输管理机构核发的《道路运输证》的道路运输车辆，均应按国家或行业有关标准规定的行驶里程或间隔时间进行二级维护，车辆维护后凭竣工出厂合格证、检测报告到《道路运输证》注册地道路运输管理机构审核备案。

道路运输管理机构应建立营运车辆二级维护预警和催告制度，通过多种形式提醒道路运输经营者自觉执行车辆二级维护制度，保持车辆技术状况完好，对未按规定实施车辆二级维护和检测的道路运输经营者，根据《道路运输条例》的规定，予以行政处罚。

道路运输管理机构应加强对从事车辆二级维护经营者的监督检查，对不能坚持按照二级维护作业内容、技术标准和工艺规范或者车辆维修手册（说明书）进行作业、漏项或减项作业以及二级维护竣工出厂检测一次合格率低于国家标准的机动车维修经营者，实行限期整改，并按规定实施处罚。引导道路运输经营者和车主自主选择具有相应资质的机动车维修经营者进行车辆维修作业，确保维修质量。

3. 车辆视情修理

车辆视情修理是根据车辆检测诊断和技术鉴定结果，按不同范围和深度进行修理作业，以保持各总成磨损程度的相对平衡，既防止拖延修理造成车况恶化，也防止提前修理造成浪费。

4. 车辆管理档案

道路运输管理机构应建立营运车辆管理档案，车辆管理档案主要内容为：车辆基本情况、二级维护和检测情况、技术等级评定记录、客车类型及等级评定记录（仅指道路旅客运输车辆）、车辆变更记录、交通事故记录等。

二、营运车辆年度审验技术审查内容

（1）审查道路运输经营者车辆技术档案的建立和使用情况，对未建立车辆技术档案或档案不完整的车辆，不予发放道路运输证。

（2）审查汽车综合性能检测报告和车辆技术等级评定情况，复核营运客车的类型等级。

（3）审查车辆主要装备及附加装置是否齐全、完好，车辆结构、尺寸变动情况、是否对车辆结构、部件进行随意改装改造，是否在运行中无任何保留条件。

（4）审查车辆二级维护是否按期进行。

第六节　汽车综合性能检测站管理

一、汽车综合性能检测站概念

汽车综合性能检测站是运用汽车不解体技术和检测设备，从事各类车辆的动力性、安全

性、经济性、可靠性以及污染排放状况和噪声检测的机构,是为汽车及其他机动车的技术状况、技术等级、客车类型及等级、维修质量和车辆改装、改造、报废等提供检测诊断技术服务的社会化的、独立的技术服务机构。

汽车综合性能检测站出具的检测报告,是运输车辆能否进入道路运输市场和可以从事道路运输业务的重要依据。

汽车综合性能检测站应按照国家和行业标准的要求,独立、公正地开展检测业务。

1. 汽车综合性能与汽车综合性能检测站的定义

(1)汽车综合性能:是指在用汽车动力性、安全性、燃料经济性、使用可靠性、排气污染物和噪声以及整车装备完整性与状态、防雨密封性等多种技术性能的组合。

(2)汽车综合性能检测站:是按照规定的程序、方法,通过一系列技术操作行为,对在用汽车综合性能进行检测(验)评价工作并提供检测数据、报告的社会化服务机构。

2. 汽车综合性能检测的内容

汽车综合性能检测的内容根据检测的目的、要求以及委托机构委托检测的项目而定,可以对车辆的整车、总成或某一部件、零件进行检测,也可对车辆进行全面的检测。其项目包括车辆的安全性(制动、转向操纵性、悬架效率、侧滑、转向、前照灯等);可靠性(异响、磨损、变形、裂纹等);动力性(车速、加速性能、底盘输出功率、发动机功率、转矩和供油系、点火系状况等);经济性等(百公里油耗);噪声和污染排放、整车装备及外观检查等。

3. 汽车综合性能检测站的服务功能

汽车综合性能检测站依据相关标准的要求、程序和规范,开展检测任务。

(1)接受道路运输管理机构的委托,依法对营运车辆的技术状况进行检测。

(2)接受机动车维修经营者的委托,对车辆维修竣工质量进行检测。

(3)接受有关部门委托,对车辆改装(造)、延长报废期以及相关新技术、科研鉴定等项目进行检测。

(4)接受交通、公安、环保、商检、计量、保险和司法等部门、机构的委托,为其进行规定项目的检测。

二、汽车综合性能检测站的要求

1. 汽车综合性能检测站的条件

汽车综合性能检测站的服务功能、管理要求、技术能力要求、场地和设施等应符合 GB/T 17993《汽车综合性能检测站能力的通用要求》的规定。

2. 检测设备的检定

汽车综合性能检测站配备的计量仪器、检测设备应通过产品型式认定,并有产品检验合格证和制造计量器具许可证标志。计量仪器、检测设备应按规定周期检定合格方可使用。

3. 检测标准

汽车综合性能检测站应依据国家或行业现行、有效的检测标准、程序和检测规范开展检测业务，检测数据应真实、准确、可靠，确保检测质量。

4. 检测报告

(1)汽车综合性能检测报告的一般要求：

①检测报告格式应符合一定的规范要求，包含的信息齐全，使用全国统一格式；

②检测数据必须具有科学性、公正性和客观性；

③检测报告的内容、符号、计量、文字要规范；

④检测报告的书写、更改要规范，并逐步过渡到由计算机联网控制系统出具检测报告；

⑤检测报告的发放程序要规范，必须由技术负责人或授权委托人签字，并加盖综合性能检测站检测专用章；

(2)汽车综合性能检测站应出具带有 CMA 标记、具有法律效力的检测报告，并承担相应的法律责任。

5. 检测收费

汽车综合性能检测收费属于经营服务性收费。汽车综合性能检测站应公示并严格执行检测收费标准，按实际检测项目收费，未检测的项目不得收费。不得强行检测、强制收费，更不得借检测之名乱收费。

三、汽车综合性能检测的管理

道路运输管理机构可委托符合要求的汽车综合性能检测站对营运和商用车辆的技术状况、车辆的维修竣工质量进行检测以及营运客车类型划分及等级评定检测。

道路运输管理机构应加强对汽车综合性能检测站的监督检查，对违反有关管理规定，使用不合格或达不到标准要求的仪器、设备进行检测的，对不按技术标准和检测规范进行检测、缺项漏项或不如实提供检测报告、出具虚假报告、滥用职权、弄虚作假、徇私舞弊、技术管理混乱的行为，按有关规定进行处罚。

一、思考题

1. 机动车维修的定义是什么？机动车维修包括哪几种要素？
2. 机动车维修管理的定义是什么？机车维修管理包括哪些内容？
3. 汽车维护的定义是什么？汽车维护如何分级？
4. 机动车维修企业如何分类？各类企业的经营业务范围有哪些？
5. 机动车维修经营许可证件有效期限分别是多少？
6. 道路运输经营者车辆技术档案包括哪些主要内容？
7. 道路运输管理机构车辆管理档案包括哪些主要内容？

8. 车辆技术审查包括哪些主要内容?

9. 车辆定期检测的周期如何确定? 车辆定期检测包括哪些项目?

10. 营运车辆技术等级划分为几级? 车辆技术等级评定的标准是什么?

11. 营运客车类型划分及等级有哪些? 营运客车类型划分及等级评定的标准是什么?

12. 汽车综合性能检测站的服务功能是什么?

二、案例题

某汽车维修企业为某单位一辆大客车进行二级维护作业,双方签订了汽车维修合同,并在合同中规定了质量保证期为车辆行驶里程5000千米或30日。维修企业在维护作业时,发现发动机需大修,书面告知车主单位,车主单位口头同意。车辆维修竣工出厂后,行驶了1万千米,驾驶员发现发动机有异响,就回厂进行了修理,结清了本次修理的有关费用。车辆出厂行驶2500千米后,发动机异响又出现,驾驶员又回厂,要求返修。维修企业认为车辆行驶里程已超过小修质量保证期的行驶里程,不同意返修。为此,驾驶员向道路运输管理机构进行了投诉。道路运输管理机构经调查,发动机异响确属维修质量问题。

请问:(1)维修企业是否有责任? 为什么? (2)如何处理本次投诉?

答案:(1)维修企业有责任。根据《机动车维修管理规定》规定:因为大客车的作业内容由原来的整车二级维护变更为发动机大修,其余部分二级维护,其相应的质量保证期发动机应为车辆行驶里程2万千米或100日;其余部分二级维护的质量保证期为车辆行驶里程5000千米或30日。该车两次发动机出现异响,均在车辆质量保证期内,维修企业应无偿予以返修。

(2)责成汽车维修企业无偿予以返修,如汽修厂仍不能修复的,应负责联系其他机动车维修经营者修理,并承当相应修理费用。责成维修企业退还第一次返修时所收取的所有费用。

第七章 机动车驾驶员培训管理

第一节 机动车驾驶员培训管理概述

一、机动车驾驶员培训管理

2004年5月1日《中华人民共和国道路交通安全法》颁布实施，明确了道路运输管理机构对机动车驾驶员培训的管理职能。近年来，结合我国机动车驾驶员培训管理实际情况，相继颁布实施的《道路运输条例》、《机动车驾驶员培训管理规定》（交通部2006年第2号令）、《机动车驾驶培训机构资格条件》（JT/T 433）、《机动车教练场技术要求》（JT/T 434）、《道路运输从业人员管理规定》（交通部2006年第9号令）等相关法规和规章，为道路运输管理机构履行机动车驾驶员培训管理提供了依据。

机动车驾驶员培训是提供公共服务并且直接关系到公众安全、人身健康、生命财产安全的特定行业，是道路交通安全的最重要影响因素，作为道路交通安全的源头，引起各级政府的高度重视。所以，加强机动车驾驶员培训管理，规范机动车驾驶员培训市场经营秩序，提高培训质量直接关系到道路交通安全。据2007年统计，3年驾龄以内驾驶员发生道路交通死亡事故的比例，比2006年下降16.7%，充分说明，道路运输管理机构通过依法开展机动车驾驶员培训管理，取得了明显成效。

道路运输管理机构实行机动车驾驶员培训管理，应转变管理理念、创新管理方式、增强服务意识和规范执法行为，进一步强化市场监督，建立和完善信誉体系，增强驾驶员培训市场的监管能力，充分发挥市场机制的作用。规范驾驶员培训市场许可管理，有效发挥市场在配置资源中的基础性作用，坚持行业标准，提高办事效率和提供优质服务，引导行业发展优化结构和布局，促进驾培市场健康发展，更好地满足日益增长的社会需要。

二、机动车驾驶员培训分类

机动车驾驶员培训依据经营项目、培训能力和培训内容实行分类许可。

(1)机动车驾驶员培训业务根据经营项目分为普通机动车驾驶员培训、道路运输驾驶员从业资格培训、机动车驾驶员培训教练场经营三类。

(2)普通机动车驾驶员培训根据培训能力分为一级普通机动车驾驶员培训、二级普通机动车驾驶员培训和三级普通机动车驾驶员培训三类。

获得一级普通机动车驾驶员培训许可的,可以从事三种(含三种)以上相应车型的普通机动车驾驶员培训业务;获得二级普通机动车驾驶员培训许可的,可以从事两种相应车型的普通机动车驾驶员培训业务;获得三级普通机动车驾驶员培训许可的,只能从事一种相应车型的普通机动车驾驶员培训业务。

(3)道路运输驾驶员从业资格培训根据培训内容分为道路客货运输驾驶员从业资格培训和危险货物运输驾驶员从业资格培训两类。

获得道路客货运输驾驶员从业资格培训许可的,可以从事经营性道路旅客运输驾驶员、经营性道路货物运输驾驶员的从业资格培训业务;获得危险货物运输驾驶员从业资格培训许可的,可以从事道路危险货物运输驾驶员的从业资格培训业务。

获得道路运输驾驶员从业资格培训许可的,还可以从事相应车型的普通机动车驾驶员培训业务。

第二节　机动车驾驶员培训许可

一、机动车驾驶员培训许可的依据及内容

机动车驾驶员培训许可须符合《中华人民共和国道路运输条例》第四十条规定。

第四十条　申请从事道路运输站(场)经营、机动车维修经营和机动车驾驶员培训业务的,应当向所在地县级道路运输管理机构提出申请,并分别附送符合本条例第三十七条、第三十八条、第三十九条规定条件的相关材料。县级道路运输管理机构应当自受理申请之日起15日内审查完毕,作出许可或者不予许可的决定,并书面通知申请人。

二、机动车驾驶员培训许可主体

(1)由县级道路运输管理机构负责实施。

(2)在设区的市城市市区范围内的,由市道路运输管理机构负责实施。

三、机动车驾驶员培训许可条件

1.申请从事普通机动车驾驶员培训业务的条件

(1)有健全的培训机构。包括教学、教练员、学员、质量、安全、结业考试和设施设备管理等组织机构,并明确负责人、管理人员、教练员和其他人员的岗位职责。

(2)有健全的管理制度。包括安全管理制度、教练员管理制度、学员管理制度、培训质量管理制度、结业考试制度、教学车辆管理制度、教学设施设备管理制度、教练场地管理制度、档案管理制度等。具体要求按照行业标准《机动车驾驶培训机构资格条件》(JT/T 433)相关条款的规定执行。

(3)有与培训业务相适应的教学人员:

①有与培训业务相适应的理论教练员。理论教练员应当持有机动车驾驶证,年龄不超过60周岁,具有汽车及相关专业中专以上学历或者汽车及相关专业中级以上技术职称,具有两年以上安全驾驶经历,熟练掌握道路交通安全法规、驾驶理论、机动车构造、交通安全心理学、常用伤员急救等安全驾驶知识,了解教育学、教育心理学的基本教学知识,具备编写教案、规范讲解的授课能力。理论教练员总数的80%应当经全国统一考试合格,持有《中华人民共和国机动车驾驶培训教练员证》。

②有与培训业务相适应的驾驶操作教练员。驾驶操作教练员应当持有相应的机动车驾驶证,年龄不超过60周岁,具有汽车及相关专业中专或者高中以上学历,符合一定的安全驾驶经历和相应车型驾驶经历,熟练掌握道路交通安全法规、驾驶理论、机动车构造、交通安全心理学和应急驾驶的基本知识,熟悉车辆维护和常见故障诊断、车辆环保和节约能源的有关知识,具备驾驶要领讲解、驾驶动作示范、指导驾驶的教学能力。具体要求按照行业标准《机动车驾驶培训机构资格条件》(JT/T 433)相关条款的规定执行。驾驶操作教练员总数的90%应当经全国统一考试合格,持有《教练员证》。

③所配备的理论教练员数量应当不少于教学车辆总数的10%;每种车型所配备的相应驾驶操作教练员应当不少于该种车型车辆总数的110%。

(4)有与培训业务相适应的管理人员。管理人员包括理论教学负责人、驾驶操作训练负责人、教学车辆管理人员、结业考核人员和计算机管理人员。具体要求按照行业标准《机动车驾驶培训机构资格条件》(JT/T 433)相关条款的规定执行。

(5)有必要的教学车辆:

①所配备的教学车辆应当符合国家有关技术标准要求,并装有副后视镜、副制动踏板、灭火器及其他安全防护装置。具体要求按照行业标准《机动车驾驶培训机构资格条件》(JT/T 433)相关条款的规定执行。

②从事一级普通机动车驾驶员培训的,应当配备大型客车、通用货车半挂车(牵引车)、城市公交车、中型客车、大型货车、小型汽车(含小型自动挡汽车)、低速汽车(含低速载货汽车、三轮汽车)、摩托车(含普通三轮摩托车、普通二轮摩托车、轻便摩托车)、其他车型(含轮式自行机械车、无轨电车、有轨电车)等九类车型中三种(含三种)以上的车型,所配备的教学车辆不少于50辆,且每种车型的教学车辆不少于5辆;从事二级普通机动车驾驶员培训的,应当配备上述9类车型中的两种车型,所配备的教学车辆不少于20辆,且每种车型的教学车辆不少于5辆;从事三级普通机动车驾驶员培训的,应当配备上述9类车型中的一种车

型,且所配备的教学车辆不少于 10 辆。

(6)有必要的教学设施、设备和场地。

具体要求按照行业标准《机动车驾驶培训机构资格条件》(JT/T 433)相关条款的规定执行。租用教练场地的,还应当持有书面租赁合同和出租方土地使用证明,租赁期限不得少于 3 年。

2. 申请从事道路运输驾驶员从业资格培训业务的条件

(1)具备相应车型的普通机动车驾驶员培训资格。

①从事道路客货运输驾驶员从业资格培训业务的,应当同时具备大型客车、城市公交车、中型客车、小型汽车(含小型自动挡汽车)等四种车型中至少一种车型的普通机动车驾驶员培训资格和通用货车半挂车(牵引车)、大型货车等两种车型中至少一种车型的普通机动车驾驶员培训资格。

②从事危险货物运输驾驶员从业资格培训业务的,应当具备通用货车半挂车(牵引车)、大型货车等两种车型中至少一种车型的普通机动车驾驶员培训资格。

(2)有与培训业务相适应的教学人员。

①从事道路客货运输驾驶员从业资格培训业务的,应当配备 2 名以上教练员。教练员应当具有汽车及相关专业大专以上学历或者汽车及相关专业高级以上技术职称,熟悉道路旅客运输法规、货物运输法规以及机动车维修、货物装卸保管和旅客急救等相关知识,具备相应的授课能力,具有 2 年以上从事普通机动车驾驶员培训的教学经历,且近 2 年无不良的教学记录。教练员总数的 90% 应当经全国统一考试合格,持有《教练员证》。

②从事危险货物运输驾驶员从业资格培训业务的,应当配备 2 名以上教练员。教练员应当具有化工及相关专业大专以上学历或者化工及相关专业高级以上技术职称,熟悉危险货物运输法规、危险化学品特性、包装容器使用方法、职业安全防护和应急救援等知识,具备相应的授课能力,具有 2 年以上化工及相关专业的教学经历,且近 2 年无不良的教学记录。教练员总数的 90% 应当经全国统一考试合格,持有《教练员证》。

(3)有必要的教学设施、设备和场地。

①从事道路客货运输驾驶员从业资格培训业务的,应当配备相应的机动车构造、机动车维护、常见故障诊断和排除、货物装卸保管、医学救护、消防器材等教学设施、设备和专用场地。

②从事危险货物运输驾驶员从业资格培训业务的,还应当同时配备常见危险化学品样本、包装容器、教学挂图、危险化学品实验室等设施、设备和专用场地。

3. 申请从事机动车驾驶员培训教练场经营业务的条件

(1)有与经营业务相适应的教练场地。

(2)有与经营业务相适应的场地设施、设备,办公、教学、生活设施以及维护服务设施。具体要求按照行业标准《机动车教练场地技术要求》(JT/T 434)相关条款的规定执行。

(3)具备相应的安全条件。包括场地封闭设施、训练区隔离设施、安全通道以及消防设施、设备等。具体要求按照行业标准《机动车教练场地技术要求》(JT/T 434)相关条款的规定执行。

(4)有相应的管理人员。包括教练场安全负责人、档案管理人员以及场地设施、设备管理人员。

(5)有健全的安全管理制度。包括安全检查制度、安全责任制度、教学车辆安全管理制度以及突发事件应急预案等。

四、申请机动车驾驶员培训许可需提交的材料

(1)《道路运输行政许可其他事项申请书》。

(2)申请人身份证明及复印件。

(3)经营场所使用权证明或产权证明及复印件。

(4)教练场地使用权证明或产权证明及复印件。

(5)教练场地技术条件说明。

(6)教学车辆技术条件、车型及数量证明。

(7)教学车辆购置证明及复印件。

(8)各类设施、设备清单。

(9)拟聘用人员名册及资格、职称证明及复印件:

①理论教练员总数的80%应当经全国统一考试合格,持有《中华人民共和国机动车驾驶培训教练员证》;

②驾驶操作教练员总数的90%应当经全国统一考试合格,持有《教练员证》;

③所配备的理论教练员数量应当不少于教学车辆总数的10%;

④每种车型所配备的相应驾驶操作教练员应当不少于该种车型车辆总数的110%。

(10)教学、教练员、学员、质量、安全、结业考试和设施设备管理等组织机构,负责人、管理人员、教练员和其他人员的岗位职责。

(11)健全的管理制度。包括安全管理制度、教练员管理制度、学员管理制度、培训质量管理制度、结业考试制度、教学车辆管理制度、教学设施设备管理制度、教练场地管理制度、档案管理制度等。

(12)申请从事普通机动车驾驶员培训业务的,在递交申请材料时,应当同时提供由公安交警部门出具的相关人员安全驾驶经历证明,安全驾驶经历的起算时间自申请材料递交之日起倒计。

五、机动车驾驶员培训许可程序

(1)当事人申请。

(2)形式审查:申请主体是否合格,材料是否齐全并符合法定形式。

(3)作出是否受理决定。

(4)实质审查:条件是否符合;根据许可条件和程序核实申请材料的实质内容。

(5)作出是否许可决定。

(6)准予许可的,颁发《道路运输经营许可证》。

六、机动车驾驶员培训许可办理期限

(1)自受理申请之日起15个工作日内作出许可决定。

(2)自作出准予许可决定之日起10个工作日内颁发、送达《道路运输经营许可证》。

七、机动车驾驶员培训许可其他事项

(1)普通机动车驾驶员培训业务和机动车驾驶员培训教练场经营业务的证件有效期为6年;从事道路运输驾驶员从业资格培训业务的证件有效期为4年。

(2)机动车驾驶员培训许可证件由省级道路运输管理机构统一印制并编号,县级道路运输管理机构按照规定发放和管理。

(3)机动车驾驶员培训机构应当在许可证件有效期届满前30日到作出原许可决定的道路运输管理机构办理换证手续。

(4)机动车驾驶员培训机构变更许可事项的,应当向原作出许可决定的道路运输管理机构提出申请;符合法定条件、标准的,实施机关应当依法办理变更手续。

(5)机动车驾驶员培训机构变更名称、法定代表人等事项的,应当向原作出许可决定的道路运输管理机构备案。

(6)机动车驾驶员培训机构需要终止经营的,应当在终止经营前30日到原作出许可决定的道路运输管理机构办理行政许可注销手续。

八、机动车驾驶员培训许可注意事项

(1)道路运输管理机构对申请的驾驶培训机构进行实质审查时,应指派两名以上的工作人员,出示交通行政执法证件。对现场审查的相关记录,由工作人员和申请人共同签名,注明日期。

(2)对申请的驾驶培训机构完成审查,符合许可条件,在发放《道路运输经营许可证》前,申请人方可购置教学车辆、培训教练员。待办理教练车相关手续、教练员达到规定数量,发放《道路运输经营许可证》。

(3)安全驾驶经历的起算时间自申请材料递交之日起倒计。

(4)申请教练员资格还应向其户籍地或者暂住地省级道路运输管理机构提交《道路运输从业人员管理规定》规定的资料。

九、案例分析

申领《机动车驾驶员培训许可证》的案例

2007 年 11 月 15 日,赵 × 向所在地设区的市级道路运输管理机构提出了申请,要求办理《机动车驾驶员培训许可证》,并提交了规定的相关资料,其中租用的教练场地,租赁期限为 2 年。设区的市级道路运输管理机构受理赵 × 申请,安排一名工作人员对教学设施、设备和场地进行了实质审查,对审查情况进行了记录。

根据审核结果,李 × 所在地的市级道路运输管理机构级道路运输管理机构,于 2007 年 12 月 12 日向李 × 作出了准予许可的决定。

在此案例中,赵 × 所在地的设区的道路运输管理机构在这一行政许可的过程中有 3 处违法行为:

(1)道路运输管理机构对赵 × 提交的申请资料时,没有认真进行审查,因为提供的教练场地的租赁期限只有 2 年,而按照规定教练场地的租赁期限应不得少于 3 年。

(2)道路运输管理机构在对赵 × 申请的机动车驾驶员培训进行实质审查时,只安排一名工作人员,违反了相关规定,依据规定应安排 2 名执法人员。同时对审查的结果没有双方签字,注明日期。

(3)道路运输管理机构自受理申请之日起,没有在 15 个工作日内作出许可决定,超出了规定的许可限期。

第三节　机动车驾驶员培训经营管理

道路运输管理机构应严格执行国家有关法律法规的相关规定,加强驾驶员培训市场经营秩序的监管,维护机动车驾驶员培训机构和学员双方的合法权益,取缔培训市场违法违规经营行为,营造公平、公正的市场竞争环境,促进机动车驾驶员培训市场健康、有序的发展。

一、经营行为管理

机动车驾驶培训机构在经营活动中应遵守以下 4 个方面的相关规定。

(1)公示项目。机动车驾驶员培训机构应当按照经批准的行政许可事项开展培训业务。将机动车驾驶员培训许可证件悬挂在经营场所的醒目位置,公示其经营类别、培训范围、收费项目、收费标准、教练员、教学场地等情况。

(2)依法经营。机动车驾驶员培训机构应当在注册地开展培训业务,不得采取异地培训、恶意压价、欺骗学员等不正当手段开展经营活动,不得允许社会车辆以其名义开展机动车驾驶员培训经营活动。

(3)价格报备。机动车驾驶员培训实行学时制,按照学时合理收取费用。机动车驾驶员培训机构应当将学时收费标准报所在地道路运输管理机构备案。建立学时预约制度,并向社会公布联系电话和预约方式。

(4)相关规定。机动车驾驶员培训机构在道路上进行培训活动,应当遵守公安机关交通管理部门指定的路线和时间,并在教练员随车指导下进行,与教学无关的人员不得乘坐教学车辆。

二、教练车管理

(1)机动车驾驶员培训机构应当使用符合标准并取得牌证、具有统一标识的教学车辆。教学车辆的统一标识由省级道路运输管理机构负责制定,并组织实施。

(2)机动车驾驶员培训机构应当按照国家的有关规定对教学车辆进行定期维护和检测,保持教学车辆性能完好,满足教学和安全行车的要求,并按照国家有关规定及时更新。禁止使用报废的、检测不合格的和其他不符合国家规定的车辆从事机动车驾驶员培训业务。不得随意改变教学车辆的用途。

(3)机动车驾驶员培训机构应当建立教学车辆档案。教学车辆档案主要内容包括:车辆基本情况、维护和检测情况、技术等级记录、行驶里程记录等。教学车辆档案应当保存至车辆报废后 1 年。

(4)机动车驾驶员培训机构应建立包括教练车的使用、维护、检查、检测、更新等制度,教练车应当定期进行二级维护,并每年进行一次技术等级评定。

三、教练员管理

根据交通部《机动车驾驶员培训管理规定》有关教练员的管理规定,机动车驾驶员培训教练员实行资格考试制度,实行考试发证的管理方式,由省级道路运输管理机构具体实施。

(1)机动车驾驶培训教练员资格实行全国统一考试制度。考试每年举行两次。

(2)机动车驾驶培训教练员资格全国统一考试由省级道路运输管理机构按照交通部制定的考试大纲、考试题库、考核标准、考试工作规范和程序组织实施。

(3)省级道路运输管理机构应当向考试合格人员核发《教练员证》。《教练员证》由省级道路运输管理机构统一印制并编号。

(4)《教练员证》的有效期为 6 年。机动车驾驶培训教练员应当在《教练员证》有效期届满前 30 日到原发证机关办理换证手续。

(5)机动车驾驶培训教练员应当按照统一的教学大纲规范施教,并如实填写《教学日志》和《中华人民共和国机动车驾驶员培训记录》。

(6)教练员从事教学活动时,应当随身携带《教练员证》,不得转让、转借《教练员证》。在道路上学习驾驶时,随车指导的教练员应当持有相应的《教练员证》。

(7)动车驾驶员培训机构应当加强对教练员的职业道德教育和驾驶新知识、新技术的再教育，对教练员每年进行至少一周的离岗培训，提高教练员的职业素质。

(8)机动车驾驶员培训机构应当加强对教练员教学情况的监督检查，定期对教练员的教学水平和职业道德进行评议，公布教练员的教学质量排行情况，督促教练员提高教学质量。

(9)省级道路运输管理机构应当制定机动车驾驶培训教练员教学质量信誉考核办法，对机动车驾驶培训教练员实行教学质量信誉考核制度。(教学质量信誉考核内容应当包括教练员的基本情况、教学业绩、教学质量排行情况、参加再教育情况、不良记录等)。

(10)省级道路运输管理机构应当建立教练员档案，使用统一的数据库和管理软件，实行计算机联网管理，并依法向社会公开教练员信息。机动车驾驶培训教练员教学质量信誉考核结果是教练员档案的重要组成部分。

(11)教练员具有下列情形之一的，应当到原发证机关办理有关注销手续：

①提出注销申请的；

②年龄超过60周岁的；

③机动车驾驶证被注销的；

④发生重大以上交通责任事故的。

原发证机关发现有上述情形之一未办理注销手续的，应当公告《教练员证》作废。

四、培训质量管理

机动车驾驶培训机构按照《中华人民共和国机动车驾驶员培训教学大纲》规定的内容和学时进行培训，如实填写《教学日志》、《培训记录》，实行培训阶段性考核，建立《结业证书》发放制度，保证培训质量。

(1)按教学大纲规定进行培训。机动车驾驶员培训机构应当按照《中华人民共和国机动车驾驶员培训教学大纲》进行培训，确保培训质量。学员在培训期间必须按照教学大纲规定完成相应的学习内容，学时安排见表7-1所示。

学时安排表 表7-1

车型或类别	C1 C2	C3 C4	B2	A1 B1	A2	A3	D E F	旅客运输	货物运输
总学时	86	60	96	86	90	98	53	42	42

理论培训时间每天不得超过6个学时，实际操作培训时间每天不得超过4个学时。机动车驾驶员培训机构不严格按照规定进行培训的，由县级以上道路运输管理机构责令改正；拒不改正的，由原许可机关吊销其经营许可。

(2)严格使用教学日志。教学日志作为驾驶员培训的教学过程记录，是确保《中华人民共和国机动车驾驶员培训教学大纲》落实到位的主要手段和载体。《教学日志》对驾驶培训过程起到监督作用：学员明确所要学习的内容和学时，监督教练员的教学行为；教练员按照《中华人民共和国机动车驾驶员培训教学大纲》的规定进行教学，使教学规范化；培训机构管理人员通过《教学日志》检查，评价教练员的教学质量和教学效果，作为教练员的考核依据；道路运输管理机构通过《教学日志》检查，驾校的培训质量，作为签署《培训记录》和考核驾校的依据。教学日志的格式如表7-2所示；培训记录式样，见表7-3所示。

C1、C2/C3、C4 驾驶员培训教学日志　　表7-2

车型：C1、C2/C3、C4
学时：86/60
每学时为1小时

标注："C1C2"者——仅作为C1、C2的教学项目。

培训机构名称：	学员姓名：	车型：

第一阶段　学时：30/28	阶段目标：掌握道路交通法律、法规及道路交通信号的规定；培养安全礼让、文明驾驶的驾驶道德；了解机动车基本知识；了解典型道路、恶劣气象条件下的安全驾驶知识及紧急情况的应急处置知识；掌握正确的伤员急救知识；了解常见危险物品知识；掌握基础的驾驶操作要领。

理论知识学时：26/24	教学项目	教学目标	次数/日期	1/	2/	3/	4/	5/
	1. 道路交通安全法律、法规和规章； 2. 道路交通信号及其含义； 3. 机动车基本知识； 4. 安全行车、文明驾驶知识； 5. 典型道路及恶劣气象条件下的安全驾驶知识； 6. 紧急情况的应急处置知识； 7. 伤员自救、急救及常见危险物品知识	1. 掌握《中华人民共和国道路交通安全法》及相关法规； 2. 掌握各种道路交通信号的含义及规定； 3. 了解机动车基本知识； 4. 掌握安全行车、文明驾驶知识，树立安全意识； 5. 了解典型道路、恶劣气象条件下的安全驾驶知识； 6. 了解紧急情况的应急处置知识； 7. 掌握正确的伤员急救知识，了解常见危险物品知识	教学项目					
			所用学时					
			学员签字					
			教练员评价及签字					

实际操作学时：4/4	教学项目	教学目标
	1. 上、下车及驾驶姿势； 2. 操纵装置的规范操作方法； 3. 行车前的车辆检查与调整； 4. 综合复习及考核	1. 掌握正确的上、下车动作及规范的驾驶姿势； 2. 熟练掌握操纵装置的正确操作方法； 3. 能够严格按照规范步骤做好行车前的车辆检查与调整； 4. 掌握本阶段理论知识及基础规范操作

次数/日期	1/	2/	3/	4/
教学项目				
所用学时				
学员签字				
教练员评价及签字				

第一阶段考核意见： 考核人签字：

中华人民共和国机动车驾驶培训记录　　表7-3

No.

<table>
<tr><td>姓名</td><td></td><td>性别</td><td></td><td>身份证件号码</td><td></td><td>入学时间</td><td></td><td rowspan="3">（照片）</td></tr>
<tr><td>家庭住址</td><td colspan="3"></td><td>联系方式</td><td colspan="3"></td></tr>
<tr><td>申请车型</td><td colspan="7">A1□　A2□　A3□　B1□　B2□　C1□　C2□　C3□　C4□　D□　E□
F□　M□　N□　P□</td></tr>
</table>

科目名称	培训学时	学员签名	教员签名	培训单位意见	道路运输管理机构审核
科目一		年　月　日	年　月　日	（盖章）签名：年　月　日	（盖章）签名：年　月　日
科目二		年　月　日	年　月　日	（盖章）签名：年　月　日	（盖章）签名：年　月　日
科目三		年　月　日	年　月　日	（盖章）签名：年　月　日	（盖章）签名：年　月　日

注：1. 培训记录一式三份，在完成培训和考试所有程序后，培训单位、道路运输管理机构、公安机关交通管理部门车辆管理所各存一份。

2. 在预约科目一、科目二考试时，公安机关交通管理部门车辆管理所查验培训记录后，应将培训记录退还驾校。在预约科目三考试时，公安机关交通管理部门车辆管理所查验培训记录后，应收存归档。

3. 凭培训记录参加考试。按照教学大纲的要求，学员每个阶段学习结束，申请相应科目考试时，需向公安部门提供经交通运管部门审核的培训记录，培训记录一式三份培训单位、道路运输管理机构、公安机关交通管理部门车辆管理所各留存一份，培训记录应存入驾驶人档案。没有培训记录的，公安部门不予受理考试。公安部、交通运输部和农业部联合对机动车驾驶培训记录格式进行统一规定。

4. 实行《结业证书》考核发放制度。机动车驾驶员培训机构应当按照全国统一的教学大纲进行培训。培训结束时，应当向结业人员颁发《机动车驾驶员培训结业证书》。《结业证书》由省级道路运输管理机构按照全国统一式样印制并编号。机动车驾驶培训学员经培训阶段考核和结业考核合格的学员，由培训机构报经运政管理机构审核后，发放结业证书，是学员申请机动车驾驶考试的重要凭证。机动车驾驶员培训机构在培训结业证书发放时弄虚作假的，由县级以上道路运输管理机构责令改正；拒不改正的，由原许可机关吊销其经营许可。

5. 建立学员档案。机动车驾驶员培训机构应当建立学员档案。学员档案主要包括：《学员登记表》、《教学日志》、《培训记录》、《结业证书》复印件等。学员档案保存期不少于4年。

五、机动车驾驶员培训机构培训质量信誉管理

为营造诚实守信的市场环境，规范市场秩序，促进机动车驾驶培训的健康发展，根据《机动车驾驶员培训管理规定》，省级道路运输管理机构应建立机动车驾驶员培训机构质量信誉

管理体系，设立机动车驾驶培训机构驾驶培训质量排行榜，并定期向社会公布，进一步完善机动车驾驶员培训机构考核机制，确保培训质量提高。

道路运输管理部门负责对机动车驾驶培训机构培训质量信誉信息的采集、披露、使用及管理，培训质量信誉管理内容包括：机动车驾驶员培训机构基本信息、培训价格、培训质量、学员1次考试合格率、3年以下驾龄学员违章率、事故率以及学员对机动车驾驶员培训机构满意度等信息。机动车驾驶员培训机构培训质量信誉等级共分A级、AA级和AAA级。

机动车驾驶员培训机构培训质量信誉管理工作，市级道路运输管理部门负责驾校培训质量信誉等级的初审，省级道路运输管理机构负责驾校培训质量信誉等级的发布管理，每年进行1次。机动车驾驶员培训机构达不到相应培训质量信誉等级条件的，予以降级，直至取消其培训质量信誉等级。

六、驾驶员培训机构智能化、规范化管理情况介绍

建立预约培训、结业考试、申请考试、后勤保障、事故处理、投诉受理等工作流程，使基础管理工作逐步做到工作程序化。

依据交通部教学大纲，制定教学实施计划，统一教学要领，教学方法，制定结业考核合格标准，实现教学组织标准化。

加强信息化建设，使培训、考试安排和管理信息实行计算机管理，推动监督管理信息化。

建立文明、廉洁、规范的服务体系，建立预约培训机制，做到培训、考试安排公开、有序，保持整洁舒适的良好环境，促进服务规范化。

建立培训档案管理制度，根据不同类别，分别按照文件档案、台账记录、学员档案、教练员档案、教学车辆档案、教学设施设备和场地档案、信誉档案、安全管理档案等方面归类建档，保证资料真实和查阅。

加强道路交通安全的源头管理，增强市场监督能力，保护当事人的合法权益，提升机动车驾驶员培训机构管理和服务水平。在驾驶培训过程中，实施驾驶员培训智能化管理系统，实现信息数据化、管理智能化、操作便捷化，强化机动车驾驶员培训机构内部管理和对驾驶培训市场的监管，建立和维护公平竞争、规范和谐的驾驶培训市场秩序。

驾驶员培训机构智能化管理系统实现了道路运输管理机构管理和机动车驾驶员培训机构内部管理智能化；机动车驾驶员培训机构和道路运输管理机构对学员培训学时数据的上报与审核，通过驾驶员培训智能化管理系统进行，机动车驾驶员培训机构信息资源与道路运输管理机构互通共享。驾驶员培训智能化管理系统与公安部门机动车驾驶预约考试系统对接，道路运输管理机构对驾校学员培训学时数据审核后，通过网络直接点击给公安驾驶员考试管理部门，从而实现机动车驾驶员培训机构信息资源与道路运输管理机构、公安部门共享。

思考题

1. 简述机动车驾驶员培训管理的基本原则。
2. 机动车驾驶培训机构依据经营项目如何分类?
3. 教练员必须符合什么资格条件?
4. 行政许可的有哪些审查要求和程序?
5. 机动车驾驶员培训《教学日志》的作用是什么?
6. 道路运输驾驶员从业资格培训分为哪3类?

第八章 道路运输从业人员管理

第一节 道路运输从业人员管理概述

一、道路运输从业人员概念

随着经济社会的快速发展，我国道路运输生产规模不断扩大，道路运输业的持续快速发展，为社会公众提供了更为广阔的创业、择业、就业机会的同时，对道路运输从业人员的职业道德、业务能力、经营理念也提出了新的要求和更高标准，全面加强和完善道路运输从业人员资格管理，成为道路运输健康和谐发展的重要保障。

建设全国统一的道路运输市场，维护道路运输市场秩序，营造公平、公正的市场竞争市场环境，促进道路运输行业健康发展，不仅有赖于道路运输车辆装备水平、客货运输站（场）环境、机动车维修技术等硬环境的改善，在很大程度上更取决于道路运输从业人员这一核心支撑力。道路运输从业人员工作在运输生产的第一线，涉及运输生产的各个环节，驾驶员是道路交通安全最基础和最关键的因素，教练员是驾驶员的启蒙老师和安全意识最直接的传播者，维修技术人员是车辆安全性能的维护者，道路运输经理人是督促从业人员守法经营、安全文明从业的最核心人物，其他道路运输从业人员也是道路运输行业文明和行业形象的直接传递者。道路运输从业人员既是道路运输市场的利益主体，也是实践主体，只有发挥道路运输从业人员的主体作用，提高广大道路运输从业人员的综合素质，道路运输行业才能获得不竭的动力和发展源泉。

从业资格是对道路运输从业人员所从事的特定岗位职业素质的基本评价，它包含了4个方面的要素，①职业技能。从业人员不仅要有过硬的实际操作技能，还要有扎实的基础理论知识和相应的心理承受能力；②人员素质。从业人员要具有一定的基础学历和职业道德；③从业经历。对部分岗位的从业人员提出了相应的驾龄和安全驾驶经历的要求；④身体条件。明确了部分岗位的从业人员年龄不超过60周岁条件。

道路运输从业人员管理的主要依据是《中华人民共和国道路运输条例》、《危险化学品安全管理条例》、《道路运输从业人员管理规定》以及《中华人民共和国道路客货运输驾驶员从业资格考试大纲》、《道路危险货物运输从业人员资格条件考试大纲》、《机动车维修从业人员从业资格条件考试大纲》等考试大纲。

二、道路运输从业人员分类

1. 道路运输从业人员分类方法

道路运输从业人员的分类，是按照《中华人民共和国道路运输条例》和《危险化学品安全管理条例》等相关法律、法规的规定，总结多年来对道路运输从业人员管理工作，借鉴了国外对道路运输从业人员管理的成功经验，结合了当前我国道路运输业发展实际和行政管理需要，也是道路运输业行政管理从设备、车辆等硬件管理转向人员素质等软件管理的重要信号。

2. 道路运输从业人员分类

道路运输从业人员包括经营性道路客货运输驾驶员、道路危险货物运输从业人员、机动车维修技术人员、机动车驾驶培训教练员、道路运输经理人和其他道路运输从业人员6类，见表8-1。

道路运输从业人员分类　　表8-1

从业大类	从业小类	管理类别
1. 经营性道路客货运输驾驶员	（1）经营性道路旅客运输驾驶员； （2）经营性道路货物运输驾驶员	许可类
2. 道路危险货物运输从业人员	（1）道路危险货物运输驾驶员； （2）道路危险货物运输装卸管理人员； （3）道路危险货物运输押运员	
3. 机动车维修技术人员	（1）机动车维修技术负责人员； （2）机动车维修质量检验人员； （3）从事机动车机修、电器、钣金、涂漆、车辆技术评估（含检测）作业的技术人员	资格管理类
4. 机动车驾驶培训教练员	（1）理论教练员； （2）驾驶操作教练员； （3）道路客货运输驾驶员从业资格培训教练员； （4）危险货物运输驾驶员从业资格培训教练员	
5. 道路运输经理人	（1）道路客货运输企业的管理人员； （2）道路客货运输站（场）的管理人员； （3）机动车驾驶员培训机构的管理人员； （4）机动车维修企业的管理人员	
6. 其他道路运输从业人员	（1）道路客运乘务员； （2）机动车驾驶员培训机构教学负责人及结业考核人员； （3）机动车维修企业价格结算员及业务接待员	

3. 道路运输从业人员管理类别

（1）行政许可。经营性道路客货运输驾驶员和道路危险货物运输从业人员从业资格是属于行政许可性质的从业资格，即取得相应的从业资格方能从事相应的道路运输活动，否则属于违法行为,要依法承担违法的法律责任。

经营性道路客货运输驾驶员不同于普通驾驶员,他们在运输生产第一线为旅客和货主服务,其素质直接关系到国家和人民的生命、财产安全,关系到运输服务质量。危险货物具有爆炸、易燃、毒害、腐蚀、放射性等危害,在运输、装卸过程中稍有不慎,便可能造成人员伤亡、财产损失和环境污染,其行业的特殊性,就决定了不管是经营性还是非经营性的,其从业人员从业资格必须纳入行政许可管理范畴。

(2)资格管理。机动车维修技术人员、机动车驾驶培训教练员等道路运输从业人员取得的从业资格不属于具有行政许可性质的从业资格,即从事机动车维修、机动车驾驶培训等工作的个人而言,其是否取得相应的从业资格并不是决定其能否从业的先决条件,但对于聘用其工作的经营者而言,经营者拥有符合规定比例的取得相应从业资格的从业人员是获得经营许可的必要条件之一。

第二节　道路运输从业人员从业资格许可

一、道路运输从业人员从业资格许可依据

(1)道路客货运输经营驾驶人员从业资格:《中华人民共和国道路运输条例》第九条、第二十三条;

第九条　从事客运经营的驾驶人员,应当符合下列条件:

(一)取得相应的机动车驾驶证;

(二)年龄不超过60周岁;

(三)3年内无重大以上交通责任事故记录;

(四)经设区的市级道路运输管理机构对有关客运法律法规、机动车维修和旅客急救基本知识考试合格。

第二十三条　从事货运经营的驾驶人员,应当符合下列条件:

(一)取得相应的机动车驾驶证;

(二)年龄不超过60周岁;

(三)经设区的市级道路运输管理机构对有关货运法律法规、机动车维修和货物装载保管基本知识考试合格。

(2)道路危险货物运输驾驶、装卸管理、押运人员从业资格:《中华人民共和国危险化学品安全管理条例》第五条、《中华人民共和国道路运输条例》第二十四条。

第五条　对危险化学品的生产、经营、储存、运输、使用和对废弃危险化学品处置实施监督管理的有关部门,依照下列规定履行职责:

（一）国务院经济贸易综合管理部门和省、自治区、直辖市人民政府经济贸易管理部门，依照本条例的规定，负责危险化学品安全监督管理综合工作，负责危险化学品生产、储存企业设立及其改建、扩建的审查，负责危险化学品包装物、容器（包括用于运输工具的槽罐，下同）专业生产企业的审查和定点，负责危险化学品经营许可证的发放，负责国内危险化学品的登记，负责危险化学品事故应急救援的组织和协调，并负责前述事项的监督检查；设区的市级人民政府和县级人民政府的负责危险化学品安全监督管理综合工作的部门，由各该级人民政府确定，依照本条例的规定履行职责。

（二）公安部门负责危险化学品的公共安全管理，负责发放剧毒化学品购买凭证和准购证，负责审查核发剧毒化学品道路运输通行证，对危险化学品道路运输安全实施监督，并负责前述事项的监督检查。

（三）质检部门负责发放危险化学品及其包装物、容器的生产许可证，负责对危险化学品包装物、容器的产品质量实施监督，并负责前述事项的监督检查。

（四）环境保护部门负责废弃危险化学品处置的监督管理，负责调查重大危险化学品污染事故和生态破坏事件，负责有毒化学品事故现场的应急监测和进口危险化学品的登记，并负责前述事项的监督检查。

（五）铁路、民航部门负责危险化学品铁路、航空运输和危险化学品铁路、民航运输单位及其运输工具的安全管理及监督检查。交通部门负责危险化学品道路、水路运输单位及其运输工具的安全管理，对危险化学品水路运输安全实施监督，负责危险化学品道路、水路运输单位、驾驶人员、船员、装卸人员和押运人员的资质认定，并负责前述事项的监督检查。

（六）卫生行政部门负责危险化学品的毒性鉴定和危险化学品事故伤亡人员的医疗救护工作。

（七）工商行政管理部门依据有关部门的批准、许可文件，核发危险化学品生产、经营、储存、运输单位营业执照，并监督管理危险化学品市场经营活动。

（八）邮政部门负责邮寄危险化学品的监督检查。

第二十四条　申请从事危险货物运输经营的，还应当具备下列条件：

（一）有5辆以上经检测合格的危险货物运输专用车辆、设备；

（二）有经所在地设区的市级人民政府交通主管部门考试合格，取得上岗资格证的驾驶人员、装卸管理人员、押运人员；

（三）危险货物运输专用车辆配有必要的通讯工具；

（四）有健全的安全生产管理制度。

二、道路运输从业人员从业资格许可主体

（1）道路客货运输经营驾驶人员从业资格：户籍地或者暂住地设区的市级道路运输管理机构；

(2)道路危险货物运输驾驶、装卸管理、押运人员从业资格:户籍地或者暂住地设区的市级交通主管部门。

三、道路运输从业人员从业资格许可条件

(1)申请道路旅客经营的驾驶人员从业资格的条件:

①取得相应的机动车驾驶证1年以上;

②年龄不超过60周岁;

③公安机关交通管理部门出具的3年内无重大以上交通责任事故记录(交通责任事故是指驾驶人员负同等或者以上责任的交通事故。);

④经设区的市级道路运输管理机构对有关道路旅客运输法律法规、机动车维修和旅客急救基本知识考试合格。

(2)申请道路货运经营的驾驶人员从业资格的条件:

①取得相应的机动车驾驶证;

②年龄不超过60周岁;

③经设区的市级道路运输管理机构对有关道路货物运输法规、机动车维修和货物装载保管基本知识考试合格。

(3)申请道路危险货物运输的驾驶人员从业资格的条件:

①取得相应的机动车驾驶证;

②年龄不超过60周岁;

③公安机关交通管理部门出具的3年内无重大以上交通责任事故记录(交通责任事故是指驾驶人员负同等或者以上责任的交通事故);

④取得道路旅客运输或货物运输驾驶员从业资格2年以上;

⑤接受道路危险货物运输法律法规、规章和安全知识、专业技术、职业卫生防护和应急救援知识的培训,取得培训证明,并经设区的市交通主管部门考试合格。

(4)申请道路危险货物运输的装卸管理、押运人员从业资格的条件:

①年龄不超过60周岁,并具有初中以上学历;

②接受道路危险货物运输法律法规、规章和安全知识、专业技术、职业卫生防护和应急救援知识的培训,取得培训证明,并经设区的市交通主管部门考试合格。

四、道路运输从业人员从业资格许可提交材料目录

(1)申请经营性道路旅客运输驾驶员从业资格证需提交的材料:

①《经营性道路客货运输驾驶员从业资格考试申请表》;

②机动车驾驶证原件及复印件;

③身份证原件及复印件;

④户籍证明或者暂住证明原件、复印件；

⑤经设区的市级道路运输管理机构组织考试的合格证明；

⑥由户籍地或者暂住地县级以上公安机关交通管理部门出具的3年内无重大以上交通责任事故记录证明。

(2)申请经营性道路货物运输驾驶员从业资格证需提交的材料：

①《经营性道路客货运输驾驶员从业资格考试申请表》；

②机动车驾驶证原件及复印件；

③身份证原件及复印件；

④户籍证明或者暂住证明原件、复印件；

⑤经设区的市级道路运输管理机构组织考试的合格证明；

(3)申请道路危险货物运输驾驶人员从业资格证需提交的材料：

①《道路危险货物运输从业人员从业资格考试申请表》申请表；

②身份证明原件、复印件；

③户籍证明或者暂住证明原件、复印件；

④参加道路危险货物运输法律法规、规章和安全知识、专业技术、职业卫生防护和应急救援知识的培训的证明及复印件；

⑤机动车驾驶证原件、复印件；

⑥公安机关交通管理部门出具的3年内无重大以上交通责任事故的证明；

⑦具有道路旅客或者道路货物运输驾驶员从业资格的《从业资格证》原件、复印件；

⑧经设区的市交通主管部门组织考试的合格证明。

(4)申请道路危险货物运输的装卸管理、押运人员从业资格证需提交的材料：

①《道路危险货物运输从业人员从业资格考试申请表》申请表；

②身份证明原件、复印件；

③户籍证明或者暂住证明原件、复印件；

④参加道路危险货物运输法律法规、规章和安全知识、专业技术、职业卫生防护和应急救援知识的培训的证明及复印件；

⑤学历证明原件及复印件；

⑥经设区的市交通主管部门组织考试的合格证明。

五、道路运输从业人员从业资格许可程序

(1)当事人申请；

(2)审查：申请主体是否适格，材料是否齐全，是否符合法定条件，符合法定条件的，当场作出许可决定；

审查注意事项：①相关证件及证明的姓名、证号、有效期等信息是否清晰、有效和相互应

证一致;②复印件是否清晰并与原件一致;③考试申请表填写是否完整、正确;④申请材料存在可以当场更正的错误的,允许申请人当场更正,申请材料不齐全或不符合法定形式的,当场或在5日内一次告知申请人需要补正的全部内容。

(3)准予许可的,颁发从业资格证。

从业人员从业资格许可流程,见表8-2所示。

从业资格许可流程表　　表8-2

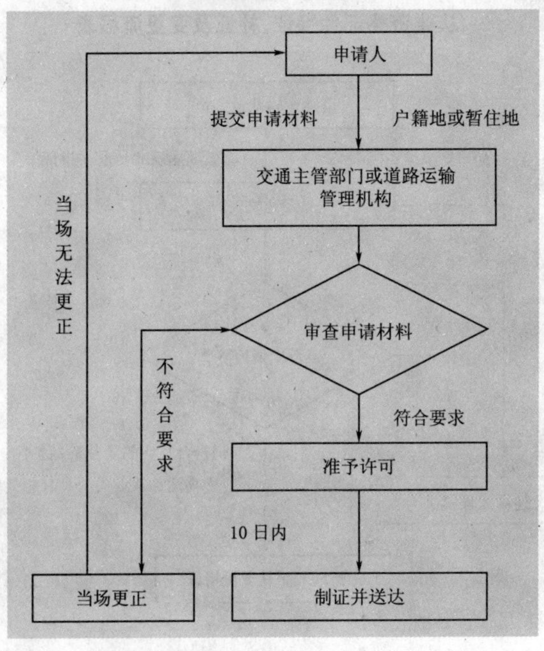

六、道路运输从业人员从业资格许可办理期限

能够当场作出许可决定的,当场作出许可决定;除可以当场作出许可决定的外,自受理申请之日起20个工作日作出许可决定,自作出准予许可决定之日起10个工作日内颁发、送达从业资格证。

七、道路运输从业人员从业资格许可注意事项

1. 从业资格证件使用范围及有效期

道路运输从业人员从业资格证件全国通用。从业资格证件有效期为6年。

全国各级交通主管部门和道路运输管理机构,对本行政区域外的道路运输从业资格证件查验其合法性有效后,应准予其在本行政区域内从事道路运输经营活动,不得故意阻挠、拒绝本行政区域外的从业资格证件持有人从事合法的道路运输经营活动。

2. 从业资格证件印制与编号

从业资格证件的印制与编号由交通运输部统一负责,具体工作委托交通专业人员资格

评价中心负责。

3. 申请增加从业资格类别

已获得从业资格证件的人员需要增加从业资格类别的，应当根据需增加的从业资格类别在原发证机关的行政区域向有权作出相应确定的交通主管部门或道路运输管理机构提出申请，由交通主管部门或道路运输管理机构按照道路运输从业人员从业资格许可管理要求进行从业资格证件换证，补证及变更流程表，见表8-3。

从业资格证件换证、补证及变更流程表　　表8-3

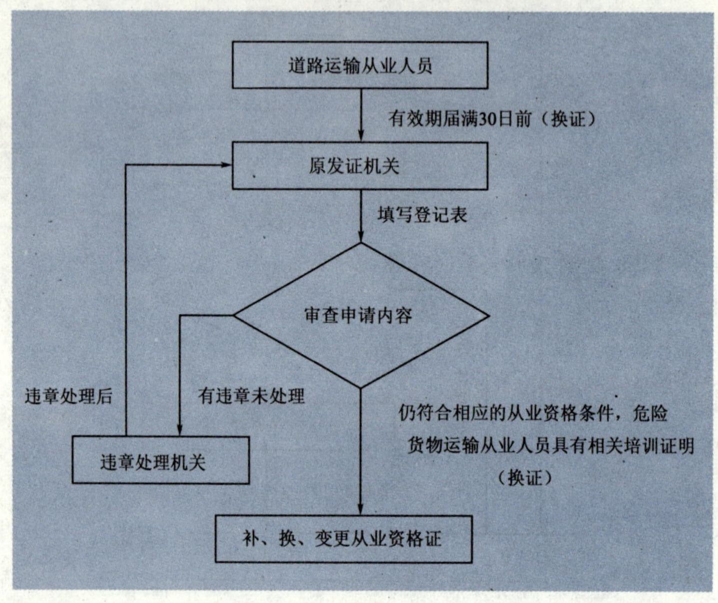

4. 从业资格证件换证

道路运输从业人员应当自从业资格证件有效期届满30日前到原发证机关办理换证手续。申请人持填写《道路运输从业人员资格证件换发、补发、变更登记表》、即将到期的从业资格证件等资料，对于有效期届满后申请换证的申请人，仍符合相应的从业资格条件，违反相关规定已经接受处罚，且没有注销、吊销等情形的，交通主管部门和道路运输管理机构应当及时予以办理，不得重新组织考试。对于道路危险货物运输从业人员，在换证时交通主管部门或道路运输管理机构应当查验其参加相关培训的证明。

5. 从业资格证件补办

道路运输从业人员从业资格证件遗失、毁损的，由申请人填写《道路运输从业人员资格证件换发、补发、变更登记表》，向原发证机关办理证件补办手续。交通主管部门或道路运输管理机应当认真查验其填写内容的真实性和有效性，对仍符合相应的从业资格条件，违反相关规定已经接受处罚，且没有注销、吊销等情形的，应当及时予以办理从业资格证件补办手续。

6. 从业资格证件变更

道路运输从业人员从业资格证件变更事项包括服务单位变更、从业人员基本信息的变更等，申请人持填写《道路运输从业人员资格证件换发、补发、变更登记表》以及相应的材料，向原发证机关办理证件变更手续。交通主管部门或道路运输管理机应针对不同的变更事项要求其提供相应的资料，并认真查验其填写内容的真实性和有效性，对仍符合相应的从业资格条件，违反相关规定已经接受处罚，且没有注销、吊销等情形的，应当及时予以办理从业资格证件变更手续。

道路运输从业人员从业资格档案应当由原发证机关在变更手续办结后30日内移交户籍迁入地或者现居住地的交通主管部门或者道路运输管理机构。

7. 从业资格证件注销

道路运输从业人员有下列情形之一的，由发证机关注销其从业资格证件：

(1)持证人死亡的。

(2)持证人申请注销的。

(3)经营性道路客货运输驾驶员、道路危险货物运输从业人员、机动车驾驶培训教练员年龄超过60周岁的。

(4)经营性道路客货运输驾驶员、道路危险货物运输驾驶员、机动车维修经营质量检验人员、机动车驾驶培训教练员的机动车驾驶证被注销或者被吊销的。

(5)超过从业资格证件有效期180日未申请换证的。

凡被注销的从业资格证件，应当由发证机关予以收回，公告作废并登记归档；无法收回的，从业资格证件自行作废。

8. 违章记录

交通主管部门和道路运输管理机构应当将道路运输从业人员的违章行为记录在《中华人民共和国道路运输从业人员从业资格证》的违章记录栏内，并通报发证机关。发证机关应当将该记录作为道路运输从业人员诚信考核和计分考核的依据，并存入管理档案。机动车驾驶培训教练员违章记录直接记入教练员档案，并作为诚信考核的重要内容。

9. 从业资格档案

(1)建立从业资格档案目的。从业人员从业资格管理档案是道路运输从业人员从业资格管理的一个重要组成部分，是管理部门依法管理的原始凭证，是实现高效有序监管的基础保障。因此，交通主管部门或者道路运输管理机构应当建立道路运输从业人员从业资格管理档案。

(2)从业资格管理档案内容。从业资格管理档案内容包括从业资格考试申请材料，从业资格考试及从业资格证件记录，从业资格证件换发、补发、变更记录，违章、事故及诚信考核、继续教育记录等。

10. 提供查询服务

道路运输市场变化比较大，从业人员流动也比较频繁，交通主管部门或道路运输管理机构应当建立健全道路运输从业人员除个人隐私以外最新的相关查询系统。查询服务可以采用网络、电话、查询服务台等形式提供包括从业人员姓名、服务单位、经营单位、经营范围、持证时间、诚信等级、证件有效期和从业资格证件编号等。

八、案例分析

1. 道路危险品运输驾驶人员从业资格许可

(1)案情简介。2008 年 6 月 3 日,李某申请道路危险货物运输驾驶员从业资格证,提交材料如下:

①《道路危险货物运输从业人员从业资格考试申请表》;

②身份证明原件、复印件;

③户籍证明或者暂住证明原件、复印件;

④参加道路危险货物运输法律法规、规章和安全知识、专业技术、职业卫生防护和应急救援知识的培训的证明及复印件;

⑤机动车驾驶证原件、复印件;

⑥公安机关交通管理部门出具的 3 年内无重大以上交通责任事故的证明;

⑦具有道路旅客或者道路货物运输驾驶员从业资格的《从业资格证》原件、复印件;

⑧经设区的市交通主管部门组织考试的合格证明。

材料审核情况:相关证件的复印件清晰,并与原件一致;证件姓名,性别等信息相互一致,40 周岁;培训证明和考试证明符合要求;驾驶证初领日期为 2008 年 1 月 15 日,从业资格证只有道路货物运输从业资格,初领日期为 2004 年 3 月 1 日;从业资格档案申请道路货物运输从业资格驾驶证复印件初领日期为 2003 年 9 月 1 日。审核人员认为申请主体合格,材料齐全,但不符合法定条件,当场作出不予许可的决定。

(2)行政复议过程。申请人对不予许可的决定不服,于 2008 年 6 月 9 日向省交通主管部门申请了行政复议,申请人认为:2004 年 3 月 1 日取得道路货物运输从业资格,至今已满 2 年,应该符合道路危险货物运输驾驶人员从业资格申请。

省交通主管部门对申请人的申请材料进行核实,维持了市交通主管部门不予许可的决定。

(3)案例评析。

①要点掌握。道路运输驾驶员驾驶证被注销或者被吊销,相应的从业资格证是否需要注销?

②学理分析。《道路运输从业人员管理规定》(交通运输部 2006 年第 9 号部令)第三十五条规定,发证机关注销从业资格证件情形之一为,经营性道路客货运输驾驶员的机动车驾驶证被注销或者被吊销的。在审核从业资格证件时,应审核所对应的驾驶证件的有效性等情况。

(4)结论。

李×2004年3月1日领取道路货物运输从业资格证后,驾驶证因某种原因被注销或者吊销,没有到发证机关申请注销相应的从业资格证件,经重新考试后,于2008年1月15日取得新的汽车驾驶证。李×2004年3月1日取得的道路货物运输驾驶人员从业资格证件应注销,即李某不具备申请道路危险货物运输驾驶人员从业资格条件。

2. 申请经营性道路货物运输驾驶人员从业资格证

(1)案情简介。2008年5月15日,王×向户口所在地设区的市级道路运输管理机构申请经营性道路货物运输驾驶人员从业资格,并提交了驾驶证原件与复印件(准驾车型:B2,有效期至2010年5月),身份证原件与复印件(出生日期:1947年6月20日),户口所在地,设区的市级道路运输机构出具的道路货物运输驾驶人员理论考试合格证明(考试合格日期:2007年3月15日)和应用能力考试合格证明(考试合格日期:2008年5月12日),受理人员受理并对材料进行了审核,认为申请主体合格,材料齐全,符合法定条件,当场作出了准予许可的决定。

(2)案例评析:

①要点掌握。道路运输货物运输驾驶员从业资格条件中身体素质的要求?和道路运输从业人员考试成绩有效期是多长时间?

②学理分析。《中华人民共和国道路运输条例》第二十三条规定从事货运经营的驾驶人员,应当符合下列条件:取得相应的机动车驾驶证;年龄不超过60周岁;经设区的市级道路运输管理机构对有关货运法律法规、机动车维修和货物装载保管基本知识考试合格。《道路运输从业人员管理规定》(交通运输部2006年第9号令)第二十二条规定道路运输从业人员从业资格考试成绩有效期为1年,考试成绩逾期作废。

(3)结论。

本案王×提交的材料,身份证上的出生日期为1947年6月20日,已超过了60周岁,且理论考试合格证明上的考试合格日期为2007年3月15日,因超过了1年而作废,因此王×不符合经营性道路货物运输驾驶人员从业资格的申请条件,不能给予行政许可。

第三节　道路运输从业人员从业资格考试管理

国家对道路运输从业人员管理实行从业资格考试制度,经营性道路客货运输驾驶员和道路危险货物运输从业人员必须取得相应从业资格,方可从事相应的道路运输活动。机动车维修技术人员、机动车驾驶培训教练员取得从业资格的比例分别是相关经营者依法获取机动车维修和机动车驾驶员培训经营许可的必要条件之一,从业资格考试应当按照《道路运输从业人员管理规定》(交通运输部2006年第9号令)和交通运输部编制的考试大纲、考试题库、考核标准、考试工作规范和程序组织实施。

组织从业人员考试，应当事先公布报名条件、报考办法、考试科目以及考试大纲。

一、从业资格考试流程

从业资格考试流程，见表8-4所示。

从业资格考试工作流程表　　表8-4

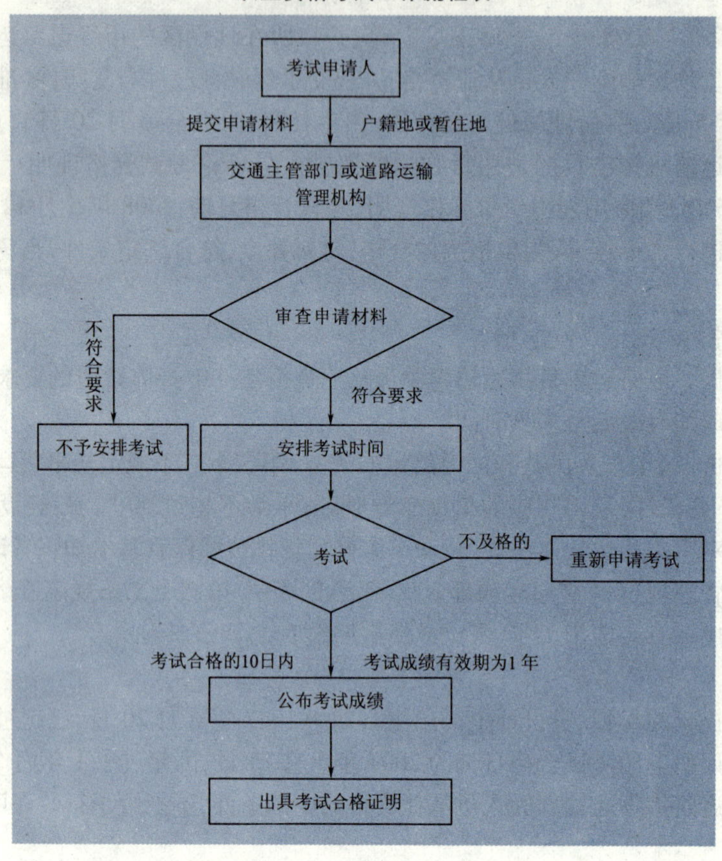

二、从业资格考试申请

1.机动车维修技术负责人员从业资格考试申请的受理

设区的市级道路运输管理机构受理户籍地或者暂住地在本辖区内的机动车维修技术负责人员从业资格考试的申请，并对申请人提供的材料进行审查。

(1)申请机动车维修技术负责人员从业资格考试的条件：

具有机动车维修或者相关专业大专以上学历，或者具有机动车维修或相关专业中级以上专业技术职称。

(2)申请机动车维修技术负责人员从业资格考试需提交的材料:

①《机动车维修技术人员从业资格考试申请表》;

②身份证原件及复印件;

③学历证明或者技术职称证明原件及复印件;

④户籍证明或者暂住证明原件、复印件。

2. 机动车维修质量检验人员从业资格考试申请的受理

设区的市级道路运输管理机构受理户籍地或者暂住地在本辖区内的机动车维修质量检验人员从业资格考试的申请,并对申请人提供的材料进行审查。

(1)申请机动车维修质量负责人员从业资格考试的条件:

具有高中以上学历和相应的维修工作经历。

(2)申请机动车维修质量检验人员从业资格考试需提交的材料:

①《机动车维修技术人员从业资格考试申请表》;

②身份证原件及复印件;

③学历证明原件及复印件;

④户籍证明或者暂住证明原件、复印件;

⑤机动车驾驶证原件及复印件;

⑥维修技术工作经历证明原件及复印件。

3. 机动车机修、电器、钣金、涂漆、车辆技术评估(含检测)作业的技术人员从业资格考试申请的受理

设区的市级道路运输管理机构受理户籍地或者暂住地在本辖区内的机动车机修、电器、钣金、涂漆、车辆技术评估(含检测)作业的技术人员从业资格考试的申请,并对申请人提供的材料进行审查。

(1)申请机动车机修、电器、钣金、涂漆、车辆技术评估(含检测)作业的技术人员从业资格考试的条件:

具有初中以上学历和相应的从业经历。

(2)申请机动车机修、电器、钣金、涂漆、车辆技术评估(含检测)作业的技术人员从业资格考试需提交的材料:

①《机动车维修技术人员从业资格考试申请表》;

②身份证原件及复印件;

③学历证明原件及复印件;

④户籍证明或者暂住证明原件、复印件。

⑤从业经历证明原件及复印件。

4. 机动车驾驶培训理论教练员从业资格考试申请的受理

省级道路运输管理机构受理户籍地或者暂住地在本辖区内的机动车驾驶培训理论教练

员从业资格考试的申请，并对申请人提供的材料进行审查。

(1)申请机动车驾驶培训理论教练员从业资格考试的条件：

①取得相应的机动车驾驶证，具有2年以上安全驾驶经历；

②年龄不超过60周岁。

③具有汽车及相关专业中专以上学历或者汽车及相关专业中级以上技术职称。

(2)申请机动车驾驶培训理论教练员从业资格考试需提交的材料：

①《机动车驾驶培训教练员从业资格考试申请表》；

②身份证及复印件；

③户籍证明或者暂住证明原件、复印件；

④机动车驾驶证原件及复印件；

⑤学历证明或者技术职称证明原件及复印件。

5. 机动车驾驶培训操作教练员从业资格考试申请的受理

省级道路运输管理机构受理户籍地或者暂住地在本辖区内的机动车驾驶培训操作教练员从业资格考试的申请，并对申请人提供的材料进行审查。

(1)申请机动车驾驶培训操作教练员从业资格考试的条件：

①取得相应的机动车驾驶证，具有2年以上安全驾驶经历；

②年龄不超过60周岁。

③具有汽车及相关专业中专以上学历或者汽车及相关专业中级以上技术职称。

(2)申请机动车驾驶培训操作教练员从业资格考试需提交的材料：

①《机动车驾驶培训教练员从业资格考试申请表》；

②身份证原件及复印件；

③户籍证明或者暂住证明原件、复印件；

④机动车驾驶证原件及复印件；

⑤学历证明或者技术职称证明原件及复印件；

⑥安全驾驶经历证明；

⑦相应车型驾驶经历证明。

6. 道路客货运输驾驶员从业资格培训教练员从业资格考试申请的受理

省级道路运输管理机构受理户籍地或者暂住地在本辖区内的道路客货运输驾驶员从业资格培训教练员从业资格考试的申请，并对申请人提供的材料进行审查。

(1)申请道路客货运输驾驶员从业资格培训教练员从业资格考试的条件：

①具有汽车及相关专业大专以上学历或者汽车及相关专业高级以上技术职称；

②具有2年以上从事普通机动车驾驶员培训的教学经历，且近2年无不良的教学记录。

(2)申请道路客货运输驾驶员从业资格培训教练员从业资格考试需提交的材料：

①《机动车驾驶培训教练员从业资格考试申请表》;

②身份证原件及复印件;

③户籍证明或者暂住证明原件、复印件;

④学历证明或者技术职称证明原件及复印件;

⑤从事普通机动车驾驶员培训的教学经历证明。

7. 危险货物运输驾驶员从业资格培训教练员从业资格考试申请的受理

省级道路运输管理机构受理户籍地或者暂住地在本辖区内的危险货物运输驾驶员从业资格培训教练员从业资格考试的申请,并对申请人提供的材料进行审查。

(1)申请危险货物运输驾驶员从业资格培训教练员从业资格考试的条件:

①具有化工及相关专业大专以上学历或者化工及相关专业高级以上技术职称;

②具有2年以上化工及相关专业的教学经历,且近2年无不良的教学记录。

(2)申请危险货物运输驾驶员从业资格培训教练员从业资格考试需提交的材料:

①《机动车驾驶培训教练员从业资格考试申请表》;

②身份证原件及复印件;

③户籍证明或者暂住证明原件、复印件;

④学历证明或者技术职称证明原件及复印件;

⑤从事化工及相关专业的教学经历证明。

8. 道路运输经理人和其他道路运输人员从业资格考试申请的受理

申请道路运输经理人和其他道路运输人员从业资格考试的条件和需提交的材料,由省级道路运输管理机构规定。

对审查符合道路运输从业人员考试申请,受理申请人申请材料后,制作道路运输从业人员从业资格准考证,发给申请人后,将申请材料传递给制证部门,参加从业资格考试名单传递给考试部门。

三、从业资格考试的组织与安排

1. 考试权限和考试时间

考试权限和考试时间,如表8-5所示。

考试权限和考试时间表　　表8-5

从业资格	考试部门	考试时间
经营性道路客货运输驾驶员	设区的市级道路运输管理机构	每月组织一次
道路危险货物运输从业人员	设区的市级人民政府交通主管部门	每季度组织一次
机动车维修技术人员	设区的市级道路运输管理机构	每季度组织一次
道路运输经理人和机动车驾驶培训教练员	省级道路运输管理机构	每年组织两次
其他道路运输从业人员	省级道路运输管理机构确定	

2. 考试依据

(1)《中华人民共和国道路客货运输驾驶员从业资格考试大纲》。

(2)《道路危险货物运输从业人员资格考试大纲(试行)》。

(3)《中华人民共和国机动车维修技术人员从业资格考试大纲》。

(4)《中华人民共和国机动车驾驶培训教练员从业资格考试大纲》。

四、考试成绩公布及有效期

每个科目的考试成绩必须有两名考核员签字确认,考试成绩在考试结束10日内公布,科目考试成绩有效期为1年。

考试合格的,发给相应类别考试合格证明。并将从业资格考试记录传递给从业资格证制证部门。

思考题

1. 道路运输从业人员包括哪几类人员?
2. 行政许可类的道路运输从业人员从业资格包括哪此内容?
3. 申请道路旅客经营的驾驶人员从业资格条件是什么?
4. 申请道路危险货物运输驾驶人员从业资格证需提交哪些材料?
5. 道路运输从业人员有哪些情形的,由发证机关注销其从业资格证件?
6. 从业资格管理档案包括哪些内容?

第九章 道路水路运输行业统计

第一节 道路水路运输行业统计概述

道路水路运输行业统计是运输管理机构运用数量观察手段,对管理对象进行调查研究,以数字资料综合反映道路水路运输市场的发展运行情况和交通运政管理情况,揭示运输市场的特征和发展变化的规律所进行的一种统计工作。道路水路运输行业统计作为道路水路运输经济现象的一种调查活动,是社会经济统计的重要组成部分,是对道路水路运输业实行科学管理的重要工具。

一、道路水路运输行业统计的概念及意义

搞好道路水路运输行业统计,使运输管理机构能够及时、准确地掌握道路水路运输的发展规模、布局、经济成分和发展变化趋势,为宏观调控、制定政策提供决定依据,提高日常管理的工作效率。其重要意义可以概括为:

1. 提供指导道路水路运输行业发展的依据

通过道路水路运输行业统计,可以准确地反映道路水路运输行业经济运行的状况和动态,及时提供全行业经济和技术发展信息,为指导道路水路运输行业的发展,加强宏观调控,提供可靠的依据。

2. 提供制订和执行交通运政管理方针、政策、法规的依据

通过对道路水路运输行业统计所提供的数据和资料作定量、定性的分析,可以比较全面地了解道路水路运输行业发展的方向、速度和规模,认识道路水路运输行业发展的规律,正确地制定指导道路水路运输行业发展的方针、政策和法规。

3. 提供制订道路水路运输行业规划和年度计划的依据

通过道路水路运输行业统计,可以为道路水路运输行业规划和年度经济计划提供过去和现在的数据和分析资料,并可以了解和监督道路水路运输行业规划的实施。

4. 为运输管理的现代化和科学化打下基础

提高运输管理水平的途径在于实现管理的现代化、科学化。而现代化管理,要求尽可能

地扩大定量分析的范围，才能为采用现代化管理技术创造条件，扩大电子信息处理技术的应用范围和效能，提高信息处理的技术水平。实现这一目标的基础则是加强和完善道路水路运输行业统计。

5. 开辟交流信息，提供咨询的途径

道路水路运输行业统计是重要信息来源之一。通过对统计数据的分析、收集和整理，得到有价值的运力、运量、效率、效益、技术发展等方面的信息，以便扩大信息交流，提供有效的咨询服务。

二、道路水路运输行业统计的特点

1. 系统性

道路水路运输行业统计数据包括了道路水路运输行业各分支、各层次、各阶段的情况，所以它具有系统性、全面性、整体性的优点，反映了道路水路运输行业的全貌和本质，较少片面性。

2. 关联性

道路水路运输行业统计指标之间具有关联性。掌握这些关联性，有利于实现运力和运量的总体平衡。

3. 综合性

道路水路运输行业统计是道路水路运输行业经济的综合反映，是商品流通速度、费用在道路水路运输中的反映。通过这种综合分析，可以比较行业内部各种生产方式、经营效益的优劣，从而提供指导道路水路运输行业发展的方法。

三、道路水路运输行业统计的原则

1. 真实性原则

统计数据的真实性是统计工作的生命。统计的数据必须是实事求是，符合客观实际，正确反映事物的真实记录，杜绝虚报、瞒报等不正之风。统计数据是否能达到真实可靠。除人为因素外，还有可能是由于统计方法不科学、统计工作中的疏忽遗漏、计算错误等原因造成。所以，必须保证统计数据的真实性。

2. 统一性原则

作为反映客观事物真实情况的道路水路运输行业统计工作，各运输管理基层单位必须遵循上级业务部门的统一要求，按规定口径从事统计记录工作，只有每个基层单位都严格按照统一的规定，才能保证各级统计资料汇总的真实性，便于统计归纳和统计分析。道路水路运输行业统计工作中，有关统计范围、统计指标、统计方法、计算程序、计量单位、计算口径、报表形式和报送时间等，都服从交通部的统一规定；各省、市、自治区对部颁统一规定之外的补充要求，不能与部颁规定相抵触；各运输管理基层单位自行拟订的内部考核指标和统计数据必须遵守上级业务部门的统一要求,未经批准不得任意变动。下级制定的补充要求,不能与上级规定相抵触。只有这样,才能保证各级统计资料汇总的真实性。

3. 群众性原则

统计数据的来源是广大运输业户生产经营活动的原始记录,以及基层运输管理机构的有关情况。所以,广大运输、经营者和基层运输管理机构对原始记录的重视,是保证统计数据真实可信的关键问题。尤其是在运输市场放开、搞活的今天,坚持这一原则更显重要。

四、统计法简介

1. 统计法的概念

何谓统计法?根据法的本质和基本特征及其对统计活动进行法律规范的特点,统计法是调整统计部门在组织、管理统计工作和进行统计活动过程中与其他相关方面发生的社会关系的行为规范的总称,它是由国家制定和认可的人们进行统计活动的行为准则。具体地说,统计法规定了统计部门与其他国家机关、社会团体、企业事业组织、个体工商户及公民在统计活动、统计管理工作中所形成的社会关系,包括统计行政机关的职权、职责;统计调查者与统计调查对象的权利、义务;违反统计法的规定或不履行职责、义务应承担的法律责任等。

统计法是对统计活动的法律规范,区别于其他部门法规,它具有两个突出的特点:

(1)统计法的调整对象具有特殊性。统计法所调整的对象,是统计部门在组织管理统计工作和进行统计活动过程中与其他相关方面发生的社会关系。由于统计工作覆盖面广。涉及社会生活的各个领域,国家机关、社会团体、企业事业组织、个体工商户、公民,都是统计活动的参加者,都可能成为统计法律关系的主体。统计法所调整的社会关系主要包括以下四个方面:①各级人民政府统计机构上下级之间及统计机构与其工作人员之间的关系;②各级人民政府统计机构与同级业务主管部门统计机构之间的关系;③统计调查者与统计调查对象之间的关系;④统计机构在提供统计信息、进行统计咨询、实行统计监督的过程中,与其他机关、企业事业组织及公民之间形成的协作、服务、监督关系。统计法所调整对象的特殊性,决定了它与其他部门法有着明显区别。例如,会计法以人们在财务会计活动中所形成的社会关系为调整对象,金融法以人们在货币流通和使用活动中所发生的社会关系为调整对象;而统计法则是以人们在统计活动中所形成的社会关系为调整对象。

(2)统计法的规范内容具有较强的专业性。统计法的专业性,是指统计法体系中包含着大量的关于统计工作技术性规范。例如统计调查制度、统计调查方法、统计标准等。这些都是由有关机关以法律规范的形式发布实施;赋予法律效力后,成为统计法体系的组成部分。

2. 统计法的主要作用

法的作用。是法对人们行为和社会生活发生的影响。法的作用首先是对人的行为而发生的,因此才对社会关系发生影响。法作用于社会关系是通过对人的行为进行调整来实现的。

具体地说,统计法具有下列作用:

(1)指引作用。这是指统计法对人们的行为能够起到导向引路的作用。法的指引是一种规范指引,分为两种情况。

(2)评价作用。这是指统计法作为一种行为标准和尺度,具有判断、衡量人们行为的作用。这种评价作用具有明确性和普遍的有效性。

(3)预测作用。这是指人们根据统计法可以预先估计相互之间将如何行为,从而对自己的行为作出合理的安排。统计法的预测作用依赖于法的明确性、连续性和稳定性。统计法作出明确而又稳定的规范,这就为人们进行其行为预测提供了前提。

(4)教育作用。这是指通过向人仍宣传统计法使之渗透于或内化在人们心中。并借助于人们的行为进一步广泛传播。

(5)强制作用。这是指统计法可以用于制裁统计违法行为;统计法之所以具有权威性就在于它的强制作用;通过制裁可以增强统计法的权威性;法的强制作用不同于其他社会规范。它是一种国家强制。

为了遏制篡改统计资料、编造虚假数据的违法行为、保证统计资料的准确性和及时性,保障统计机构和统计人员及统计调查对象的合法权益,统计法对统计违法行为的惩处作出了明确规定。根据《统计法》法律责任部分的条款规定。主要的法律责任形式有下列 3 种:①行政责任;②民事责任;③刑事责任。

第二节 统计调查种类、指标和方法

统计调查是道路水路运输行业统计工作的一个重要阶段。它是在确定了统计任务和相应的统计指标体系之后,按照预先规定的调查纲要诸项目,有组织地、科学地、按预定程序地搜集各总体单位的原始资料,使其明朗化、系统化,然后再将汇总的调查资料转入统计整理阶段和统计分析阶段。

统计调查是统计研究工作的重要阶段,调查工作是否优良,直接影响后续工作的质量。如果统计调查时,原始资料残缺不全、记录不实,调查时的记录差错、计算失误,以这种调查汇总资料进行归纳与分析,将会造成严重的恶果。例如:运输企业对运行过程燃料消耗数进行调查,如果原始资料(行车路单、航次运单)残缺不全、记录不实,虚报行程、工作量等,那么,对这种调查资料进行归纳和分析,作出该期运行燃料消耗节超情况的结论,再利用这种结论去指导今后的燃料供应计划或据此修订燃料消耗定额、计算运输成本,其后果无疑是极端有害的。

交通运输由于其具有点多、线长,流动、分散的特点,做好统计调查更有其重要意义。这就要求从两方面做好工作。一方面要在全行业从业人员特别是基层统计工作人员中深入进行重视原始资料的填写和核实的教育工作，以保证原始资料填写完整、准确，上报及时；另一方面运输管理的统计职能部门要根据实际情况建立一套科学而合理的原始资料与统计报表的管理制度，培训基层统计人员，严格执行统计报表的规定制度。

一、统计调查的种类

采用合适的统计调查方式和方法，对于保证调查资料的质量、节约调查时间和调查时所耗用的人力和物力，将起到重要的作用。根据不同的调查目的、调查要求和企业的具体条件，选择适宜的调查方法是从事统计调查的首位工作。

统计调查根据其组织形式、调查范围、调查的连续性，以及所采用的方法而有不同的分类。

按照搜集资料的组织方式区分，可以分为统计报表法和专门调查法。统计报表法是制定一定的表格形式，由基层单位依据原始资料，经常性地进行调查，再自下而上地逐级汇总上报基本统计资料的一种调查方法。如当前执行道路运输统计中各种统计报表；专门调查法是指依据企业经济工作的需要，对某些现象进行专门的调查和登记，如普查、重点调查、抽样调查、典型调查等。

1. 普查

普查是一种专门组织的全面调查，其主要任务之一就是正确计算出总体的各种总量指标，它可以是固定时间周期性地进行，如每年进行的道路运输“两证”年审、运输企业运输工具技术经济状况的年度检验等；也可以是不定期地进行，如：道路普查、人口普查等。由于普查是一种全面调查，就必须在同一时点对总体内各总体单位进行调查，借以消除总体单位在不同时段上的变化，因而这种调查具有时间紧、耗用人力多的特点。所以，只在必需的情况下，才采用这种调查形式。

2. 重点调查

重点调查这是一种了解基本情况的非全面调查，它是在所要调查的全部总体单位中，有目的地选择一部分重点单位进行调查。虽然被调查的总体单位在总体中的比重较小，但这些总体单位的标志总量(标志值的总和)在总体的全部标志总量中的比重却较大，因而对这些单位进行调查，基本上可以反映出总体中全部情况。例如：开展道路运输货源调查等。这种调查方法可以用较短的时间、较少的人力满足经营管理所需的基本情况，便于适时采取有效措施。对于所选择的重点单位，并不是一成不变，而是随调查目的和时期的不同而变化。例如：为了了解春节客运服务情况，就选择历来春节客运最为繁忙的车站、港口作为调查对象。重点调查由于调查的单位较少，因而在一定的时间长度内，调查的项目和内容可以多一些、细一些，是一种代价较小、效果较好的一种调查方法。但是重点调查所得出的结论，基本上是估算性的，因而在使用这类结论时，具有一定的局限性。

3. 抽样调查

抽样调查是一种非全面性调查，它是以概率论为理论基础，按照同等可能性原则，在总体的大量总体单位中,依据一定的要求抽选一部分总体单位进行调查,将所得的结论推算总体的一种调查方法。关于抽样调查的具体内容,在第五节中阐述。

4. 典型调查

典型调查它也是一种非全面性调查,是根据调查的目的和要求,对所研究的全体对象进行初步、全面的分析之后,有意识地选择某些具有代表性的总体单位,进行较为深入的调查,借以了解事物发展的规律性。这种调查方法的主要特点在于:被调查的单位较少,并且是按照预定目的与要求,选取在某一方面有较大代表性的单位作为调查对象,因此,调查资料有较强的说服力。进行典型调查除搜集有关数据之外,还要调查现象的起因、发展、结果以及对这一现象的发展过程起促进作用或制约作用的各种客观因素及其影响的大小。

对事物进行典型调查还应与全面调查结合进行,借以反映研究对象的一般规律及整体的基本趋势。在总体中正确的选择典型单位,是进行典型调查的先决条件,如果典型选择不当,不仅不能达到预期目的,甚至于会得出谬误的结论。由于典型调查易根据不同的调查目的而选择典型单位,因而所选的单位不是固定不变的。例如:调查研究目的是探讨事物发展的一般规律或反映总体的一般情况时,要选取一般的典型,即选择那些可以代表全面(或主要)情况的典型;如果调查研究的目的是寻求先进事物的经验或后进事物的教训时,则选择先进或后进的典型。选择典型单位,可以只选一个总体单位(如一辆营运车、一艘运输船),也可以是一群单位(车队、船队)。当调查对象各单位之间的差异较小时,选择一两个典型"解剖麻雀"就足以说明问题,如果各总体单位之间差异较大、情况又比较复杂、客观影响因素较多时,就需要选择较多的总体单位进行调查。为此,可以来用"划类选点"的方法,即先将总体各单位按不同类型分组,然后再在各组中选取典型进行调查,借以减弱差异悬殊的影响。

二、统计调查指标体系

1. 统计指标的基本概念

(1)总体。总体是指客观存在的、在单一性质基础上结合起来的多个事物的整体。例如:交通运输业从事营运的全部运输工具,构成一个总体。因为这些众多的运输工具是客观存在的,并具有从事营业性运输这一个单一性质,这种单一性质表现为各客观事物某项内容的共同性亦即同质性,这一点是形成统计总体的一个必要条件,也是一项重要特征。

(2)总体单位。总体单位是构成统计总体的一个基本单位。如果运输企业的运输工具构成一个总体,那么每个运输工具(一辆车和一艘船)便一个总体单位。总体中包含的总体单位,可以是有限的,称为有限总体;也可以是无限多的,称为无限总体。交通运输行业统计研究的范围,基本上都是有限总体。

运输管理机构研究全省营业性运输工具的运用效率、数量方面的变化时,"总体"是全省营业性运输工具之和,而每一运输工具,则为"总体单位"。

(3)标志。标志是说明总体单位属性和特征,它区分为品质标志和数量标志两种。品质标志是说明总体单位有关品质方面不能以数值表示的特征,例如:业户的经济性质,运输工具的用途(客车、客轮、货车、货轮)等。数量标志是说明总体单位有关数量方面的特征,例如:运输工具的载客量、载货量等。数量标志具有标志名称和标志,例如:运输工具的载客量、载货量是承载能力的标志名称,而载客量的若干人(座)、载货量的若干吨位则是其标志值。

(4)指标。指标是说明总体数量特征的统计指标,它也包括指标名称和指标值两部分,例如:运输企业在一定时期完成的客运量10万人、旅客周转量600万人公里这两个指标,"客运量"、"旅客周转量"是指标的名称,"10万人"、"600万人公里"是指标值。统计资料就是由一系列统计指标和必要的说明构成。

2. 道路、水路运输行业统计指标

(1)道路运输样本车辆调查表指标:

①趟次:指从上次货物(旅客)卸空(下客)到本次货物(旅客)卸空(下客)的一个完整运输过程。趟次序号从1开始计数;

②装卸货(上下客)地点和代码:地名按实际填写,代码按国家统一规定由调查员填写。旅客代码为20;

③货物种类和代码:货物种类按国家统一规定分为十七类,货类代码按国家统一规定由调查员填写;

④运输量:分为运量和周转量。载运货物时,记为货运量和货物周转量,以"吨"和"吨公里"表示。载运旅客时,记为客运量和旅客周转量,以"人"和"人公里"表示。本次调查运输量的统计计算规定为:按调查期内的发生量统计。即在调查期内将货物(旅客)运达目的地,统计为调查期的运量,乘以其相应的综合运距即为货物(旅客)周转量。跨入调查期计算运输量;跨出调查期的不计算运输量。

货物周转量(吨公里) = $\sum$(每批货物的重量 × 该批货物的运送距离)

⑤总行程:指车辆在实际工作中所行驶的里程。包括重车和空车所行驶的里程,不包括在调查期内为进行保养、修理而进出保修厂及试车的行驶里程;

⑥载运行程:即重车公里,指车辆载有货物(旅客)时所行驶的里程。统计口径与运输量同;

⑦完成的趟次时间内共出车天数:指调查期内(第一趟次上次卸空时间止最后趟次本次卸空时间)样本车辆共出车的天数;

⑧燃油消耗量:指调查期内样本车辆共消耗的燃油总量,计算单位为升。

(2)水路运输样本船舶调查表指标:

①航次:指船舶完成一个完整的运输(货物或旅客)生产过程。即从上一次货物(旅客)卸空开始,到本次货物(旅客)卸空为止的整个过程。航次序号从1开始计数;

②卸空时间:指船舶到港后,卸完所有货物(旅客)的时间;

③装货、卸货地点:装、卸货地点名称按实际地名填写,代码按国家统一规定填写。旅客代码为20;

④货物种类:根据国家规定,货物分为17大类。代码按国家规定统一填写;

⑤航行里程:指船舶在本航次中实际航行的里程数。包括重航里程和空航里程;

⑥重航里程:指船舶在本航次中装有货物(旅客)的航行里程;

⑦运输量:分为客运量、货运量、旅客周转量、货物周转量;

a. 客运量:指船舶实际运送旅客的人数,按客票或实际乘客的人数统计;

b. 货运量:指船舶实际装载的货物重量,货运量的计算按到达量统计,即一个航次完成后才予统计;

c. 旅客周转量:指船舶实际运送的每位旅客与其乘坐距离的乘积之和,计算单位:人公里;

旅客周转量(人公里)=∑(每一旅客×该旅客运送距离)

要特别注意在一个航次中,如途中不停靠,则将装船人数乘以运输距离即可得出本航次的旅客周转量;如途中停靠,则应根据上下旅客的人数分别乘其乘坐距离,然后相加得出本航次的旅客周转量;

d. 货物周转量:指实际装载的货物重量乘其运输距离的合计数,货物运输距离应以运输单据上所记载的起运和卸货地点之间的距离为计算依据。计算方法同旅客周转量的计算方法。计算单位:吨公里。

⑧燃料消耗量:指船舶在调查期内实际消耗的燃油的总量。计算单位:千克。

(3)道路运输经营业户调查指标:

①客运:

a. 总车日:指样本单位在调查期内每天实际在用的车辆的累计数。计算单位:车日;

b. 计算方法为:一辆在用的车辆,不管其技术状况如何,是工作还是停驶,只要在样本单位保有一天,即计一个车日。总车日=完好车日+非完好车日;

c. 总客位日:指样本单位在调查期内每天实际在用车辆的客位的累计数。计算单位:客位日;

d. 完好车日:是指样本单位在调查期内的总车日中,车辆技术状况完好,不必进行修理或保养即可参加运输的车日的累计数。包括实际参加运输的和由于各种原因停驶的车日。计算单位:车日;

完好车日=总车日-修理及待修车日,或

=工作车日+停驶车日

e. 完好客位日:是指样本单位在调查期内技术状况完好,不必进行修理或保养即可参加运输的车辆的客位日的累计数。包括实际参加运输的和由于各种原因停驶的车辆的客位日。计算单位:客位日;

完好客位日 = 总客位日 - 修理及待修车辆客位日　　或
　　　　　= 工作车辆客位日 + 停驶车辆客位日

f. 工作车日:是指样本单位在调查期内的完好车日中,实际进行工作的车日的累计数。一辆在用车辆只要在当天出过车,不管其出车时间长短,出车班次和完成任务多少,也不管是否发生过修理、停驶或在途中机械故障,均计为一个车日。计算单位:车日;

g. 工作客位日:是指样本单位在调查期内实际进行工作车辆的客位日的累计数。计算单位:客位日;

h. 总车公里:即总行程,是指样本单位在调查期内的车辆在实际工作中所行驶里程的累计数。计算单位:车公里;

i. 重车公里:指样本单位在调查期内车辆载有旅客时所行驶的里程的累计数。亦称载运行程。计算单位:车公里;

j. 总行程客位公里:指样本单位在调查期内实际工作车辆的客位所行驶里程的累计数,计算单位:客位公里;

k. 重车行程客位公里:指样本单位在调查期内载有旅客车辆的客位所行驶里程的累计数。计算单位:客位公里;

l. 客车汽油消耗量:指样本单位在调查期内的车辆消耗汽油的总量。计算单位:升。

②货运:

a. 货运量:指样本单位在调查期内实际运送的货物质量。计算单位:吨;

b. 货物周转量:指样本单位在调查期内实际运送的每批货物质量分别乘其运送里程的综合数。计算单位:吨公里;

c. 总吨位日:指样本单位在调查期内每天实际在用的车辆吨位的累计数。计算单位:吨位日;

d. 完好吨位日:是指样本单位在调查期内技术状况完好,不必进行修理或保养即可参加运输的车辆的吨位日的累计数。包括实际参加运输的和由于各种原因停驶的车辆的吨位日。计算单位:吨位日。计算方法同客车;

e. 工作吨位日:是指样本单位在调查期内实际进行工作车辆的吨位日的累计数。计算单位:吨位日;

f. 总行程吨位公里:指样本单位在调查期内实际工作车辆的吨位所行驶里程的累计数,计算单位:吨公里;

g. 重车行程吨位公里:指样本单位在调查期内载有货物车辆的吨位所行驶里程的累计数。计算单位:吨公里;

h. 汽油货车运量:指样本单位在调查期内汽油车辆实际运送的货物质量。计算单位:吨;

i. 汽油货车周转量:指样本单位在调查期内汽油车辆实际运送的每吨货物分别乘其运

送里程的综合数。计算单位:吨公里。

③财务费用:

a. 主营收入:指样本单位在调查期内营运业务等主要营业收入总额。包括经营旅客、货物运输收入、货物装卸收入、堆存收入、代理业务收入;

b. 营业税金及附加:指样本单位在调查期内主要营运业务等收入应负担的营业税、城市维护建设税和教育费附加等;

c. 营业利润:指样本单位在调查期内的主营业务利润加其他业务利润,减去管理费用和财务费用后的利润。

(4)水路运输经营业户调查表指标:

①客运:

a. 总时间:指样本单位在调查期内已完成航次的全部时间,包括营运时间与非营运时间;不包括船舶封存、卧冬时间。计算单位:船舶天;

b. 总客位天:指样本单位在调查期内已完成航次船舶的额定客位与其时间乘积的累计数(以小时计算,除以 24 折算为一天)。计算单位:客位天;

c. 营运总时间:指样本单位在调查期内船舶技术状况完好,可以从事旅客运输工作的时间的累计数。包括航行、停泊、其他工作时间。计算单位:船舶天;

d. 营运客位天:指样本单位在调查期内船舶的额定客位乘其技术状况完好,可以从事旅客运输工作的时间的累计数。计算单位:客位天;

e. 航行总时间:指样本单位在调查期内船舶自开航时点到航行结束时点的实际时间的累计数,包括机动船拖带(顶椎)驳船、排筏浮动物通过闸坝、急流浅滩时分经拖带的往返航的时间,不停船等候航道绞滩的时间。计算单位:船舶天;

f. 航行客位天:指样本单位在调查期内船舶的额定客位乘其实际航行时间的累计数,计算单位:客位天;

g. 总船舶公里:指样本单位在调查期内的船舶在实际工作中所行驶里程的累计数。计算单位:船舶公里;

h. 重航船舶公里:指样本单位在调查期内船舶载有旅客时所行驶里程的累计数。计算单位:船舶公里;

i. 总里程载客位公里:指样本单位在调查期内实际工作船舶的客位所行驶里程的累计数,计算单位:客位公里;

j. 重行公里载客位公里:指样本单位在调查期内载有旅客船舶的客位所行驶里程的累计数。计算单位:客位公里;

k. 机动客船燃料消耗:指样本单位在调查期内的机动客船消耗燃料的总量。计算单位:千克;

l. 机动客船运量:指样本单位在调查期内机动客船实际运送的旅客人数。计算单

位:人;

m. 机动客船周转量:指样本单位在调查期内机动客船实际运送的每位旅客分别乘其运送里程的综合数。计算单位:人公里;

n. 机动客船千瓦小时:指样本单位在调查期内的机动客船技术状况完好,可以从事旅客运输工作时间的累计数。包括航行、停泊、其他工作时间。计算单位:千瓦小时。

②货运:

a. 总吨位天:指样本单位在调查期内已完成航次船舶的额定吨位与其时间乘积的累计数(以小时计算,除以 24 折算为一天)。计算单位:吨位天;

b. 营运吨位天:指样本单位在调查期内船舶的额定吨位乘其技术状况完好,可以从事货物运输工作的时间的累计数。计算单位:吨位天;

c. 航行吨位天:指样本单位在调查期内船舶的额定吨位乘其实际航行时间的累计数,计算单位:吨位天;

d. 重航公里载吨位公里:指样本单位在调查期内载有货物船舶的吨位所行驶里程的累计数。计算单位:吨位公里;

e. 机动货船燃料消耗:指样本单位在调查期内的机动货船消耗燃料的总量。计算单位:千克;

f. 机动货船运量:指样本单位在调查期内机动货船实际运送的货物质量。计算单位:吨;

g. 机动货船周转量:指样本单位在调查期内机动货船实际运送的每批货物质量分别乘其运送里程的综合数。计算单位:吨位公里;

h. 机动货船千瓦小时:指样本单位在调查期内的机动货船技术状况完好,可以从事货物运输工作时间的累计数。包括航行、停泊、其他工作时间。计算单位:千瓦小时。

③财务费用指标

水路运输经营业户财务费用指标和道路运输经营业户的财务费用指标基本相同,不另行解释。

(5)道路运输行业统计中的运输效率指标:

①工作率:指工作车吨(客)位在总车吨(客)位日中所占的比重。反映车辆的利用程度,其计算公式为:

工作率 =(工作车吨(客)位日 ÷ 总车吨(客)位日)×100%

②里程利用率:指重车公里占总车公里的比重。用以反映行驶里程的利用程度。其计算公式为:

里程利用率 =(重车公里 ÷ 总车公里)×100%

③重车载质(客)量利用率:又称吨(客)位利用率。指汽车自载的换算周转量占重车吨(客)位公里的比重。用以反映重车行驶的里程中载重量的利用程度。其计算公式为:

重车载质(客)量利用率 =(自载换算周转量 ÷ 重车吨(客)位公里)×100%

④实载率：又称载质（客）量利用率或总行程载质量利用率。指汽车自载的换算周转量占总车吨（客）位公里的比重。用以反映在总的行驶里程中，里程与载质量的利用程度。其计算公式为：

实载率＝（自载的换算周转量÷总车吨（客）位公里）×100%

（6）道路运输行业统计中燃料消耗指标：

①实际消耗量：指调查期内样本车辆进行运输生产实际消耗的燃料数量，不包括维护、修理作业和试车时所消耗的燃料数量。计算单位：升。

②平均实际消耗量：指调查期内样本车辆行驶一定里程或完成一定的运输量平均消耗的燃料数量。其计算公式为：

a. 按行驶里程计算：

平均每百车公里消耗量（升/公里）＝（实际消耗量÷总车公里）×100

b. 按运输量计算：

平均每百吨（千人）公里消耗量（升/百吨（千人）公里）＝（实际消耗量÷主、挂车换算周转量）×100（1000）

（7）水路运输行业统计中的运输效率指标：

①航行率：指船舶总时间中，航行时间所占比重。其计算公式为：

航行率＝（航行吨（客位）天÷总吨（客位）天）×100%

②里程利用率：指重航公里占总航公里的比重。用以反映行驶里程的利用程度。其计算公式为：

里程利用率＝（重航公里÷总航公里）×100%

③载质（客）量利用率：是指船舶在整个运输生产过程吨位（客位）利用情况。其计算公式为：

载质（客）量利用率＝（自载换算周转量÷船舶吨位（客位）公里×100%

④实载率：指船舶自载的换算周转量占船舶总吨（客）位公里的比重。其计算公式为：

实载率＝（自载的换算周转量÷船舶总吨（客）位公里）×100%

⑤船日行程＝总里程吨（客）位公里/航行总吨（客）位天

（8）水路运输行业统计中的燃料消耗指标：

①实际消耗量：指运输机动船在营运时间实际消耗的燃料数量，包括航行、停泊、作业和其他四项所消耗的燃料数量。计算单位：千克。

②平均实际消耗量：指运输机动船在一定时间或完成一定的运输量所平均实际消耗的燃料数量。其计算公式为：

a. 航行千瓦小时消耗量（千克/千瓦小时）＝ 实际消耗量÷航行千瓦小时

b. 千吨（人）公里消耗量（千克/吨（人）公里）＝实际消耗量÷千吨（人）公里

（9）道路运输增加值指标：

①总产出=主营业务收入+其他业务收入

②增加值=劳动者报酬+营业盈余+生产税净额+固定资产折旧

③劳动者报酬=全年职工工资总额+本年提取的职工福利费+劳动保险费+30%业务招待费+待业保险+住房公积金

④固定资产折旧=本年提取的固定资产折旧+本年职工住房提取的折旧

⑤生产税净额=营业税金及附加+印花税+土地使用税+房产税+车船使用税+排污费+增值税销项税额-增值税进项税额

⑥营业盈余=营业利润盈余+坏账损失

(10)水路运输增加值指标(略)。

三、统计调查方法

1. 直接观察法

直接观察法是由调查人员直接对被调查对象进行现场观察、记录的一种方法。例如:对劳动者实际劳动时间和利用情况的调查,就是由调查人员直接对劳动者跟踪观察、记录;对工人情况普查采用直接面谈、逐个咨阅档案等。这种调查方法无疑地能保证统计资料有较高的准确性,但这种方法费力费时,因而有较大的局限性。

2. 报告法

报告法是由基层调查人员依据各种原始记录进行初步整理、汇总,填写规定的各种报表,定期上报的一种调查方法。例如:当前汽车运输企业实行的车队5日报、旬报、月报等,是由车队统计人员按行车路单进行初步整理、汇总之后,填写报表定期上报的经常性调查方法。这种方法由于各基层都是按照统一要求进行填写,在规定期限内上报,就可以在同一时期、同一范围内进行调查,在人力、时间上均有充分保证,如果企业制度严密,基层统计人员是可以保证统计资料有较高的准确性。

3. 采访法

采访法是依靠调查人员根据调查对象的答复进行记录的调查方法。其中又可以分为直接采访法和自填法两种。直接采访法是由调查人员直接向被调查者进行采访、由调查者提出问题,依据被调查者的答复加以记录的方法。如对客运站服务质量进行评价,我们开展的万人问卷调查。用于旅客对客运站服务质量征求意见时采用。由于这种方法在人力和时间上均有较大的局限性,因而采用自填法进行采访的较多。自填法是由调查人员将预先印制的表格分发给被调查者,由被调查者按表列内容自行填写的方法。

4. 通信法

通信法是利用通信搜集调查资料的一种方法。调查人员将预先印制的调查表或调查提纲,寄给被调查者,请被调查者按表列要求或所提问题进行答复的方法。采用这种方法关键在于被调改者的合作程度,所以,采用通信法进行调查时调查表式应简明扼要,易于填写,并附以简易的填表说明，以尽可能少占被调查人员的时间，便于表达意见为宜。

由于客观事物的复杂性和多变性，因此调查方法不能拘泥于某一种，应根据具体情况的要求，有选择的采用威混合运用，才能达到预期的效果。

四、道路水路运输行业统计报表制度

1. 统计报表的重要性

统计报表是国家取得统计资料的一种重要方式，它是从基层单位开始，逐级向上报告生产经营活动的重要工具。因此，统计报表是由国家统一规定表式、报送时间、报送程序和负责汇总上报的机构，形成全国一致的统计报告制度。

交通运输业的统计报告制度，是由中华人民共和国交通运输部统一规定，以专业运输企业（汽车运输公司、内河航运公司）为统计报表的基本报送单位，非专业运输单位（陆运、水运）和个体运输业户，则以县交通主管部门汇总为基本报送单位，均按交通运输部统一规定的表式、指标体系、计算口径和规定期限及报送程序逐级汇总上报。

由于交通运输统计报表是由交通运输部统一制定，又是由基层交通运输管理机构上报，再经省、市、自治区交通主管部门逐级汇总、审核，在计算方面是基本可信的，各项数据可以发挥其应有作用，因而各级交通主管部门统计机构严格遵守统计报表规定，严格掌握基层统计的准确性，是提高交通运输统计的精确度的关键。

2. 原始记录

运输企业和经营业户统计报表的及时、准确和完整程度在很大程度上取决于基层的原始记录的及时、准确和完整程度。如果基层单位原始记录工作开展良好，基层统计人员勤恳负责、业务熟练，则统计报表的准确程度便有足够的保证。

设置原始记录的原则是：①实效性。原始记录既然是生产经营活动的最初记录，就必须密切结合运输生产的实际需要加以设置。②群众性。全部原始记录中的绝大部分是由直接在生产经营第一线劳动的职工进行填写和记录。③全面性。企业生产经营活动的原始记录并不仅仅是为统计工作的需要而设置，它同时是业务核算、会计核算的原始依据。因此，在设置任何一种原始记录时，应考虑能同时满足统计核算、业务核算、会计核算和其他经济工作的需要。

3. 统计表

通过统计调查，可以得到若干个标志值（统计数据），将这些标志值加以整理、汇总，以适当的表式加以填列，就可以得到说明大量现象和运动过程的综合特征的统计表。统计表与调查表不同，它是用以表现统计资料的汇总结果和其他综合指标的记录。把统计调查所取得的数据列入统计表，将更为清晰明确，便于资料之间的比较分析。当企业以文字叙述形式阐明某项问题时，在文字中适当列入统计表，将使叙述性文字更为生动，有更大的说服力。

统计表是经济管理工作重要的分析工具之一，任何国民经济部门、任何经济分析研究工作,都需要使用统计表。

4. 统计表的构成

统计表的构成可以按构成的形式和内容划分为两类。

从构成的形式上。统计表都是由纵横线条交叉组成,包含的要素为:横行、纵栏、标题和数字资料。用交叉直线所组成的横行与纵栏的数量,反映统计表的规模。在较大的统计表中,为了使统计分析或文字叙述中引用表列数字资料的方便,经常将横行和纵栏各自注上相应的文字或序号。

5. 道路水路运输行业统计报表制度

(1)省级交通运输主管部门设计的统计报表制度。

(2)交通运输部《道路运输统计报表制度》(详见第六节)。

第三节　道路水路运输行业统计资料整理

一、统计资料整理

1. 统计资料整理的概念

统计资料整理的目的是为统计分析准备系统化、条理化的综合统计资料。因此,必须对统计调查搜集到的大量原始资料,根据研究的要求,加以整理分组和综合汇总,使之能够说明事物现象总体特征的综合数字资料。

统计资料整理,是根据统计工作各阶段的要求,主要指对原始资料的整理。即对统计调查所得到的原始资料(也称初级资料)的整理和对某些已经加工的综合统计资料(也称次级统计资料)的整理。

2. 统计资料整理的内容。

主要包括资料的审查、资料的分组、编制统计表、统计资料的积累和保管。

二、统计分组

1. 统计资料的审查

为了保证统计资料的质量,在整理统计资料之前,应对调查的资料完整性、及时性和准确性进行认真的审查. 具体要求是:

(1)审查资料的完整性和及时性。

(2)审查资料的准确性,可运用逻辑检查与计算检查的方法:

①逻辑检查:对资料的内容是否合理,指标之间有无矛盾;

②计算检查:对调查表或报表中各项数字在计算方法和计算结果上有无错误,计量单位有无不符合规定之处等。

2. 统计分组

(1)统计分组的意义和作用。统计分组是根据统计研究的需要,将统计总体按照一个或几个标志划分为若干部分,把属于同一性质的单位集中在一起,把不同性质的单位区别开来,形成各种不同类型的集团,就是统计分组,其主要作用是:

①可以划分经济类型和研究各个类型的特点;

②可以说明社会经济现象内部的结构;

③可以分析社会经济现象的相互依存关系。

(2)统计分组的关键在于选择分组标志和划分各组的界限。选择分组标志,就是要确定将统计总体分为若干个性质、类型不同集团的标准、根据分组标志的特征不同,统计总体可按品质标志分组,也可按数量标志分组。

①按品质标志分组,就是选择反映事物属性差异的品质标志作为分组标志,并在品质标志的变异范围内划定各组界限,将总体划分为若干性质不同的组成部分;

②按数量标志分组,就是选择反映事物数量差异的数量标志作为分组标志,并在数量标志下的变异范围内划定各组界限,将总体划分为性质不同的若干组成部分。

(3)目前运输统计分组的六种基本形式:

①按运输方式分组:按不同的运输方式可分为铁路运输、道路运输、水路运输、民用航空和管道运输等;

②按所有制形式分组:可分为国有所有制、集体所有制、国有与集体联营、股份、外商投资、私营、港澳台投资、个体运输户和其他经济类型所有制等。

③按运输工具分组:

a. 水运工具:可分为轮驳船、小马力机动船和木帆船;

b. 陆运工具:可分为汽车、其他机动车、运输用拖拉机和非机动车。

按运输工具分组,可以研究运输工具的分类构成情况,分析各种运输工具在其运输方式中所完成的运输量的比例,为计算运输能力,安排运输任务提供依据。

④按运输对象分组:可分为旅客运输和货物运输,以反映两种不同运输对象的运送数量、运送距离、流量流向等;

⑤按货物种类分组:可分为煤炭及制品、石油、天然气及制品,金属矿石、钢铁、粮食等17大类。按货物种类分组,可以研究货物运输中的货物分类构成,分析各类货物的运输数量和使用运力的合理程度,为计算产品运输系数,编制货物运输计划提供依据;

⑥按主管系统分组:运输企业的主管系统是指企业直接隶属的上级主管机关及其行政管理系统。

三、统计台账

统计台账是根据原始记录,逐日逐项地登记数字资料的表册。它是用一定表格形式,按时间顺序来登记原始记录资料的一种方式,它可以是账簿式,卡片式、单项表式等多种形式。它的用途是系统的登记、汇总和积累统计资料,它可以使零散的原始记录,或原始核算的数字资料系统化。统计台账不仅可以成为填写统计报表的直接依据,而且也是积累历史资料的基础工具。

统计台账的作用有以下几个方面:

(1)可以及时地转录原始记录的有关数据,检查定期运输市场发展情况。由于统计资料相对集中,便能在与前期资料的对比分析中发现问题。及时向领导层提供有关情况。采取相应的有效措施。

(2)可以系统地积累资料,充实统计档案,合理的统计台账是保存统计资料数据,探索运输市场发展规律的较好方式之一。

(3)通过逐日逐项转录原始记录,以及定期地对各项数据的累计,可以为编制各种统计报表作好准备工作。

统计台账是运输行业统计的信息来源,是决策的依据。应根据运输行业管理的需要;并且结合本辖区的管理特点而建立,为加强运输行业管理的统计基础工作,逐步实现运输管理制度化、程序化、规范化、微机化,不断提高运政管理工作的效率,并强调运政管理台账的统一性。

四、统计资料的汇总

统计调查资料经过科学分组之后,便可着手将大量的原始资料按表式进行整理,计算出各组的单位数和标志值,整理技术是否完善,对保证统计表的准确性和及时性有着重要的关系。

统计资料汇总方法分为手工汇总和计算机汇总:

1. 手工汇总方法

(1)划线法。

(2)过录法。

(3)折叠法。

2. 计算机汇总

利用现代计算机技术和数据传送通信系统建立“统计数据信息计算中心”,集中对统计资料进行汇总是统计资料汇总工作发展的方向,随着我国现代化建设的发展和交通运输管理水平的提高及统计工作的发展,计算机技术在统计工作中得到普通应用。

五、统计资料积累与保管

1. 统计资料积累的重要性

经过整理汇总的统计资料，除满足当前需要外，还应加以系统整理和积累，以满足长期需要，统计资料积累是统计资料整理中的一项重要工作，对各个时期掌握的统计资料进行系统整理和积累保管的工作，称统计资料积累。其主要用途是：①可以满足领导多方面的需要；②为开展统计分析提供资料；③为编制长期规划提供依据；④是编制统计资料汇编的基础。

2. 统计资料积累的内容

(1)有关本地区、本部门或本单位基本情况的指标。

(2)有关本地区、本部门或本单位的生产和业务活动的主要指标。

(3)同行业对比资料。

(4)各种专题调查资料。

3. 统计资料积累的方法

(1)建立统计台账，逐期登记；

(2)采用活页卡片形式，分类编号登录。

4. 统计资料的保管

统计资料的积累还要建立健全保管制度，对资料要实行档案化管理，将整理好的资料，会同原始记录、报表资料、调查总结、分析报告等，分门别类，按时间顺序装订成册，妥善归档保管。专人负责。这不但有利于各种资料的查考和利用，而且可以加强统计资料的保密工作。

第四节　道路水路运输行业统计分析

一、统计分析的作用和内容

交通运输业是一个多工种、多环节、受多种客观因素影响的物质生产部门，在运输生产过程中，主客观因素的变化和联系，使交通运输业各种经济现象必然非常复杂，如果只从某一个方面、某一项因素的变化结果作出判断，得出的判断就可能是片面的或是错误的结论。避免这种缺陷的唯一途径是进行统计分析，就是充分地占有资料，科学地对占有的资料进行整理和分组，对其去粗取精、去伪存真、由表及里、由此及彼地进行分解、综合、概括、升华，借以揭示事物和经济现象的内在矛盾和规律性，也就是通过感觉而到达思维，由感性认识提高到理性认识。通过这种对事物深入认识的过程，可以及时发现和分析事物或经济现象发展过程中的新情况、新问题、发现先进经验和薄弱环节。这种从占有资料、整理资料、研究和分析资料的全过程，正是统计分析的全过程，为了使统计能充分发挥其认识事物、起到检查和监督的作用，促使交通运输事业更好地适应国民经济和人民对运输的需要，能够大幅度地增加企业的经济效益，作好道路水路运输行业统计分析，对于运输企业经济管理和交通运输管理有着非常重要的意义。

道路水路运输行业统计分析的内容是：

(1)检查、分析本期道路、水路运输生产计划完成的执行情况。如果本期各项计划已经完成和超额完成，就应总结完成计划的经验，对促使本期完成计划起较好作用的主、客观因素，尚存的薄弱环节和下期应予改正的内容进行重点分析。如果本期未完成计划，就应检查未完成计划的原因和未完成计划所产生的后果及影响程度，检查，分析未完成计划的原因包括主观原因和客观原因，总结经验教训，发扬成绩，克服缺点，为下一计划期更好地完成计划提供可借鉴的依据和措施。

(2)检查、分析本期执行计划过程中，是否正确、全面贯彻了国家和党的方针、政策，是否遵守国家的有关规定和法规，是否遵守道路水路运输行业统计制度。

(3)研究和分析道路水路运输行业统计管理实际中所存在的问题。因为统计分析所依据的资料，绝大部分是运输经营业户各个运输生产环节和全体职工的生产、工作成果，通过这些资料相互关系，可以发现运输业户管理实务工作不合理的成分，提供进一步加以改善的依据。

(4)研究和分析道路、水路运输生产中相互构成的各种比例关系。道路水路运输行业作为一个总体，是由内部各运输生产环节按一定的比例所组成，如果各运输生产环节比例失调，也就必然会在有关的统计资料中得到反映，通过深入地分析，寻求其实质性原因，分辨这一失调是偶然性原因还是系统性原因，是统计分析工作的一项重要任务。

二、统计分析的原则、方法和步骤

1. 统计分析应遵守的原则

统计分析是根据所占有的资料(包括数据和情况)进行检查、整理，探讨其内在规律性和今后发展趋势的研究方法。统计分析应予遵守的原则是：

(1)实事求是的原则。

(2)一分为二、全面分析的原则。

(3)依靠广大群众，坚持统计数据与实际情况相结合的原则。

2. 统计分析的方法

对统计资料进行分析的方法较多，在运用这些方法时，是根据不同的研究对象和不同的研究目的而采用不同的方法。通常，在分析计划完成程度、不同单位之间存在的矛盾、差异等方面采用指标对比的方法，亦即采用彼此之间有共同性质的现象进行对比，然后再研究出现矛盾、差异的原因;如果是对总体的构成、变化及其形成过程进行分析,经常是采用统计分组、观察法和相关分析法,借以了解总体各组成因素的变化,各因素的相互依存关系;随事物或经济现象不同的复杂程度而采用不同的分析方法,如:综合指标法、动态数列分析法、相关分析法、指教分析法和统计图示法等都是行之有效的统计分析方法。进行统计分析除上列方法之外,对具体条件和客观情况的影响还要采用自然科学的部分方法和逻辑推理的方法。

3. 统计分析的步骤

对统计资料进行分析通常采用的步骤是:

(1)确定进行统计分析的目的。

(2)在统计分析目的确定之后;就应对搜集的统计资料和数据进行检查、鉴定、评价和整理。

(3)运用预定的方法对统计资料进行对比分析。

(4)对统计分析结果作出结论,提出统计分折报告。这是统计分析的终结过程,也是统计分析出成果的过程。

三、统计分析报告

1. 统计分析报告的特点和作用

(1)统计分析报告的特点。统计分析报告是统计分析的最终成果,是对研究过程进行表述的文章。其特点主要表现在以下几个方面:

①以统计数据为语言。统计分析报告以统计数据为主要语言,并辅之以统计表和统计图,来清晰明确地表述事物之间的各种复杂联系。一篇好的统计分析报告所使用的统计数据不是个别的、简单的、杂乱无章的,而应是相互联系的、反映事物深刻特征的、系统的统计数据。

需要强调的是,这些统计数据应该是准确可靠的。如果统计资料的质量没有保证,势必会使统计分析偏离科学的轨迹,也会使统计分析报告建立在谬误的论据之上。

②具有独特的表达方式和结构特点。统计分析报告是一种说明文,它的基本表达方式是以事实来叙述,让数字来说话,在展开中议论,在议论中分析。因此,在表述时,不宜使用那些夸张、华丽、虚构、想象等文学手法。它要求用最少的文字来表达其丰富的内涵,做到言简意赅、精炼准确。统计分析报告这种独特的表达方式与其他文体有着明显的区别。第一,统计分析报告以大量的统计调查材料为基础,既有数字,又有分析;既提出问题,又有解决问题的措施,比总结报告更深刻,提炼得更精确。第二,统计分析报告要求从更宽的面上交代背景,用较多的篇幅系统、集中地阐述问题、解剖矛盾,比新闻报道更全面、更具体。第三,统计分析报告必须运用大量的数据揭示事物的规律性,在论证观点、阐述看法时,比学术论文更侧重用数据、事实,就事论理,深入浅出,虚实结合。第四,统计分析报告是以事实阐述道理、说明问题的。这就要求高度概括,不需要用过多的笔墨着意渲染或艺术夸张,不像文艺

作品那样去描绘周围环境或刻画人物的内心世界。另外,从统计分析报告的结构上看,其特点突出表现为脉络清晰,层次分明。一般是摆数据、讲事实,再进行各种科学的分析基础上,针对问题,亮出观点,最后提出建议,办法和措施。统计分析报告的行文举例,一般是先后有序,主次分明,详略得当,联系紧密。做到统计资料与基本观点的统一,结构形式与文章内容的统一。

(2)统计分析报告的作用。主要体现在以下5个方面。

①统计分析报告是表现统计成果的好形式。以文字形式来表现统计成果,可用表格、图形、文章等形式。在这些形式中,以文章式统计分析报告为最好。因为:

a. 它能综合和灵活地运用表格式、图形式等表现方式。它可以表现出表格式与图形式所不能充分表现的活情况;

b. 它可以表现出表格式与图形式不能表现的定性分析;

c. 它可以表现出研究过程中的条理性和逻辑性。

②统计分析报告是发挥统计整体功能,提高统计地位的重要手段。统计分析报告把数据、情况、问题、建议等融为一体,既有定量分析,又有定性分析,比一般统计数据更集中、更系统、更鲜明地反映客观实际,又便于阅读、理解和利用,因而是发挥统计信息、咨询、监督的主要手段。与此同时,也可以提高统计工作的社会地位;

③有利于发现统计工作本身存在的各种问题;

统计分析是统计工作过程的最后一个阶段的活动。在这个阶段中,通过撰写统计分析报告,可以发现统计工作本身存在的一些问题。如加工整理的资料是否具有可行性,统计分组是否科学,指标口径是否衔接等。此外,还有一些问题在前面的工作中已有察觉,而最后在分析阶段才被证实。如在统计指标体系的设计中,一些指标的设计不够合理,在统计数字的质量上,一些数字水分较大。针对这些问题,可以有针对性地采取措施。通过撰写统计分析报告,推动统计制度、方法的改革和加快统计工作的科学化、法制化。为进一步提高统计分析水平创造条件;

④有利于提高统计工作者的业务素质。要发挥统计的整体功能,就要广泛地开展统计分析,经常向领导部门和社会各界提供有价值的统计分析报告。这是一项综合性、实用性很强的工作,也是成就统计人才的必由之路。统计人员积极撰写统计分析报告,才能不断增长才干,提高自已的理论水平、业务水平和分析问题的能力;

⑤统计分析报告是增进社会了解的重要窗口。统计分析报告可以综合表现和传播多种统计信息,因而它可以成为充分展示各种统计成果的重要窗口。通过这个窗口,既可以向社会各界传递统计信息,也可以使他们增进对统计工作的了解,进而认识统计工作的重要性。在实际工作中,自改革开放以来,各级统计部门大办开放式统计,积极向各级领导和社会各界提供各种形式的统计分析报告,发挥了参谋和助手的作用,使统计的地位得到很大程度的改善。

第五节　道路、水路运输抽样调查

随着我国道路、水路运输市场的开放和多元运输主体的形成，仍采用过去的报表制度和统计方法，只进行交通部门运输企业的统计，不能真实地反映我国道路、水路运输行业发展的情况。另外，随着运输经营形式的变化，过去的以原始记录方式为基础的全面统计制度失去基础，统计数据的收集和准确性无法保证。因此，到 1992 年，交通部和国家统计局联合进行了新统计调查方法的研究探索，取得了一些成绩。

1992 年交通部与国家统计局联合颁发了《关于进一步建立健全道路、水路运输全行业统计工作的通知》和《道路、水路运输全行业统计工作规定》(第 36 号令)后，此项工作以在全国范围内开展。在各级交通部门领导的重视、支持和广大统计人员的共同努力下，道路、水路运输全行业统计工作取得了很大的成绩，目前已在全国 31 个省(自治区、直辖市)推开基本实现了按时提供全社会道路、水路运输量半年报、年报的目标。同其他行业相比，在行业统计中，应用抽样调查方法取得数据资料处于领先地位。

目前，根据国家统计局的总体部署，交通运输部正在进行交通运输统计方法制度的改革，改革的总体思路是，在统计范围上强调全社会、弱化交通部门，在统计方法上弱化全面报表而采用抽样调查。其目标是为满足各级交通主管部门在制订交通发展规划和加强交通运输行业管理的需要，确立以抽样调查方法为主体的道路、水路运输行业统计调查体系。

几年的工作实践证明，采用以抽样调查为主的统计调查方法，进行道路、水路运输全行业统计工作是一种科学、可行的办法，应该持之以恒坚持下去。但是，抽样调查方法是综合利用了现代数学和计算机知识的一种新的统计方法，具有很强的技术性。在以前的工作中，我们发现影响统计数据质量的最主要原因有两个：①是原始样本调查表的填写质量高低，②是数据处理过程中有无计算错误。由于目前已普遍采用了统一的计算机数据处理软件，计算错误问题已基本得到了解决。解决调查表质量问题的关键是提高调查员的素质。

一、抽样调查的含义及作用

统计调查分为全面调查和非全面调查。抽样调查也称样本调查，是非全面调查中的一种重要方法，它是按一定的程序从所研究对象的全体(总体)中抽取一部分(样本)进行调查和观察，获取数据，并以此对总体的一定目标量(参数)做出判断。非全面调查方案设计时按抽取的方法不同，分为概率抽样和非概率抽样。

1. 概率抽样

概率抽样也称随机抽样，即按照给定的概率抽取样本，其特点是：

(1)按一定的概率以随机原则抽取样本，在抽取样本时排除主观上有意识地抽取某些调查单元,每个单元都有一定的机会被抽中。

(2)用概率抽样抽取样本单元需要按给定的入样概率通过一定的随机化程序来实现。

(3)当用样本估计总体目标量(参数)时,要考虑到该样本(或每个样本单元)被抽中的概率。即估计量不仅与样本的观察值有关,也与其入样概率有关。

(4)根据概率样本可以估计抽样误差,而不一定需要重复抽取不同的样本。非概率抽样是根据主观判断有目的有意识地或根据方便的原则进行的,而不是按随机原则来抽样。这种抽样效果的好坏在很大程度上依赖抽样者的主观判断能力和经验,且不能计算抽样误差,不能从概率意义上控制误差并以此保证判断的准确性。

2. 抽样调查

抽样调查的作用主要表现为以下几个方面:

(1)对那些不可能进行全面观察或普查而又需要了解全面情况的客观对象(总体),只能采用抽样。

(2)抽样调查能节约调查的人力、物力和财力。统计调查有一个经济效益问题,由于抽样调查只调查总体中的一部分,与普查相比大大节约化在调查、整理及汇总方面的人力和费用。

(3)抽样调查周期短、时效性强。有许多调查具有很强的时间性,要求在较短的时间内完成,采用全面调查由于耗时多,不能快速地提供调查结果而影响到及时决策,而抽样调查时间短、见效快,可满足其要求。

(4)抽样调查能提高调查质量。许多人认为,作为一种非全面调查,抽样调查不如全面调查,其实这是一种误解。虽然抽样调查只调查总体的一部分,用局部来推断总体,存在抽样误差,但这是问题的一个方面。事实上,一项调查的误差来自多个方面,任何一项调查都存在观察或调查误差,可能发生遗漏或重复。因此,调查数据的质量显得更为重要,在普查中,调查规模并不是愈大愈好,如不注意调查质量,不注意培训,其效果与规模较小、调查质量较高的抽样调查相比反而更糟。

二、道路、水路运输抽样调查涉及的基本概念

1. 总体

总体就是我们研究(即进行调查)对象的全体。例如在我们进行的道路、水路运输抽样调查中,每个市所有的汽车、船舶就构成了该市的抽样调查总体。

2. 抽样单元

在抽样调查中,我们可以将总体划分成若干互不重叠有可穷尽的有限个部分,每个这样的部分称为一个抽样单元。如道路、水路运输抽样调查中的每个车辆或船舶。

3. 抽样框

在抽样调查中,一份包含所有抽样单元的名单或花名册称为抽样框,如道路、水路运输

抽样调查中某市的总体车辆库和船舶库。

4. 样本

样本是总体的一部分，它是从总体中按一定的程序抽得的那部分抽样单元，如某市抽得100辆汽车构成了一个样本。

5. 简单随机抽样

也称为单纯随机抽样，从总体中逐个不放回地抽取单元，每次都是在未入样的单元中等概率抽取。

6. 不等概率抽样

在抽样过程中，为考虑不同的抽样单元在总体指标中所起的作用不同，在抽样时对其按照某类辅助变量值的大小进行抽样，辅助变量值愈大，抽中的机会愈大。如在道路、水路调查中，按照其吨位（客位）的大小进行抽样。

7. 分层抽样

将总体按一定的原则分成若干子总体，每个子总体称为子层，在每个层内进行抽样，不同层的抽样相互独立。其特点是考虑到不同层次的差异较大，分层有助于提高精度。

8. 样本单元子层数目

分层抽样时，对不同子层抽取不同（或相同）样本单元的数量，数量的大小与报告期报表需求和精度要求有关。原则上，报表需要不同的层次就应有不同的抽样分层和相应的抽样数目。抽样推算精度与样本单元数量的平方基本成正比关系，因此，如需精度提高2倍，则数量应增为4倍。

9. 推算子层数量

在推算过程中，有可能为满足报表需要，对不同的子层进行推算，而这些子层在抽样时并没有设置，此时可采取事后分层，对推算时进行重新分层推算。当然最好和样本抽取时的子层设置相同。

10. 样本均值

是在抽样调查推算过程中仅对抽取的样本进行分析得到的指标，此时不涉及到总体汇总资料

（1）样本运输均值精度指标：包含不同子层吨（客）位天运量（周转量）及其样本标准差、极限误差。

（2）样本运输均值流向指标：包含不同子层在每个流向上产生的吨（客）位天运量（周转量）。

（3）样本运输均值分类指标：包含不同子层在每种货类上产生的吨（客）位天运量（周转量）。

（4）样本运输均值增加值指标：包含不同子层吨（客）位天产生的增加值相关的指标。

(5)样本运输均值效率指标:包含不同子层吨(客)位天产生的运输效率指标。

(6)样本运输均值燃油消耗指标:包含不同子层吨(客)位天产生的燃油消耗量指标。

11. 总体推算指标

总体推算指标是由样本均值指标和总体工具总吨(客位)及报告期的长短计算得到的相关指标。

(1)总体运输均值精度指标:包含不同子层总体运量(周转量)及其总体标准差、极限误差。

(2)总体运输均值流向指标:包含不同子层在每个流向上产生的总体运量(周转量)。

(3)总体运输均值分类指标:包含不同子层对每种货类产生的总体运量(周转量)。

(4)总体运输均值增加值指标:包含不同子层产生总体增加值相关的指标。

(5)总体运输均值效率指标:包含不同子层产生的总体运输效率指标。

(6)总体运输均值燃油消耗指标:包含不同子层产生的总体燃油消耗量指标

12. 推算精度分析基本概念

推算结果中的精度指标最为重要的是极限误差,在道路、水路运输抽样调查推算中应理解为:我们有95%的把握(置信度)保证报告期的真实值在抽样调查推算得到的推算值上下幅度为极限误差的范围内。一般全省极限误差控制在5%的范围内,地市控制在10%的范围内。如极限误差大于控制范围,建议扩大样本单元抽取数量。

事实上,道路、水路运输抽样调查的误差来源于两个方面:抽样误差和非抽样误差。以上极限误差考虑的是抽样误差,是机会误差,能反映在误差估计值(极限误差)中。而非抽样误差不能反映在极限误差值中,是由于人为和客观因素造成的。非抽样误差来源于以下几个方面:①抽样框(总体库)不完整,丢失总体单元、包含非目标总体单元、不准确的辅助变量(指标值)、抽样框陈旧;②无回答误差,遇到此种情况,一般进行替换,替换来源应在调查实施前确定,避免主观性;③计量误差,包含调查表的设计、被调查者的理解、记忆、环境因素,建议提前预约。非抽样误差的控制需要调查员认真负责,实事求是,在总体资料维护中做到尽量准确和完整。

13. 统计预测的基本概念

抽样调查程序中的统计预测是针对吨(客)位天产值而言的,由于在我们的抽样调查推算的过程中,其核心是吨(客)位天产值,这一点与其他各省有所差别。统计预测的基本方法是:使用前年、去年的历史资料(吨客位天产值)通过指数平滑法预测本年的历史资料(吨客位天产值),得到本年的历史资料预测值,利用本年历史资料预测值校正本年实际样本调查推算的均值指标,从而得到本年各子层的均值指标的估计值,使用本年的均值指标估计值推算本年的各子层总体指标值。

由于各地市历史资料难以全面收集和整理,软件系统仅使用两年资料进行预测,并在预测时使用的参数(如权数)并不是很理想,这有待于历史资料的收集、整理和测算。

第六节　现行道路运输统计实务

根据交通运输部《道路运输统计报表制度》,将道路运输行业统计指标归于十大类。

一、道路运输管理机构基本情况统计

主要统计各级道路运输管理机构的设置及人员情况,机构设置按地(市)级、县(区)级和派驻机构或分站统计,人员按其所在机构和文化程度分别统计。

1. 机构设置

(1)机构个数的统计以组织人事管理关系为依据。在同级机构中,运输管理与维修管理机构分设的,应按实际个数分别统计。对于组织人事关系同一管理,而多名称的,即“一套人马,多块牌子”应统计为一个机构。

(2)地(市)级是指地、市、州、盟的道路运输管理机构。

(3)县(区)级是指县、县级市、县级区、旗的道路运输管理机构。

(4)派驻机构或分站是指各级交通主管部门或道路运政管理机构派驻在乡(镇)、口岸、车站等地,从事道路运输管理工作的分支机构。

2. 运输管理机构人员

(1)运输部门人员:指各级道路运输管理机构实际在册人员数,包括运输管理人员和生活后勤服务人员,不包括离退休人员。

(2)管理人员:指从事道路运政管理工作的人员,包括各类运输业务管理、计统、财务以及政治工作人员等。管理人员按其所在机构分,应与机构设置相一致。道路运政管理与其他管理(如水运管理、养路费征收管理)合署设置的机构,其“运政部门人员”和“管理人员”只统计实际从事道路运政管理工作的有关人员。

(3)省(市、区)级:指省、直辖市、自治区的道路运政管理机构。

(4)文化程度:指运政人员最后接受文化教育程度,如大学、大专、高中等。

3. 离退休人员

指已在各级道路运政管理机构办理了离退休手续,并在道路运输管理费中支付退休费用的人员。

二、道路运输经营业户及从业人数统计

本表统计范围是持有各级道路运政管理机构核发的有效道路运输经营许可证(含汽车维修技术合格证、机动车驾驶员培训许可证、车辆检测许可证,以下简称“许可证”),从事道路运输经营活动的营业户数及从业人数。

1. 道路运输经营许可证在册数

道路运输经营许可证在册数:是指道路运政管理机构核发的有效许可证的个数。

2. 按道路运输经营许可证核定的经营范围分

(1)道路货物运输:指许可证中核定的经营范围为普通货运、危险货物运输、国际、国内集装箱运输、零担货物运输、大型物件运输、鲜活、果蔬运输、冷藏保温货物运输、搬家运输、货运出租、快速货运、货物配送、出入境货运中的任意一或多项的经营业户。其中"汽车运输"指使用汽车从事上述任一项或多项经营的经营业户,"其他"指使用除汽车以外的其他运输工具从事道路货物运输的经营业户。

(2)道路旅客运输:指许可证中核定的经营范围为班车客运、高速客运、旅游客运、出租客运、包车客运、出入境客运中的任意一或多项的经营业户。其中"汽车运输"指使用汽车从事上述任一项或多项经营的经营业户,"其他"指使用除汽车外的其他运输工具从事道路旅客运输的经营业户。

(3)道路运输服务:指许可证中核定的经营范围为物流服务、货运代办、客运代理、信息配载、仓储服务、流通加工、货物包装、货物中转、货物联运、停车场经营、客运站经营、货运站经营、集装箱中转站经营、零担站经营、汽车租赁、商品汽车发送、汽车综合性能检测、机动车驾驶员培训、从业人员岗位培训、业务咨询中的任意一或多项的经营业户。

(4)道路搬运装卸:指许可证中核定的经营范围为普通货物装卸、大型物件装卸、危险货物装卸中的任意一或多项的经营业户。

(5)汽车维修:指许可证中核定的经营范围为汽车大修、总成修理、汽车维护、汽车小修、专项修理、摩托车修理、汽车、摩托车配件销售中的任意一或多项的经营业户。

3. 从业人数

指在道路运输业中从事生产、经营和管理的人员数。按道路货物运输、道路旅客运输、道路运输服务、道路搬运装卸和汽车维修5大类分别统计。如果由于一个经营业户从事上述5大类中的一类或几类经营,其从业人数难以按本项的要求准确分类,则允许根据实际情况大致估算,但估算的分类从业人数之和必须与该业户实际总的从业人数一致。

三、道路客货运输企业经营资质统计

按各级道路运政管理机构核定的,具备经营资质的道路旅客运输企业、道路货物运输企业数量进行统计。客货运输企业经营资质分类按《道路旅客运输企业经营资质管理规定(试行)》(交道路发[2000]225号)和《道路货物运输企业经营资质管理办法(试行)》(交道路发[2001]154号)两个文件执行。

四、营运载客汽车统计

营运载客汽车指持有道路运政管理机构核发的道路运输证的客运汽车。从事道路旅客运输的营运载客汽车数量,分别按车辆的经营范围、等级和类型统计。其中,客位以道路运政管理机构核发的道路运输证中的核定数为准。

(1)班车客运客车的类型划分按部颁标准《营运客车类型划分及等级评定》(JT/T 325—1997)执行,即:

①大型客车:车身长度>9m;

②中型客车:6m<车身长度≤9m;

③小型客车:车身长度≤6m。

(2)营运客车等级划分按部颁标准《营运客车类型划分及等级评定》(JT/T 325—1997)执行。大型高级车包括高三、高二、高一级;中型、小型高级车包括高二、高一级。

(3)卧铺客车:指具有固定的躺卧设施,用于旅客运输的客车。

(4)其他客车:指除班车客运客车、旅游客车、出租客车、租赁客车以外从事其他旅客运输经营的客运汽车。

(5)个体客车:指在道路运输证中"经济类型"项标注为个体的客车。

五、营运载货汽车统计

营运载货汽车是指持有道路运政管理机构核发的道路运输证的载货汽车,包括普通载货汽车和专用载货汽车,不包括牵引车和挂车。计算单位:辆、吨位或标准箱。吨位计算以道路运政管理机构核发的道路运输证中核定数为准。

1. 按燃料类型划分

(1)汽油车:指发动机燃料类型为汽油的货车;

(2)柴油车:指发动机燃料类型为柴油的货车(汽油车、柴油车中均不包括牵引车);

(3)双燃料车:指既可以使用汽油或柴油,也可以使用压缩天然气液化石油气等作为发动机燃料的汽车。

2. 按车辆用途划分

(1)普通载货汽车:指具有一般构造栏板式、平板式及厢式货运汽车,包括自卸车、半挂车、厢式车等。

(2)专用载货汽车:指具有特殊构造及附属设备从事专门用途的货运汽车,如罐车、集装箱车、大型物件运输车、冷藏车等。

①集装箱运输车:指具有集装箱转锁装置用于运输国际标准集装箱的专用车辆。

②大型物件运输车:指专门用于大型物件运输的车辆。

③商品汽车运输车:指具有承载汽车的结构,专门用于运输商品汽车的车辆。

④冷藏保温车:指具有冷藏设备的厢式货柜,专门用于须保持一定温度物品运输的车辆。

⑤罐车:指具有罐状结构,专门用于液体、粉状及流质物质运输的车辆。

3. 按营运载货汽车的类型划分

(1)大型货车:是指标记吨位4吨以上的货车;

(2)重型货车:是指标记吨位8吨及以上的货车;

(3)中型货车:是指标记吨位2吨以上,4吨及以下的货车;

(4)小型货车:是指标记吨位2吨及以下的货车。

六、道路客货运站及客运班车通达情况统计

主要统计由各级道路运政管理机构核定的等级客运、货运站数量、客运站务人员、客货运站工作量及客运班车通达情况。

(1)客运站统计范围是指取得许可证的客运站。

(2)客运站站级划分按照中华人民共和国交通行业标准《汽车客运站级别划分和建设要求》(JT/T 200—1995)执行。等级站的统计以道路运政管理机构核发的汽车客运站站级证书为准。

(3)简易站是指等级站以外的为营运客车提供发车服务的场地。

(4)客运站务人员是指客运站(包括简易站)从事乘务、售票、验票、广播、安全、问事、行包、小件寄存、服务等工作的人员。

①发出班次:指客运站(包括简易站)一共发出的班次;

②旅客发送量:指客运站(包括简易站)一共发送的旅客人数。

(5)货运站:指组织货物集散并提供货物运输服务,进行货物装卸、中转换装、仓储保管中介代理、通信信息、辅助服务等业务,并具有车辆进出通道和货物装卸作业条件的场所(零担、集装箱中转站等均包括在内)。

(6)货运站等级:站级划分按照部颁标准《汽车货运站(场)级别划分和建设要求》(JT/T 402—1999)执行。

(7)换算吞吐量:指一、二、三、四级货运站的换算吞吐量总和。换算吞吐量的计算方法按照部颁标准《汽车货运站(场)级别划分和建设要求》(JT/T 402—1999)执行。

(8)客运班车通达情况:

①乡镇总数:指本行政区域内乡镇总数,以民政部门统计数字为准;

②通班车的乡镇数:指乡镇政府所在地已开通客运班车的乡镇数;

③行政村总数:指本行政区域内行政村总数,以民政部门统计数字为准;

④通班车的行政村数:指客运班车运行起点、终点及中途停靠站点两公里以内的行政村数。

七、道路客运线路班次统计

道路客运线路班次的统计范围是经各级道路运政管理机构批准的客运线路,不包括通

过本辖区的过境线路。

1. 客运线路

客运线路指持有道路运政管理机构核发的有效道路客运线路证件，已开通班车、旅游客运线路的条数、班次数。

(1)跨省线路：指起讫点在不同省内或起讫点虽在同一省内但穿越其他省的客运线路(省包括自治区、直辖市)；

(2)跨地区线路：指起讫点在不同地区内或起讫点虽在同一地区内但穿越其他地区的客运线路(地区包括自治州、盟和地级市)；

(3)地区内线路：指整条线路均在同一地区内的客运线路；

(4)县内线路：指整条线路均在同一县内的客运线路(县包括自治县、旗和县级市)；

(5)起讫点相同，运行线路相同(含临时绕道)的，统计为一条客运线路，否则应分别统计。

2. 班次

班次指在各类客运线路上，班车、旅游客车实际开行的班次数量。

八、汽车维修业及汽车综合性能检测站统计

主要统计汽车维修业营业户数、维修工作量以及汽车综合性能检测站数量和完成检测量。

(1)汽车维修业户分类按国家标准《汽车维修业开业条件》(GB/T 16739.1～16739.3—1997)执行，摩托车维修业户按国家标准《摩托车维修业开业条件》(GB/T 18189—2000)执行。

(2)摩托车维修业户：指一类摩托车维修企业和二类摩托车维修业户。

(3)完成工作量：指各类维修业户所完成的整车大修、总成大修、二级维护和专项修理工作量。

(4)检测站等级分类，按国家标准《汽车综合性能检测站通用技术条件》(GB/T 17993—1999)执行，除A级、B级站外，原其他级站计入其他中。

(5)完成检测量：指实际完成的各类检测辆次数。

①维修竣工检测：汽车维修竣工出厂前，为确保汽车维修质量而进行的检测作业；

②等级评定检测：为评价车辆技术等级而对车辆实施的检测作业；

③质量仲裁检测：指接受技术监督部门委托对维修质量进行的检测作业；

④排放检测：为评价汽车污染排放状况进行的检测作业；

⑤维修质量监督检测：指维修行业管理部门为监督检查汽车维修质量而对维修出厂后的车辆实施定期和不定期抽检作业。

九、出入境汽车运输统计

主要统计通过我国已开通汽车运输的边境口岸、道路，由中、外双方承运者完成的出入

境汽车(含内地与香港、澳门间)货物、旅客运输量和行车许可证使用量。

1. 货物(旅客)运输量

(1)货物(旅客)运输量(合计):指从事出入境汽车运输的中、外双方承运者通过我国已开通汽车运输的边境口岸,完成的出境、入境货物(旅客)运输量。

(2)货物(旅客)运输量(中方):指从事出入境汽车运输的中方承运者通过我国已开通汽车运输的边境口岸,完成的出境、入境货物(旅客)运输量。

2. 出入境辆次

(1)出入境辆次(合计):指从事出入境运输的中、外双方车辆出入我国已开通汽车运输的边境口岸的次数。

(2)出入境辆次(中方):指从事出入境运输的中方车辆出入我国已开通汽车运输的边境口岸的次数。

3. 许可证使用量

(1)许可证使用量(合计):指设在口岸的口岸交通运输管理机构实际查验中、外双方承运者使用各类许可证的数量。

(2)许可证使用量(中方):指设在口岸的口岸交通运输管理机构实际查验中方承运者使用各类许可证的数量。

十、外商投资道路运输企业统计

统计范围是经交通运输部批准立项的从事道路旅客运输、货物运输、车辆维修、搬运装卸和运输服务的中外(含港、澳、台)合资、合作企业。统计主要指标有企业名称、企业资质等级、中方合营者、外方合营者、主要经营范围。

第十章 运政监督检查

第一节 运政监督检查概述

一、运政监督检查的概念

运政监督检查是指运输管理机构,为了保障运输法律法规的实施,实现其行政管理职能,根据法律法规的授权和行政机关的委托,依法督促对从事运输活动的公民、法人或者其他组织自觉遵守运输法律、法规、规章,并对违法行为予以纠正和处理。是运输管理机构实施的,具有专属性和强制力的行为。

二、运政监督检查的特征

运政监督检查受运输管理相关的法律、法规和规章调整,并能引起运政管理的法律效果,除了执行监督检查的主体必须具有合法性以外,还具有以下特征:

1. 统一性

运政监督检查内容的实体性是指对运政管理对象行使的实体权利、履行的实体义务是否符合法律法规的规定所实施的监督检查;程序性是指对运政管理对象行使权力和履行义务时是否遵循了法定程序所实施的监督检查。二者是密不可分的有机统一整体。

2. 要式性

要式行为是指必须采取某种方式进行或具有某种规定形式的行为。例如,运政管理机构在实施监督检查时,必须有 2 人以上;采取“暂扣车辆”等行政强制措施时,必须有书面凭证并经主管负责人签字;作出处罚决定时,必须向当事人送达书面形式的“处罚决定书”等。

3. 联结性

监督检查是发现、处罚违章的主要手段,没有监督检查就很难确认运政管理对象的某种行为是否合法或者违法,也就无法作出处罚决定。可见,没有监督检查,运政管理的各种手段就失去了保障实施的前提条件,而且二者的运作过程也是相互联结的。运政监督检查与处理的联结性正是运政监督目的的保证。

4. 复杂性

(1) 由于交通运输的不断发展,形成了多样化的运输方式和多元化的运输主体,从而使运政监督检查的内容越来越丰富,因此根据不同检查内容的特点,必须采取不同的检查手段、检查方式,必须动态检查和静态检查结合。

(2) 由于交通运输作为一种生产方式,其产品不具有实物形态,运输管理机构在查处违章、搜集证据时,其证据具有不固定性,可变性大。

(3) 运输管理内容与其他部门的管理内容交叉、重合多,因此运政监督检查工作必须与多个部门联合,取得支持,方能取得实效。

(4) 运政管理机构实施处罚的主体资格具有双重性,在依据《危险化学品安全管理条例》、《中华人民共和国水路运输管理条例》进行处罚时,是受交通主管部门的委托以交通主管部门的名义实施处罚;在依据《中华人民共和国道路运输条例》进行处罚时,由于是法规授权,是以运政管理机构的名义实施处罚。

三、运政监督检查的作用

运政监督检查作为发现和纠正违反运输管理法律、法规、规章的行为,保证国家有关运输的法律、法规、规章和各项方针政策得以贯彻实施,促进运输业健康协调发展的措施,其作用体现在以下 4 个方面:

(1) 维护运输市场秩序,保护公平竞争。维护和健全运输市场秩序,加强运输市场监管,维护公平竞争,打击扰乱运输市场秩序和经营欺诈等违法行为,是运管机构的重要职责。当前,运输市场存在着无证营运、随意揽客、揽货、不正当竞争等违法行为。因此通过运政监督检查,制止和取缔无证经营行为,打击不正当竞争行为,维护运输市场的正常秩序,使合法经营者的权益得到保护。

(2) 保障运输有关各方当事人的合法权益。对运输活动的规范和运输市场秩序的维护与人民群众的利益密切相关,保护各方当事人的利益,是运输管理机构的一项重要使命。当前,运输市场存在着途中甩客甩货、敲诈旅客或货主、使用假冒伪劣配件维修车辆等损害当事人利益的行为,因此通过监督检查,纠正和制止野蛮运输、违法经营、乱收费用、不讲质量等行为,使运输有关各方当事人的合法权益得到保障。

(3) 掌握运输市场信息。通过监督检查发现和掌握运输经济信息,发现运输行为中出现的各类问题,为完善有关运输法律、方针、政策,提供依据。对运输行业的总体状况作出客观公正的鉴定评估,为运管机构进一步采取某种行政措施提供依据和理由,为有关部门制定运输政策和运输法律法规提供依据。

(4) 保障运输管理目标的实现。运输管理机构为履行维护运输市场秩序,加强市场监管,维护公平竞争,打击扰乱运输市场秩序的违法行为的重要管理职责,必须借助多种手段,而监督检查正是诸多手段中的一种。①通过监督检查,有利于运输法律和政策的实施。运输经营者是否遵守运输法律、法规、规章及政策,都需要通过监督检查来检验。加强运政监督检查,能使运输法律、法规、规章及政策得以有效实施而不至于处于虚置状态;②通过监督检查,可对运输经营者是否违法的状况进行了解,并对违法者进行处理和制裁,达到预防和制止运输违法行为的目的,也有利于提高运输经营者的法律意识。

四、运政监督检查的原则

1. 合法性原则

合法性原则是指运输管理机构的活动必须遵守法律,监督检查必须以法律为依据,严格遵守法律对监督检查权的有关规定。它要求运输管理机构在监督检查时做到事实清楚、适用法律正确、依法定程序行政、依法行使权力、依法履行职责,不超越法定的权限。监督检查的合法性包括监督检查的主体、方式、程序合法等内容。合法性原则的核心,是要求运输管理机构必须严格依法办事,必须符合法律的规定。例如,调查取证是监督检查的主要内容,因此调查取证的合法是至关重要的。①搜集证据的主体必须合法,在现代法制社会,要求收集证据的主体必须是法定的,非法定主体搜集的证据,无论取得的途径、手段、方法是否合法,都不具有合法性;②取证方式必须符合法定程序,也就是取证必须遵循或履行法定的步骤、顺序、方式和时限;③取得的证据必须符合法定的形式,证据形式是否完备是认定证据是否合法的基本标准,也是在作出具体行政行为或行政诉讼中证据审查的一个重要内容。

2. 合理和谐原则

随着科学发展观的深入贯彻,和谐社会建设必将逐步成为评价一个行业、一个单位的社会标准。因此,各级运输管理机构必须高度重视处理好和谐社会建设与运政执法的关系,最大限度地减少运政执法中的对立和矛盾,千方百计发挥运政执法在和谐社会建设中的正面效应。运输管理机构作为与社会联系密切的部门,而且承担着极为繁重的发展任务,获得方方面面的理解和支持尤为必要,因此,在监督检查过程中务必要兼顾创建文明行业工作,着力塑造公正、廉洁、务实、高效、亲民的执法形象。

合理性原则是更深层次的合法与否的问题,是对依法治运提出的更高要求,它是指运输管理机构在监督检查时不仅应当按照法律规定的条件、种类和幅度范围作出行政决定,而且还要求这种决定应符合法律的意图和精神,符合公平正义等法律理性,符合教育与处罚相结合的原则。①正当性。运输管理机构的行政行为,在主观上必须出于正当的动机,在客观上必须符合正当的目的;②平衡性。运输管理机构在作出一种行政行为时,必须注意权利与义务、个人受损害与社会所获利益、个人利益与国家集体利益之间的平衡;③情理性。运输管理机构的监督检查行为,必须符合客观规律,合乎情理,不能要求运输活动者承担其无法履行或者违背情理的义务,不能机械的执法。因此,运政监督检查必须符合法律的目的,必须具有合理的动机,必须考虑相关因素。

3. 效能、便民原则

是指运输管理机构在监督检查时,要力争以尽可能短的时间,尽可能少的人员,尽可能低的经济耗费,办尽可能多的事,取得尽可能大的社会、经济效益。效能原则主要有下述三项要求:①严格遵守监督检查的程序和时限,对各种违章行为的调查处理法律有时效规定的,不得超过规定的期限,无时效规定的,尽可能缩短处理期限;②各类违法行为必须及时查处并得以杜绝。③运输管理机构组织精干,办事高效。

4. 公开、公正、公平原则

我国的《行政处罚法》《行政许可法》及《道路运输条例》等法律、法规规定,实施监督检查要遵循公开、公正、公平原则。这对规范运政监督检查行为,保护公民、法人和其他组织的合法权益,保障和监督运输管理机构正确行使监督检查权,都有重要意义。公开原则包括事先依据公开,事中过程公开和事后结果公开三项内容。公正、公平原则是指运输管理机构在进行监督检查时,要平等地对待相对人,排除各种可能造成不平等或偏见的因素,内容包括运输管理机构及工作人员必须办事公道,不徇私情,合理使用自由裁量权,对管理相对人应同样情况,同样处理,不同情况,不同处理,不把监督检查权作为"寻租"、创收的手段。

5. 重视程序原则

坚持依法行政,不仅要重视实体,还要重视程序。不断提高按程序执法的自觉性,严格按程序办案,是实施监督检查达到合法高效的基本保证。但是,目前行政执法中存在的一个突出问题就是重实体、轻程序,实体错了,影响的只是个体,而程序错了,影响的可能是全体管理相对人。因此,运政执法活动中必须注重执法程序的完善。运政执法的程序包括立案、调查取证、审批、定案、送达、执行等内容。要提高运政执法质量,必须以规范执法程序为根本,严格程序流程。①要严把程序审核关,加强对行政处罚案件的违章证据的收集、违章行为的认定、适用法律、法规的条款、文书制作内容的审查,把好调查取证、送达告知、行政处罚、文书制作整理每一环节;②要严格履行告知义务,要注意违法当事人的陈述、申辩权的告知及陈述、申辩内容的记载,注意送达回证的签收保存;③要推行重大事项合议制,对较大数额的行政处罚要坚持集体讨论研究,严把案件的文书质量关、案件的定性关,做到立案有据,取证规范,处罚公正。

6. 保护当事人权利的原则

(1)法律、法规赋予当事人的权利必须予以保障,如当事人申辩和听证、申请复议、提起行政诉讼、要求行政赔偿等权利。

(2)不能采取法律禁止的方式进行监督检查,违反法定程序搜集证据,如以偷拍、偷录、窃听等手段侵害他人合法权益搜集证据,以利诱、欺诈胁迫、暴力等不正当手段取得证据,行政处罚要防止有罪推定。

第二节 运政监督检查的依据和内容

一、运政监督检查的法律、法规依据

运政监督检查的法律、法规依据，见表11-1所示。

运政监督检查的法律、法规依据 表11-1

名 称	有关条款
《中华人民共和国行政许可法》	第十条 行政机关应当对公民、法人或者其他组织从事行政许可事项的活动实施有效监督。 第六十一条 行政机关应当建立健全监督制度，通过核查反映被许可人从事行政许可事项活动情况的有关材料，履行监督责任
《中华人民共和国行政处罚法》	第二十七条 当事人有下列情形之一的，应当依法从轻或者减轻行政处罚： （一）主动消除或者减轻违法行为危害后果的； （二）受他人胁迫有违法行为的； （三）配合行政机关查处违法行为有立功表现的； （四）其他依法从轻或者减轻行政处罚的。 违法行为轻微并及时纠正，没有造成危害后果的，不予行政处罚。 第三十七条 行政机关在调查或者进行检查时，执法人员不得少于2人，并应当向当事人或者有关人员出示证件。当事人或者有关人员应当如实回答询问，并协助调查或者检查，不得阻挠。询问或者检查应当制作笔录。 行政机关在搜集证据时，可以采取抽样取证的方法；在证据可能灭失或者以后难以取得的情况下，经行政机关负责人批准，可以先行登记保存，并应当在7日内及时作出处理决定，在此期间，当事人或者有关人员不得销毁或者转移证据
《中华人民共和国安全生产法》	第五十四条 依照本法第九条规定对安全生产负有监督管理职责的部门（以下统称负有安全生产监督管理职责的部门）依照有关法律、法规的规定，对涉及安全生产的事项需要审查批准（包括批准、核准、许可、注册、认证、办法证照等，下同）或者验收的，必须严格依照有关法律、法规和国家标准或者行业标准规定的安全生产条件和程序进行审查；不符合有关法律、法规和国家标准或者行业标准规定的安全生产条件的，不得批准或者验收通过。对未依法取得批准或者验收合格的单位擅自从事有关活动的，负责行政审批的部门发现或者接到举报后应当立即予以取缔，并依法予以处理。对已经依法取得批准的单位，负责行政审批的部门发现其不再具备安全生产条件的，应当撤销原批准
《中华人民共和国道路运输条例》	第七条 国务院交通主管部门主管全国道路运输管理工作。 县级以上地方人民政府交通主管部门负责组织领导本行政区域的道路运输管理工作。 县级以上道路运输管理机构负责具体实施道路运输管理工作

续上表

名　称	有 关 条 款
《中华人民共和国水路运输管理条例》	第四条　交通部主管全国水路运输事业，各地交通主管部门主管本地区的水路运输事业。 各地交通主管部门可以根据水路运输管理业和的实际情况，设置航运管理机构
《中华人民共和国危险化学品安全管理条例》	第五条　对危险化学品的生产、经营、储存、运输、使用和对废弃危险化学品处置实施监督管理的有关部门，依照下列规定履行职责： （五）交通部门负责危险化学品道路、水路运输单位及其运输工具的安全管理，对危险化学品水路运输安全实施监督，负责危险化学品道路、水路运输单位、驾驶人员、船员、装卸人员和押运人员的资质认定，并负责前述事项的监督检查
《中华人民共和国无照经营查处取缔办法》	第十七条　许可审批部门查处本办法第四条第一款第（一）项、第（五）项规定的违法行为，应当依照相关法律、法规的规定处罚；相关法律、法规对违法行为的处罚没有规定的，许可审批部门应当依照本办法第十四条、第十五条、第十六条的规定处罚

注：部门规章（略）。

二、运政监督检查的内容

1. 运输经营资质的监督检查

（1）运输经营者必须具备法律、法规、规章等规定的条件，依法申请，取得运输管理机构核发的道路、水路运输经营许可证件、车辆道路运输证件、客运标志牌等方可从事运输经营活动，不得使用失效、伪造、变造、被注销等无效许可证件从事运输经营活动。

（2）运输经营者必须根据行政许可的范围、期限从事运输经营。运输经营者应当按照经营许可证核定的经营范围从事营运，不得超范围经营。道路运输经营者超范围经营时，虽然具有运输经营许可证，但是其营运范围已超过运输管理机构核定的经营范围，与运输经营许可证的规定不相符。再次，要防止运输经营者在经营过程中资质条件的下降，督促其保持法定的资格条件。运输企业资质关、运输车辆、船舶技术关，从业人员资格关是运输经营资质监督检查重点内容。

2. 运输经营秩序的监督检查

运输经营者必须法律地位平等，公平竞争，诚实信用，因此运管部门必须加强监管，维护运输市场的法律秩序。

（1）运输经营行为的监督检查。运输经营者必须按照法律、法规、规章等规范性文件规定的方式以及其他权利、义务要求从事运输经营活动。内容包括客运经营者应当为旅客提供良好的乘车环境，保持车辆清洁卫生，并采取必要措施防止在运输过程中发生侵害旅客人身、财产安全的违法行为；班车客运是否按固定的线路、时间、站点、班次运行，是否向公众提供连续运输服务；从事包车客运的，应当按照约定的起始地、目的地和线路运输；客运经雨者、危险货物运输者应当分别为旅客或危险货物投保承运人责任险；机动车维修经者应当公布维修工时定额和收费标准，合理收取费用并实行质量保证期制度；道路运输站（场）经营者应当合理安排客运班次，为旅客或货主提供安全、便捷、优质的服务等。

（2）运输市场竞争行为的监督检查。竞争必须公平、合法，否则将损害其他经营者和旅客、货主或其他当事人的权益，因此不正当竞争要通过监督检查予以禁止。内容包括货运经营者不得采取不正当手段招揽货物，垄断货源；客运经营者不得强迫旅客乘车，不得甩客，敲诈旅客；任何单位和个人不得实行地区和部门封锁，垄断客源、货源；客货运经营者不得阻碍其他客货运经营者开展正常的运输经营活动；道路客、货运经营者应当遵守国家有关价格法律、法规和规章的规定，不得恶意压价竞争；水路运输经营者不得实行地区或部门封锁，垄断客货源，强行代办服务等。

（3）对“三关一监督”内容的检查。涉及“三关一监督”等运输安全违章直接涉及公共安全、人身健康和生命财产安全，因此必须坚持“安全第一”的原则，把监督检查的重点放在运输安全上。内容包括客货运经营者应当加强对�札辆跄维护和检测，确保车辆技术状况良好；客货运经营者应当加强对从业人员的安全、职业道德教育和业务知识、操作规程培训，确保安全运输；严禁道路运输车辆违反装载规定，超载、超限运输；禁止客货运输经营者使用报废、擅自改装、拼装的、检测不合格以及其他不符合国家规定的车辆从事运输经营活动；运输经营者应当采取必要措施，防止货物脱落、扬撒；机动车维修经营者不得使用假冒伪劣配件维修机动车，不得承修已报废的机动车，不得擅自改装和利用配件拼装机动车；机动车培训机构应当按照国务院交通主管部门规定的教学大纲进行培训，确保培训质量等。

第三节　运政监督检查的方法和要求

一、运政监督检查的方法

1.源头检查

源头检查是指运输管理机构通过核查经营业户档案、台账等资料或通过管理人员到固定的经营场所、作业现场或业户住所地检查，及时发现并解决问题，达到源头控制，及时纠正，事前管理的目的。主要有四种形式；

（1）档案、台账核查。运输管理机构可对辖区内运输经营业户的车、船、设备、证照及其他单证的领发、规费缴纳等情况进行定期、不定期核查。通过检查了解辖区内经营业户的基本经营情况，发现并纠正经营业户违规或不规范经营行为。

（2）上户检查。运输管理机构可组织人员，定期或不定期到运输企业、单位和个体运输户或车、船比较集中的乡（镇）上门了解经营活动、单证使用、运价执行、规费缴纳等情况，必要时，可以会同物价、税务、工商、公安等有关机构组织联合检查。可以采取的方法有：①通过听取汇报，是指运输管理机构通过对相对人自己的说明来了解相对人守法的情况，一般与其他方法并用，才能收到较好效果；②统计是运政部门通过某些数据的了解来对相对人的守法情况进行检查；③责令提供必要的资料、凭证等。运输管理机构为实施行政检查，可以要求相对人对有关事项提供必要的证明、资料。《道路运输条例》规定，道路运输管理机构在实施监督检查时，可以向有关单位和个人了解情况，查阅复制有关资料。被检查单位应当如实提供有关情况和材料。

(3)驻点检查。运输管理机构根据实际情况，可在旅客、货物比较集中的地方，如在重点港站厂矿、客货运站场、社会客运发车点、旅游区以及物流中心等设置管理机构，派驻运输管理人员，常年驻点监督，配合场站的业务人员搞好运输的组织指挥和秩序的维护，现场监督运输法律、法规和规章的执行情况，及时纠正和处理各类违章。

(4)定期审验。定期审验，主要有两种方式：①通过年审，对运输经营业户的经营资格、经营行为、遵章守法等方面进行全面检查；②定期召开运输经营业户会议，宣传运输管理法规，了解运输经营业户经营情况，沟通行业信息，检查运输证照办理和规费缴纳情况。

2. 上路上航检查

上路上航检查是指通过在道路和水路上设点设站或巡回流动的检查方式，对运行中的运输车船所进行的监督检查，属于一种过程控制的方法。主要有两种形式：

(1)设点检查。设点检查是指运政执法人员在经有权机关批准的固定检查点对过往的车、船进行检查。道路检查站一般设置在国省干道收费站；水路检查站一般设置在主要航道的船闸或停泊区。

(2)流动检查。流动检查是指运政执法人员在道路、航道上巡回流动检查运输车辆及停泊在码头、锚地的船舶，具有不定点、不定时、不定人的特点。

监督检查是运输管理机构的责任和权力，但监督检查方法的运用，要保证检查的质量，因地制宜，行之有效，以不影响运输经营者正常的经营活动为标准。道路运输管理机构应当努力提高监督检查能力，改进监督手段，切实履行监督检查职责。

二、运政监督检查的要求

运政监督检查必须坚持统一执法标志，表明执法身份，规范执法行为，违章必究的原则，主要遵循以下要求：

(1)监督检查时，应统一着装，佩戴标志，备齐法律文书、取证器材，仪态端庄，举止文明。以礼待人，以法服人，依法行政，秉公执法。

(2)出示统一执法证件，表明执法身份。运政执法人员监督检查时，应有 2 名以上运管工作人员参加，应当主动出示交通运输部统一格式的交通行政执法证件，并告知检查的目的及法定权力。监督检查时必须使用执法标志车辆，不得使用非标志车辆或社会车辆上路执法。

(3)应当严格按照职责和程序进行监督检查,不得乱设卡、乱收费、乱罚款。应当在道路运输及相关业务经营场所、客货集散地进行监督检查,必要时可上路(航)检查。

(4)道路检查时应根据道路条件和交通状况,选择安全和不妨碍通行的地点进行,应在检查点前方设置“检查”警示牌。检查中稽查人员指挥停车时,应面向来车,站在道路中线的左侧,姿态端庄,在来车相距150米处连续发出停车检查信号,指挥车辆到达指定的停靠位置。应用正确规范的手势,示意车辆靠右边停靠。检查中指挥车辆停车信号分为徒手指挥和使用停车示意牌(灯)两种。夜间指挥一律使用停车示意灯,同时要求稽查人员加着反光服。不得随意拦截正常行驶的车辆,不得双向拦车,检查路段待查处理车辆不得超过3辆。严禁追车。

(5)上航检查时,只检查停泊在港口、码头、锚地的船舶,在水上依法巡逻检查、除发现有违章行为和犯罪情况外,不得强行拦截、追逐拦截航行中的船舶停靠接受检查,不得随意扣押或滞留船舶。经批准设置的检查、监督、征费站,应对外公布设站的批准文号、批准单位、工作范围;涉及收费的,要对外公布收费项目、收费标准和收费单位,公开监督举报电话,公开服务承诺,有条件的地方可设监督检查员,加强自我监督机制,接受社会监督。监督、检查船(艇)应有执法标志。检查船队不超过2个,保证航道畅通。

(6)拒绝停车接受检查的不得强行拦截,驾车逃逸的,不得开车追截;发现运载鲜活农产品车辆违章的,要记录驾驶人、车辆和违法行为等情况,教育或者警告后尽快放行,不得滞留车辆和罚款。

(7)记录监督检查的情况和处理结果并归档,保守被检查单位和人员的商业秘密。运输管理机构在检查中,如果涉及国家、商业秘密和个人隐私的,运输管理机构应当注意保护,防止泄漏。

第四节　运政执法的调查取证

一、证据种类

调查取证是查明案件事实真相的手段,其目的在于获得可以证明案件事实的各种证据。通过多年实践,运政监督检查中可以取得的证据有:

(1)书证。是指以文字、符号、图画等所表达和记载的内容,如运输合同、运输发票、名片等,可以通过复制、拍照等方法取得。

(2)物证。是指用物品的外形、特征、质量等说明待证事实的一部分或全部物品,如从事运输活动的工具,运输的货物等。可以通过询问、拍照、录像、查扣等方法取得。

(3)当事人的陈述。是指当事人就他们所感知的有关案件的事实情况所作的口头或书面的陈述。如驾驶人员、车主等在运输管理机构对其进行检查时所作的陈述。

(4)视听资料。是指运用先进的科学技术手段,用录音、录像、电子储存资料以及其他科技设备所反映的资料来证明案件事实的证据。如运政人员用摄像机、车载监控设备、现场监控设备取得的当事人的违法行为等。

(5)证人证言。是指证人就自己所知道的情况向运管机构所作的陈述,如乘客的证言,货主的证言、旁观群众的证言等。

(6)鉴定结论。是指专门鉴定部门借助鉴定人的专门知识、技能和经验对有关事实材料及某些专门性问题涉及的客体,所作出的判断性意见,如危险货物的鉴定结论、假冒伪劣配件的鉴定等。

(7)勘验笔录、现场笔录。勘验笔录是指运政执法人员依法对与案件有关的场所、物品等进行实地勘察检验时所作的客观记录,如对改装车辆加高、加长、加宽拦板尺寸的测量和记录。现场笔录是指运政执法人员在实施管理的活动中,对违反运输法律法规的行为当场给予行政处罚或作出其他处理时而作的记录。如运政执法人员在现场所作的询问、陈述、谈话类笔录。

二、调查取证方法

调查取证是法律赋予运输管理机构的权力,调查取证的方式因事而异,主要有:

1. 询问

询问是指运输管理机构工作人员对运输经营者、驾乘人员、旅客、货主等了解情况,取得证据、查明事实的一种手段,对于当事人来讲,也是陈述事实和进行辩解的机会。询问应注意以下问题:

(1)询问应制作笔录,询问笔录是运政执法案件能够反映整个案件情况最主要的证据,是整个案件发生过程如实、全面的书面记录,是运政管理机构作出行政处罚决定的依据之一,也是当事人不服行政处罚决定提起行政复议和行政诉讼时,运政管理机构向有关机构提供的证据之一。

(2)询问当事人,可以到运输管理机构、当事人住所、或违章行为现场进行,询问应当有2个以上执法人员参加,以保证询问的合法性。

(3)运政执法人员在制作询问笔录时,首先要表明执法人员身份,出示执法证件,告知询问的合法性,其次询问当事人的基本情况,查明当事人的身份,重点针对涉嫌违章情况询问当事人的车号、车型、隶属关系,经营项目、运输过程等。然后询问其有无违法行为,让其陈述事实情节并作辩解。询问笔录内容要有针对性的反映运输经营情况违章情节、确认违章主体。并记录当事人(驾驶员、车主、乘客)姓名、地址、联系方式及有效身份证件,违法事实清楚拟给予处罚的,应告之相对人违法事实,处罚依据以及相对人享有的陈述、申辩权。

(4)在询问过程中,要保障当事人的合法权益,严禁采取威胁、利诱、欺骗等方式进行询问。有两个以上当事人的应分别询问。询问笔录应交被询问人核对,对于没有阅读能力的,应当向其宣读。被询问人确认笔录无误后,应当在笔录上签名,修改的地方有被询问人签名或按手印,拒绝签名的,由询问人在笔录上注明情况,也可请现场其他人员签名见证。询问是目前运政监督检查最主要的取证手段。

2. 摄影、摄像、录音

摄影、摄像、录音是指通过录音、录像取得运输经营者违章行为事实的视听资料,具有动态直观性、形象性和生动性。可以生动逼真地再现当时的情况,有力地证明案件事实,广泛采用这一取证方法,可以提高检查的效率和办案的质量,但在运输行政案件中摄影、摄像、录音作为证据使用时,一是必须是有关资料的原始载体,提供原始载体确有困难的,可以提供复制件;二是要注明制作方法、制作时间、制作人和证明对象;三是声音资料应当附有声音内容的文字记录

3. 证据登记保存

在有根据证明运输经营者涉嫌运输行为违法,需要进一步查明事实时,在证据可能灭失或以后难以取得的情况下,例如涉嫌违法行为的外省市车籍的经营者,如果不对其相关证件或交通工具先行登记保存,可能当事人会隐匿,变卖车辆,甚至事后无法找到经营者,在这种情况下,为查清违法事实,依据《行政处罚法》的规定,运输管理机构取得了证据登记保存的权力,是对运输违章行为有证明效力的用于从事运输活动的工具、有关证件、违章运输的物品、非法营运获取得的营收、运输票证、标志等相关物品和其他相关资料予以清点并登记造册的一种证据保全措施,可以原地保存,即责令证据的所有人,使用或管理人自己予以保存,如果保存证据的单位、个人擅自销毁或转移证据,应当负法律责任;另外也可以异地保存,即由调查违法行为的运输管理机构依职权给予保存,这时运管机构对所保存的证据负有妥善保管的责任。

证据登记保存实质上是运管机构在行政监督过程中的一种行政行为,是运管机构为使证据的证明价值保存下来的一种调查取证行为,通过对证据证据先行登记保存,目的在于保持证据的证明作用,为最终作出处罚决定提供有力保障。采用证据保存措施前,首先应经行政机关负责人(含法律法规授权或行政机关委托执法的部门负责人)批准。并在证据保存清单上的单位负责人审批意见及签名一栏签名或盖章。如果无批准和签字,则属于违反法定程序,要承担不利于执法机关的法律后果。其次证据登记保存不管当事人是否接受处罚决定,必须在《证据登记保存清单》送达之日起7个工作日内对证据本身作出处理决定,而不是对整个案件的处理。7日内可以查明违法事实,在此情况下已无保存证据之必要,应予返还。如果当事人不来领回被保存的证据,处理机关在7日期限届满前,可以书面形式向当事人发出催告通知。催告通知书发出且证据登记保存的7日时限届满后,视为登记保存措施终止。对依法应予没收的财物,决定没收;对需要进行专业鉴定的,送交有关专业机构鉴定;

对依法应当移送有关部门处理或需其他部门配合调查的送交有关部门进行调查等不能把证据登记保存作为保证行政处罚履行的强制措施。

车辆、船舶在依法被作为证据登记保存的期间内，如发现其涉嫌的违法事实，按照有关法律、行政法规或者《中华人民共和国道路运输条例》，可以对车辆、船舶采取行政强制措施，作出行政强制决定后，登记保存措施相应终止。

4. 鉴定

在运政监督检查过程中，需要对一些物品由特定机构运用专门知识进行分析、鉴别、判断，取得鉴定结论。如危险货物的鉴定，假冒伪劣配件的鉴定、伪造运输证件的鉴定等。运管机构申请鉴定时应选择经授权的鉴定机构，应当载明委托鉴定的事项，提供齐备的相关材料。鉴定机构出具鉴定结论应当鉴定的依据和使用科技手段的说明，鉴定部门和鉴定人资格的说明并有鉴定人的签名和鉴定部门的盖章。

5. 现场勘验

现场勘验是指运政执法人员在监督检查过程中对现场、物品的查验、测量、拍照，然后制作笔录，固定证据的方法，如对车辆擅自改装加高、加宽车厢拦板的勘验，对运输经营者应具备场地、设备设施条件的勘验等。

三、调查取证的要求

(1)提取证据必须遵守合法程序，违反法定程序收集的证据不能作为定案依据。运输管理机构应当遵循相关法律规定，按照法定程序收集证据。如执法人员不得少于 2 人，并应当向当事人出示交通行政执法证，告知权利等。同时证据的提取必须遵守时间的限制，如证据登记保存必须在 7 日内作出处理决定。

(2)证据的提取必须通过合法的手段，用非法手段提取的证据不能作为认定案件事实的依据。①违反法律禁止性规定取得的证据，如以利诱、欺诈、胁迫、暴力等不正当手段取得的证据；②侵犯他人合法权益的证据，如以偷拍、偷录、窃听等到手段获取侵害他人隐私权等合法权益的证据材料。

(3)提取的证据必须和检查的目的相关。现场检查中提取的证据必须与案件事实存在客观联系，只有那些与案件事实关联性的证据才属于有效证据的范畴。交通运输部规定，二级维护不作为路检路查项目，路检路查中不得要求相对人出示道路运输经营许可证，因此在路检路查中收集的当事人无道路运输经营许可证件或不按规定进行二级维护情况的证据就不能作为有效证据。

(4)应尽量避免单一证据，除作询问笔录外，还应注意搜集有关视听材料、运输记录、用于非法运输联系的名片、票据等证据，到相关单位复印的材料，应加盖被复印单位的公章，证明复印无误；由乘客证明无证营运事实的，证明人与证据之间应无利益上的关系。从而做到案件事实清楚，证据确凿。

第五节　运输行政强制措施

一、运输行政强制措施的概念及种类

1. 概念

运输管理机构为了预防、制止或控制运输违章行为对社会的危害，对当事人的运输工具、运输证件或有关可以证明违章事实的证据加以暂时性限制，使其保持一定状态的手段。行政强制措施必须有单行法律的特别授权，遵循一定的程序，有时效限制。

2. 种类

(1)暂扣车辆。《道路运输条例》赋予了道路运输管理机构暂扣车辆的权利，前提是从事经营活动的车辆无《道路运输证》、当场又无法提供有效证明。暂扣车辆不同于在调查取证过程中采取的证据登记保存措施。证据登记保存是根据《中华人民共和国行政处罚法》的规定，在证据可能灭失或事后难以取得的情况下、采取的证据保全措施，其目的是为了调查取证。因此，要严格区分这两类行政措施的性质、作用和适用的具体条件，不能混淆。

无《道路运输证》有多层次含义：

①未取得《道路运输证》；

②没有随车携带《道路运输证》，经营者自称有《道路运输证》但未按规定随车携带，而又无法当场提供其他有效证明；

③使用假冒、失效的《道路运输证》；

④持未经道路运输管理机构进行年度审验或者审验不合格的《道路运输证》从事营运的；

⑤持严重污损或者涂改，无法辨认真实内容的《道路运输证》从事营运的，但当事人能够提供其他相关证据证明其《道路运输证》是合法有效的除外。

“其他有效证明”，主要是指被盗窃后公安部门的证明，因违章被扣留签发的代理证，遗失后原许可机关出具的证明等或能够提供办证机关、证件号码并能在现场得到相关部门核实的。对于事后能够提供出合法有效的道路运输证件的，采取暂扣车辆的道路运输管理机构应立即解除暂扣措施。

采取暂扣车辆措施的有关要求和注意事项：

①暂扣车辆时，应当告知相对人取走车上贵重物品及其他易转移的随车物品，对体积较大以及笨重等不易转移的随车物品，应当和相对人当面点清，填制随车物品清单，并在“道路运输管理行政强制措施凭证”的“附：随车物品清单”一栏的方框中打“√”，如无随车物品，则打“ × ”；

②对暂扣的车辆应当妥善保管,不得使用,不得收取或者变相收取保管费用;

③对装运鲜活或者易腐烂货物的车辆,一般不宜采取暂扣车辆措施,确需暂扣车辆的,应对装运的货物先行驳载,驳载费用由相对人承担;对难以驳载或者驳载时货物耗损较大的,不得采取暂扣车辆措施;

④除因不可抗力外,造成车辆及随车物品遗失、损坏的,实施暂扣车辆措施的道路运输管理机构应当予以赔偿;

⑤当事人在规定期限内不到道路运输管理机构接受处理的,逾期发生的车辆以及随车物品的相关费用和自然损失,由其自行承担。

(2)暂扣《道路运输证》和相关证件。根据《道路旅客运输及客运站管理规定》《道路货物运输及场站管理规定》的规定,道路运输经营者违反规定后拒不接受处罚的,运输管理机构可以暂扣《道路运输证》等道路运输管理机构颁发的相关证件,签发代理证,待接受处罚后交还。其中的相关证件包括客运标志牌、危险货物运输标志牌、大型物件运输标志牌等。

(3)强制卸货。《道路运输条例》规定,道路运输监督检查过程中,发现车辆有超载行为的,应当立即予以制止,并采取措施强制卸货,在装载符合规定后方可放行。

二、运输行政强制措施的程序

(1)调查取证。采取暂扣车辆、暂扣《道路运输证》及相关证件、强制卸货必须经调查取证,待事实清楚,证据确凿后方可实行。

(2)制作并暂扣车辆决定书、代理证或强制卸货通知书,并告知采取强制措施的事实、理由和依据,暂扣的期限,并告知当事人享有的权利。

(3)及时作出处理决定。采取行政强制措施的目的是为了预防、制止或控制运输违章危害社会行为的发生,以及为了调查取证,一旦达成目的就应及时作出处理决定,而且暂扣车辆等行政强制措施会对当事人的生产和生活带来影响,因此,应在尽可能短的时间内作出作出处理。暂扣车辆和暂扣《道路运输证》,法律没有规定作出处理的期限,一般应在5~7天内作出处理决定。

第六节　运输违法行为的处理形式

案件调查终结后,运政执法人员应就所调查的事实和取得的证据材料进行分析判断,去伪存真,由表及里,对案件形成一个总体的认识,提出处理意见,经负责人审核后作出处理决定,包括行政处罚、行政处理等。

一、行政处罚

运输经营者、从业人员等有违反运输行政法规规章规定的义务,由运管机构依法给予制裁的行为。目前运政处罚的种类有:警告、罚款、没收违法所得、吊销经营许可证等。

二、行政处理

不涉及行政处罚,但行政部门根据法律、法规、规章和规范性文件的规定作出要求当事人履行义务的决定。如查补规费、加征滞纳金等。行政处理必须有一定的程序,一是调查取证;二是制作处理决定书。

三、其他形式

1. 命令为或不为

如责令改正,它具有多种含义:一是对无证营运的责令停止经营;二是对无从业资格的人员责令停止作业,不得继续从事经营性运输;三是责令补办手续,对于不符合条件从事经营活动的,补办相关手续。

2、记录抄告

《行政许可法》、《道路货物运输及站场管理规定》《道路旅客运输及客运站管理规定》规定了异地有违章行为的,查获地运输管理机构应将违章事实和处罚结果记录在道路运输证上并抄告车籍地运输管理机构的制度。

第七节　运政处罚和处理的执行

一、当事人自行履行

对于运输管理机构依法作出的行政处罚和处理决定,当事人应在规定的时间内自行履行,对处罚和处理决定不服申请行政复议或提起行政诉讼的,行政处罚不停止执行,当事人故意拒不履行的,运管机构可以通过行政强制执行强迫当事人履行。运输行政处罚和处理以当事人自行履行为原则,强制执行为例外。

二、强制执行

1. 行政强制执行

(1)行政强制执行的概念是指公民、法人或其他组织不履行运输管理机构依法作出的行政处罚、行政处理决定中规定的义务,有关国家机关依法强制其履行义务或达到与履行义务相同状态的行为。

(2)行政强制执行的条件有3点:①行政处罚和处理的行政行为合法;②以当事人不履行处罚和处理决定为前提,在一般情况下,这种不履行还必须有不履行的故意;③行政强制执行必须有法律的授权,没有法律授权的,需申请人民法院强制执行。

(3)行政强制执行的分类。行政强制执行可分为直接强制执行和间接强制执行。目前,运管机构无直接强制执行权,根据《行政处罚法》和交通部《道路旅客运输及客运站管理规定》和《道路货物运输及站场管理规定》,运管机构有间接强制执行中执行罚的权利。执行罚(强制)指运输管理机构对当事人逾期不履行行政处罚和处理决定,采取罚款、加收滞纳金等手段,督促当事人履行处罚或处理决定。例如,到期不缴纳罚款的,每日按罚款数额的3%加处罚款。执行罚可以对负有义务而拒不履行义务者反复实施。

2. 申请法院执行

行政强制执行权原则上属于法院,执法部门在当事人不履行执法部门作出的行政处理决定中规定的义务时,如果没有法律的授予其强制执行权,必须申请人民法院强制执行。目前运输行政法规并没有赋予运输管理机构强制执行权,因此必须向法院申请强制执行。

申请法院执行要遵循以下程序:

(1)申请执行的期限。申请人民法院强制执行期限按是否经过行政诉讼程序分为两种,一种是未经行政诉讼程序的,运管机构应当在当事人法定诉讼期限届满之日起180内提出;另一种是经过行政诉讼程序审理与裁判的,申请执行的期限从法院判决文书规定的履行期限最后一日起计算,判决文书中没有规定履行期限的,从该文书送达当事人之日起计算。

(2)申请提出。运管机构申请法院强制执行的,首先向所在地法院立案庭提交申请执行书,申请书中载明申请人、被执行人基本情况(包括动产、不动产、债权、投资等)、申请的事项、执行标的申请执行的事实与理由等,同时提交作出处罚、处理决定的案卷、法院判决书、单位机构代码证、法人代表证明等材料。

(3)审查执行。法院行政庭对运管机构提出的强制执行申请进行审查,行政处罚和处理符合法律规定的,由法院执行局采取查封、扣押财产、将查封、扣押的财物拍卖或将冻结的存款抵缴罚款的方式执行。如果法院发现据以执行的法律文书确有错误的,经院长批准,不予执行,并将申请材料退回运管机构。

第八节　运政监督检查中常见问题解析

在交通行政执法中,面临的情况错综复杂,因为,现行的法规、规章并不能完全将执法实践中的问题一一解决。立法滞后、法规之间的不协调、执法依据等级不高等问题表现得十分突出。在道路运政执法中常用的处罚依据有《中华人民共和国道路运输条例》、《中华人民共和国危险化学品安全管理条例》、《道路货物运输及站场管理规定》《道路旅客运输及客运站管理规定》《道路运输从业人员管理规定》《道路危险货物运输管理规定》等法规和部门规章。这些法规和规章的部分规定比较原则,加之各地地方规定众多,因此对于执法中遇到的很多问题，执法人员在定性、处罚（处理）过程中对事实认定、适用依据和处罚标准很难把握。对此，就运政执法中经常遇到的一些难以定性、难以处理的道路运输违章行为，有必要结合执法实践作深入探讨。

一、对无证经营行为的认定和处理

1. 经营性和非经营性运输的划分

交通运输部《道路旅客运输及客运站管理规定》中规定，道路客运经营，是指用客车运送旅客、为社会公众提供服务、具有商业性质的道路客运活动。《道路货物运输及站场管理规定》中规定，道路货物运输经营，是指为社会提供公共服务，具有商业性质的道路货物运输活动。

交通部道路司公运政字（2000）57 号《关于对营业性和非营性运输划分问题的复函》中根据国家计委、财政部、交通部《关于规范道路客货运附加费增加道路建设资金的通知》（计价管[1998]1104 号）关于“取酬运输的车辆”的规定，以是否取酬来划分经营性和非经营性运输。

在运政监督检查中正确划定经营性和非经营性道路运输行为至关重要，因为除了危险品运输外，经营性运输行为才是运管机构的监管对象。因此在监督检查中要严格依法界定经营性和非经营性道路运输，不得扩大或缩小范围；其次要以事实为依据，没有确凿、充分的证据证明当事人从事道路运输经营活动的，一律按非经营性道路运输对待。

2. 未取得道路运输经营许可擅自从事道路运输经营的判断

未取得道路运输经营许可，擅自从事道路运输经营是指公民、法人或其他组织，没有取得道路运输经营许可证，擅自从事道路运输经营活动；没有取得线路经营资格，擅自从事客运班线经营；超越道路运输经营许可证经营范围，以及改变起点或讫点从事班线客运经营活动。具体判断：

（1）行为人收取运费或变相收取运费，向货主、旅客收取车辆燃油费、驾驶员劳务费、过路过桥费等（行为人无偿服务或执法人员不能证明其有偿服务的除外）。

（2）行为人在承运过程中虽未结算运费，但以口头或书面形式与被服务人洽谈约定了运价，或签订租用车协议等。

（3）生产经营、流通企业采用送货上门的方法将其原材料、产成品、商品送达用户或消费者。

（4）法人单位或其他组织对其车辆采取承包或以其他方式进行管理并收取承包等费用。

（5）工程建设、设备安装和建筑装潢等招投标文件、预决算方案中有单列运费计算项目。

（6）企事业单位及其他组织的自备车为其单位人员和其他人员提供有偿运输服务。

（7）邮政企业以邮寄或速递邮件的名义变相从事营业性货物运输（执法过程中主要检查随车货物清单，装载货物与清单不符的应是非邮件物品，对有邮政标志、铅封的物品不得擅自打开)。

(8)从事汽车维修、搬运装卸、机动车驾驶员培训以及其他道路运输服务业并收取费用。

(9)城市公交车超越市区范围延伸至道路上从事运输经营的。

(10)利用旅游、包车等许可证件变相擅自开行客运班线。

(11)擅自改变客运班线核定起点或者讫点,构成班线运输的。

(12)在客运班线经营期满后仍从事原班线客运。

(13)虽然取得危险品运输的某一类许可,但超越许可类别从事另一类运输经营活动。

3. 对有道路运输经营许可证无营运证经营的处罚

对有道路运输经营许可证,而所属车辆无营运证的,除地方性法规另有规定外,按《道路货物运输及站场管理规定》《道路旅客运输及客运站管理规定》规定处理。

4. 无效《道路运输证》的判断

根据交通部交道路发[2005]524号文件《关于启用新版道路运输证件的通知》规定,使用无效《道路运输证》的情况包括以下几种:

(1)《道路运输证》的主证和副证不全。

(2)采取不正当手段向道路运政机构骗取的《道路运输证》。

(3)被注销的《道路运输证》。

(4)超出本年度未经运政管理机构进行年度审验的《道路运输证》。

(5)没有按交通部统一格式和发放程序发放的《道路运输证》。

(6)待理证过期的《道路运输证》。

(7)私自涂改的《道路运输证》等。

(8)超越《道路运输证》核定经营范围从事道路运输经营活动。

对以上违章按无营运证实施处罚。

5. 超越许可事项从事道路运输经营活动的处罚

(1)《道路旅客运输及客运站管理规定》中规定,客运经营者和客运站经营者应当按照道路运输管理机构决定的许可事项从事客运经营活动和客运站经营活动,客运经营明确许可事项为经营范围、车辆数量及要求、客运班线类型;客运班线的许可事项为经营主体、班车类型、起讫地及起讫站点、途经线路及停靠站点、日发班次、车辆数量及要求、经营期限。交通部《关于启用新版道路运输证件的通知》中规定,《道路运输经营许可证件》"经营范围"的内容填写为:县内班车客运、县际班车客运、市际班车客运、省际班车客运、县内包车客运、县际包车客运、市际包车客运和省际包车客运。因此对于超越经营范围、增加车辆数量、改变客运班线类型和班车类型、改变客运班线起讫地、增加日发班次等,可根据《道路旅客运输及客运站管理规定》第八十五条四项按照超越许可事项处罚。而对不按规定站点停靠、不按核定线路行驶等可按专门规定处罚。

(2)《道路危险货物运输管理规定》中规定,道路危险货物运输企业或者单位应当严格按照道路运输管理机构决定的许可事项从事道路危险货物运输活动。明确许可事项为运输危险货物的类别和项别、专用车辆数量及要求、运输性质等。因此对于不按核定的危险货物的类别、项别,非经营性道路危险货物单位从事道路危险货物运输经营活动的,均可根据《道路危险货物运输管理规定》第四十八条三项按照超越许可事项从事道路危险货物运输进行处罚。对于有危险货物运输经营许可证,但实际从事了超越道路运输证经营范围注明的危险货物运输的类别、项别的危险货物运输的,应当按照有经营许可证,但无道路运输证进行处罚。

(3)《道路货物运输及站场管理规定》中规定,道路货物运输经营者应当按照《道路运输经营许可证》核定的经营范围从事道路货物运输经营,明确经营范围为许可事项。交通部《关于启用新版道路运输证件的通知》中规定,《道路运输经营许可证件》货运"经营范围"的内容填写为:普通货物运输、货物专用运输(项目)、大型物件运输(类别)。对获得普通货运经营许可的普货车辆从事冷藏保鲜、罐式容器(不含存放危险货物的罐式容器)、集装箱等专用运输和大型物件运输的,不得按照未取得道路货物运输经营许可证件进行处罚,可以按照无《道路运输证》实施处罚。

6. 营运车辆在运行中未随车携带车辆营运证的处罚

营运车辆,即经道路运政机构批准同意从事道路旅客运输、道路货物运输的车辆,未随车携带车辆营运证,按照《中华人民共和国道路运输条例》第六十九条实施处罚。

二、对擅自改装车辆的认定和处理

道路运输经营者擅自改装已取得车辆营运证的车辆:"擅自改装已取得车辆营运证的车辆"是指违反国家相关规定,未经批准改变营运车辆的原车型、更换主要总成部件以及变更载质量和乘员数,导致车辆的结构、构造和特征发生变化,造成"车证不符",严重影响行驶安全的行为。

在实施该项目处罚时应注意:

(1)本项针对的是营运车辆,未取得营运证的车辆改装不在查处范围。

(2)营运车辆有以下情况应认定为擅自改装:未经有关部门批准,擅自改变已获得《道路运输证》车辆结构、构造或者特征的车辆。主要包括:

①擅自改变车辆类型或用途。指擅自将客车改为货车、货车改为客车、普通货车改为专用货车、专用货车改为普通货车、卧铺客车改为座位客车、座位客车改为卧铺客车;

②擅自改变车辆颜色。指擅自将驾驶室和车身改为与原车辆不同的外观颜色;

③擅自改变车辆主要总成部件。指擅自更换与原车型不一致的发动机、变速箱、前桥、后桥或者车架;擅自更换车辆车身或者罐车罐体;擅自改变车辆悬架形式(空气悬架、复合悬架、钢板弹簧式悬架等悬架形式之间的改变);

对于小型、微型道路客运车辆加装前后防撞装置,道路货运车辆加装防风罩、水箱、工具箱、备胎架等，道路运输车辆增加车内装饰等，在不影响安全和识别号牌的情况下，可由道路运输经营者自行决定，交通主管部门和道路运输管理机构不得将其认定为非法改装道路运输车辆；

④擅自改变车辆外廓尺寸或者承载限值。指擅自加高、加宽、加长、拆除货厢拦板或者增加车辆外廓尺寸；擅自增加或者减少轮胎数量；擅自增加或者减少车轴数量；擅自增加客车座位或者卧铺铺位。

非法改装道路运输车辆，将破坏车辆本身的结构和性能，给车辆行驶带来安全隐患，同时会造成道路运输市场的不公平竞争，不利于道路运输市场健康协调发展，危害很大。各级交通主管部门和道路运输管理机构必须按照《中华人民共和国道路运输条例》及相关配套规章的规定，严格道路运输车辆改装管理，对擅自改装车辆的行为，要予以严厉打击。

(3)在认定擅自改装的违法事实取证一般要取得以下证据：视听资料（现场的照片或者录像）、勘验笔录、询问笔录。视听资料能明确显示改装的事实，勘验测量的改装数据应翔实，并由执法人员、经营者或者驾驶员签字。

(4)以下行为不得认定为改装：

①对由于汽车生产厂家原因或有关部门工作原因，造成车辆的实际构造、尺寸与行驶证、营运证记载的技术数据有差异，经营者能提供发证机关的证明文件，经运输管理机构审核属实的，不得确认为改装；

②对于经营者为装运轻泡货物时防止货物扬撒、脱落而临时性加高栏板的，不得确认为改装；

③对于车厢有内、外径尺寸的车辆，如厢式货车和集装箱车，其内径或外径中有一组尺寸与行驶证或营运证记载的尺寸不一致，不得认定为擅自改装；

④加大或减小轮胎尺寸，不得认定为擅自改装；

⑤车身栏板尺寸不变，仅改变内部形状结构，如车厢内放置临时性容器（不含危险货物容器），并不改变车辆核定载荷或实质性影响行驶安全的，不得认定为擅自改装。

三、对危险品运输违章的认定和处理

(1)因生产、生活日常需要，用自备的小型客车、1 吨以下小型货车，运送零星小批量煤气、石油天然气、汽（柴）油、房屋装潢用油漆以及与油漆配套使用的零星小批量固化剂、橡胶水等，不按危险货物运输有关规定查处。

(2)运输符合 GB 12268—2005 国家标准第 1 号修改单所列条件的蓄电池、硫黄等，可以按照普通货物运输，不得以无危险品运输资质进行处罚。

(3)未按 GB 13392—2005 有关标准安装、悬挂危险品标志灯、牌的，不得以未按照危险化学品的特性采取必要安全防护措施进行处罚。检查过程中发现危险品车辆未安装、悬挂危险品标志灯、牌的，应当依照《中华人民共和国道路交通安全法》第四十八条、九十条及时

移交公安部门处理。

(4)对于有危险货物运输经营许可证,但实际从事了超越道路运输证经营范围注明的危险货物运输的类别、项别的危险货物运输的,应当按照有经营许可证,但无道路运输证进行处罚。

(5)有危险货物运输经营许可证的业户从事食品、药品、医疗器具以外普货运输经营,不得对其按照无普货运输经营许可进行处罚;《道路运输证》经营范围为危险货物运输的车辆(除罐式危险货物专用车辆或者运输有毒、腐蚀、放射性危险货物的专用车辆)从事食品、药品、医疗器具以外普货运输经营,不得对其按照无普货运输经营范围的《道路运输证》进行处罚;有危险货物运输从业资格证的驾驶员从事食品、药品、医疗器具以外普货运输经营,不得对其按照无普货运输从业资格证进行处罚。

四、其他运输违章行为的认定和处理

1. 无故不按批准客运站点停靠的处罚

下列行为可认定为无故不按批准客运站点停靠:

(1)批准进入的客运站处在正常使用状态,而不进入停靠、上下旅客、装卸行包。

(2)客运车辆出站后停车揽客。

在实施处罚时应有充分证据,如现场照片或录像证据、证人证言、当事人自认等。

对该违章行为应按照《道路运输条例》第七十条第一项处罚。

2. 使用不正当手段骗取道路运输证的处罚

用不正当手段骗取《道路运输证》,是指采取伪造有关证明等非法手段,获取《道路运输证》,包括在被有关运政管理机构扣留《道路运输证》后,道路客货运输经营者以《道路运输证》丢失为由再向车籍地运政管理机构重新申领的《道路运输证》。骗得的《道路运输证》视为无效《道路运输证》,应予以收缴。根据《道路货物运输及站场管理规定》、《道路旅客运输及客运站管理规定》的规定,按照无《道路运输证》处罚。

3. 出租汽车在营运中故意绕道的处罚

出租汽车在营运中因交通堵塞或道路施工无法通行,征得旅客同意的,可绕道行驶。非属上述原因而故意绕道的,根据各省、市、自治区的地方性法规、政府规章实施处罚。

4. 擅自开行班线与不按批准的线路行驶的处罚

擅自开行班线主要是指未经道路运输班线经营许可擅自从事班车客运线路经营的行为。

不按批准的线路行驶主要是指客运经营者没有按照定点、定线、定区域行驶从事经营的行为。

擅自开行班线包括:

(1)无班线经营资质,擅自从事班线营运。主要是利用旅游、包车等许可证件变相擅自开行客运班线的违法行为。对此行为,应注意收集其固定发班时间、固定走向和招揽散客的证据材料。

(2)擅自新增客运班线。道路客运经营者在取得客运经营资格后,可以根据业务需要按照规定程序办理新增班线的手续。如果未办理新增手续,擅自增加班线,也属非法营运。

(3)班线经营期满后继续从事该线路的经营。按照规定,客运班线经营期满后需要重新申请,否则属于未经许可擅自从事班线客运经营。

不按批准的线路行驶包括:

(1)班线客运经营者在不改变起讫点的情况下绕道、变道行驶。

(2)包车客运经营者不按照包车运输合同约定的起讫点、线路进行运输活动。

(3)旅游客运经营者不按照固定的运输起讫点、风景点以及旅游区域从事运输活动。

擅自开行班线按照《中华人民共和国道路运输条例》第六十四条实施处罚;不按批准的线路行驶按照第七十条第一项实施处罚。

5. 无故在途中更换车辆或者将旅客移交他人运送的处罚

客运经营者为了自己的利益在途中更换车辆,将旅客移交他人运送,损害旅客利益,其实质就是倒客、卖客、甩客的行为,应当严肃查处,确因车辆机械故障或发生交通事故无法运行,可更换车辆或将旅客移交其他经营者运送。

注意要点:

(1)无故是人力不可抗拒的因素除外;

(2)取证一般要由 2 个以上旅客的证言,如有举报信也可以作为旁证材料;

(3)取证时还要掌握下列要素,换车时间、换车地点、车票、车上旅客实际人数(动机原因),举报人举报时间、班次、车票以及乘座客车牌号和被换客车牌号;

(4)针对该行为设定的处罚自由裁量幅度较大,实际操作时可根据情节、综合因素做出适当处罚。

该项按照《道路运输条例》第七十条第三项实施处罚。

6. 维修经营者使用假冒、伪劣配件承修车辆、维修经营者承修报废车辆、擅自改装车辆的处罚

维修经营者必须使用符合国家和行业技术标准的汽车零配件及相关产品。

注意要点:

(1)凡维修经营者使用无或假中文标识、产品合格证、厂名厂址的配件都可视为使用假冒、伪劣配件;

(2)在制作询问笔录时,应将承修的项目、配件的来源、使用的时间以及材料领用清单等相关因素记录清楚,并将有关的单据复印件由当事人签字认可后作为证据。

报废车辆是指国家规定不得运行、必须送交指定地方解体的车辆。关于报废汽车的标准目前应按照 2000 年 12 月 18 日,国家经贸委、国家发改委、公安部、国家环保总局联合下

发的“关于调整汽车报废标准若干规定的通知”(国经贸资源[2000]1202号)的通知执行,凡该通知没有调整的内容和其他类型的汽车(包括右置转向盘汽车),仍按照国家经贸委等部门《关于发布〈汽车报废标准〉的通知》(国经贸经[1997]456号)和《关于调整轻型载货汽车报废标准的通知》(国经贸经[1998]407号)执行。

改装车辆是指改变车辆技术性能、动力性能、经济性能,将原车辆改制成其他用途的车辆或增加负载能力的行为。

在用车辆的改装,须由当地公安车辆管理机关核准后方可承接。

注意要点:

(1)询问笔录中对违法事实的认定:报废车辆应注明承修车辆的生产出厂日期和报废期,利用配件拼装车辆应注明利用配件拼装的详细情况,改装车辆应指出原车型和改装后的车型;

(2)必要时可将报废车辆、擅自改装车辆作为证据登记保存,并应拍照或摄像作为证据;

(3)对此类违法行为的处理要注意两个方面:①属于维修经营者责任的要依法对维修经营者作出处罚;②要对报废车辆、擅自改装或利用配件拼装的车辆作出处理(报废车辆应强制报废,擅自改装的车辆应恢复原状)。

该项按照《道路运输条例》第七十三条实施处罚。

7. 借用他人车辆或使用买售但未办理过户手续的车辆从事非法营运,收入归己,处罚主体的认定

发现上述违法事实需要处罚的,应处罚从事非法营运的行为人,即借用人。因为车辆仅是非法营运所使用的运输工具,不能根据违法所使用的工具的权属或名义权属来认定被处罚对象,而应根据谁有违法行为,谁从违法行为中获得非法收益来判断违法的行为主体。

8. 非运输企业自备车驾驶员,未经单位同意私自收取运费的载客或载货行为,处罚主体的认定

应当处罚个人。法律上有个人行为和职务行为两种。简单说:职务行为是指根据单位的安排所从事的与自己所在单位职责有关的那些行为;个人行为则是指与自己所在单位职责无关的那些行为。

区别的标准关键看是否是单位安排,是否与其在单位职责有关。单位自备车的驾驶员未经单位同意,私自动用单位运输工具为自己牟利,显然这种行为既不是单位安排,也与其在单位的职责无关,应属个人行为,应以从事非法营运处罚该驾驶员。

但是如果经单位同意,运费上缴单位,则属职务行为,应以单位为处罚对象。因此,在笔录中除查明违法事实外,还应注意查明该非法营运行为是否单位同意,收入是否归己。

9. 承包和挂靠企业车辆经营中违章处罚主体的认定

承包和挂靠车辆的证牌标明的所有权人是企业,承包人和挂靠人在企业内部与企业缔结合同关系,在外部利用企业的名义从事运输经营活动,其自身并未取得运输经营许可资

格。因此其在运输经营中的违章行为处罚的主体应是所持证牌标明的企业。但应注意:①涉及此案所有法律文书认定的违法当事人只能是企业,而不能是承包人和挂靠人;②由于处罚对象是企业,对承包人和挂靠人除问明违章事实外,承包人和挂靠人接受处罚时,应有自愿代表所在企业的意思表示。

第九节　规范运政执法行为

按照《行政处罚法》《行政许可法》及《道路运输条例》等法律法规的规定,运输管理应当遵循公平、公正、公开和便民原则,运政执法工作适应时代发展的要求,在强化和完善运政管理,切实维护道路运输秩序,规范经营行为,保障良好的市场运营环境等方面作出了显著的成绩。总结多年来运政管理的实践,运政管理行为已经达到了较为理想的预期目标,如树立了行政公开的理念,树立了诚实信用的理念,树立了正当程序的理念,树立了便民、高效的理念,树立了公共服务的理念等,得到了社会各界的较好评价。但是当前运政执法过程中仍存在一些不容忽视和亟待解决的问题。

一、运政执法中的常见问题

1. 运管机构管理体制现状

(1)人员膨胀、素质不高、管理工作难到位。道路运输市场点多、线长、面广、流动、高度分散的特点决定了其管理必然是一种线型管理。而我国大部分地区现行的道路运输管理体制是人、财、物、组织关系等实行块块管理。块块管理导致人员膨胀且素质不高。按照交通部对运管机构每百辆车定一人的设想,运管队伍应是一支精干高效的队伍。但由于体制问题,运管队伍进人的速度远远超过了营运车辆的增长速度,以至于人满为患。由于准入门槛低、渠道广,运管队伍的素质得不到保证,对运输市场不会管、不愿管、管不了的人占有一定比例。

(2)人员膨胀给运管部门带来相当大的生存压力。为了生存,重征费轻管理已经成为一种通病,各管理单位各自为政、争抢“市场”、交叉征费、越境征费、以罚代征、执法不规范的现象屡禁不止。由于县级运管所与县交通主管部门直管的交管站平级,运管所难以对交管站实施有效的指导与监督,政令不畅,管理不到位,市场秩序混乱的局面,不能从根本上得到控制。

(3)政出多门、效率低下、各种矛盾难协调。出租客运、城市公交客运、机动车驾驶员培训、车辆维修等管理职能与建设、公安、工商、农机等部门职责交叉,导致管理资源分散,管理效力不高,由此引发的矛盾难协调。

(4)执法经费困难,行政管理成本居高不下,手段落后。由于运政执法人员未能纳入公务员或全额拨款事业单位工作人员管理,经费长期得不到解决,只能靠自收自支的罚没款维持。一方面运政执法机构耗费大量资金添置、改善办公设施，花费人力、物力对执法客体进行重复管理、检查；另一方面基层执法经费不足，执法检查、人员培训及交通、通信、装备所需经费没有保证，挫伤了人员积极性，制约了运政执法工作的正常开展。

2. 运政监督检查中执法行为有待规范

(1)执法行为不够完善。主要表现如下：

①有些执法人员在例行稽查时，未按要求主动出示身份证件表明询问的合法性，不按规定着统一服装、佩戴执法标志；②在调查取证时，制作笔录询问人、记录人为同一人，制作的笔录不符合法定形式，有的调查人员对被询问人进行暗示、欺骗，检查人员所做的笔录，不能反映出当时的真实情况，认定的事实混乱，事实之间相互矛盾，事实的可信度不高，认定的事实不完整，具体行政行为所适用的法律预先设定的事实要件得不到满足，每一个事实要件缺少相应的证据支持等，如非法营运的情节、社会危害程度、被处罚主体认定模糊等到，降低了笔录的可信度；③适用法律法规不准确。如有的执法人员将无道路运输经营许可证的违规行为，按无道路运输证来处理；如有的违规行为不该适用暂扣车辆的强制措施的，却强制实施；④证据单一，绝大部分处罚案件依据的是现场所作的笔录，缺乏其他证据材料相印证。

(2)运政执法程序还不够规范。

在运政执法过程中，尤其是影响公民权利和义务的具体行政行为时，很多情况下并没有遵守法定的程序。在行政处罚案件中存在程序违法，徇私枉法、人为剥夺当事人权利等现象，如在查处"黑车"过程中存在的"钓鱼"执法、引诱取证等；一些执法人员不亮证执法；扣押物品不开具清单；适用简易程序超过范围，滥用简易程序；不告知当事人享有申请听证的权利；先裁决后询问；听证会举行不规范，没有达到听证会的目的等，执法随意性大，没有依法办事、在执法不公正，没有做到法律面前人人平等。

(3)运政执法自由裁量权的随意性大

《中华人民共和国道路运输条例》所规定的罚款额度都比较高，运政执法人员的行政处罚的自由裁量权也相应地增大，行政自由裁量范围过广，导致更多的行政自由裁量权为执法人员所掌握，或多或少的出现了裁量权滥用的情况。法律法规对行政自由裁量权的种类，幅度规定的越宽越多，执法人员就越觉得自己手中的权力的"宝贵"，造成行政自由裁量没有制约，使行政执法偏离公平、公正、公开的轨道。主要体现在有的运政执法人员执法感情用事，随意性较大，过罚不当等。

(4)趋利执法现象普遍存在

现行运政执法体制，总体上可以称之为趋利的体制，由于运管部门经费自收自支，一个部门执法权利大，利益就大，执法人员的待遇和福利就高。这些年来，由于各种原因，有的地方运管由于财政困难，执法经费无法保障，以收费和罚没收入作为补充经费不足，这被称之为"自费执法"，而有些运政执法部门为了本单位的局部利益还向下属单位和执法人员下达经济指标，为了完成任务，在实际执法中，一些人不是重在纠正违法行为，而是只收费，罚款了事，有的人甚至希望鼓励当事人违法，这样才有费可收，有钱可罚，才能保证“财源茂盛”，保证自己的饭碗，维持丰厚的福利待遇。这种以“违法养执法，执法护违法”的现象，极大地损害了运政执法部门的执法形象，权威和效能。

3. 运政执法保障制度尚未健全

对运政执法人员的人身保障制度也不健全，在运政执法过程中，运政执法人员遭遇人身攻击和人格侮辱的现象时有发生。由于对侵犯执法人员人身权利的违法行为的处罚不严格，不具体，又加之在运输行政执法中，执法人员是非公务员的行政事业编制，处罚时又缺少法律依据。在遭遇暴力抗法后往往不了了之，严重影响了运政执法队伍的士气。

4. 运政执法环境不宽松

随着经济的发展，运输行业生机蓬勃，大量务工人员从事运输行业，但这些人员素质不高，法律意识淡薄，为了养家糊口，既不偷又不抢，一辆车可以是他们一家的主要收入来源，因此，无证营运“黑车”，站外揽客等违章行为屡见不鲜。所以当运政队员在对他们查处时，会表现出强大的抵触情绪，“谁断我生路我就与谁拼命”的想法就会产生，这就又陷入了暴力抗法的怪圈，使运政执法工作缺乏安全保障，暴力抗法事件在运政执法工作中屡屡发生，执法人员受伤事件屡见报端。

5. 法律日趋健全但尚欠完善

目前运输行政管理建立了以《道路运输条例》行政法规为龙头，部门规章、地方性法规、政府规章相配套的运输行政法律体系，对规范运输活动，维护运输市场秩序，保障运输安全，保护运输各方当事人的合法权益，促进运输业的健康发展，具有重要的意义。但是法律作为一种规范，具有稳定性、抽象性的特征，而现实生活中的问题却是具体的、多变的、千态万状的。因此，法律本身存在缺陷，存在漏洞、空隙等情况也是难以避免的，如挂一漏万，相互矛盾，操作不便，缺乏手段等问题制约着运输行政执法。

6. 工作作风不扎实

工作作风不扎实表现在以下3点：①办事拖拉的“中梗阻”现象较为突出，“门难进，脸难看，事难办”的现象依然存在，有的运管机构办事原则、工作程序、限时要求等都没有公开，给基层和群众办事带来了很大的不便；②工作缺乏主动性、创造性，得过且过；③与民争利的“利益化”倾向尚未根治，有的为了部门权力和利益，有的以收费代管理、以罚款抵收入，把“行政权力部门化、部门权力利益化”；有的重收费、轻管理，重处罚、轻教育，重查找问题、轻具体指导。

二、解决问题的具体措施

1. 理顺执法体系，提高运政执法效率

提高运政执法效率要有新思路。体制不顺是运政执法效率不高的根本原因。目前，道路运输可以说是管理多头、政出多门、执法无序，不从理顺体制这个根本问题上解决，执法效率就无法进一步提高。按照交通部的要求，积极争取加快理顺运输管理体制。各级交通主管部门要从建设负责任行业的高度出发，从推进道路水路运输业更好更快的发展出发，以探索构建交通综合执法体制为契机，会同相关部门积极稳妥地优化运输管理体制。要通过省、市、县的整体联动，探索解决多头设置管理机构、机构级别多样、人员编制混乱、经费无法保障的一系列问题，从而为规范执法提供坚实有力的保障措施。同时，要积极研究与道路、航道、海事部门的综合执法的有效途径。

其次，转换运政执法人员身份。目前大多数运输管理机构尚属行政事业编制，法律地位不高，要使运输管理机构也像海关、公安、工商、税务等部门成为行政机关，解决的办法是抓住政府机构改革、职能转换的契机，争取将运政管理机构列入各级政府交通主管部门的行政序列，将运政执法人员转换为政府公务员身份。

2. 强化教育培训，提高运政队伍素质

规范执法行为要有新手段。不能停留在会上说说，发现问题时头痛医头脚痛医脚。要“以人为本”，用机制约束，从加强运管队伍教育管理，优化运管队伍整体素质入手。

一是强化教育机制。着重抓好运政执法人员的思想教育，学习邓小平理论和“三个代表”重要思想，大力提倡和发扬无私奉献、勤奋工作、秉公执法的精神，强化行政为民意识。二是抓好文化和业务教育，按交通运输部对交通行政执法人员的要求，45 岁以下的交通行政执法人员必须通过函授、自考等形式达到大专以上文化程度，并通过集中培训与分散自学相结合的方法，对在岗执法人员分批进行法律法规、执法程序等方面的培训，考核合格后核发执法证，并严格实行持证上岗制度。

3. 健全机制，构建立体监督体系

加大行政执法公示制的推行力度，结合运管政务公开制度的实施，把运政执法的主体及职权、执法依据、执法程序、执法结果等向社会进行全面公示，尤其是要把运政执法便民措施和行政处罚程序等经营业户普遍关心、涉及群众切身利益的事项，作为重点内容向社会进行全面公示。要围绕运政管理信息化、公开化、透明化的目标，完善运政监督检查信息系统功能，加快车辆动态监控系统的推广应用，力求从源头上预防和制止执法不公、暗箱操作等违规违纪行为。要着重加大对执法活动的暗访力度，采取随机暗访的方式，经常深入执法基层对重点地区和重点案件进行暗访。对暗访发现的违法违纪问题要严肃处理，绝不护短，完善责任机制，实行“责任过错”追究，把责任机制落实到具体的责任领导、具体的每一个执法岗位、落实到每一个工作环节，使每一个参加执法的人员都有危机感、紧迫感，通过内外监督、评价结合，增强执法人员规范执法、依法行政、文明行政的自觉性、主动性，促使运管部门及其执法人员及时纠正执法活动中的不良现象在运管部门内部可设立一个相对独立的监督机构，专门查处运政执法人员违规违纪行为，严格错案追究制度和投诉举报制度，实行运政执法行为的全过程监督。同时强化外部监督，开展民主评议、执法公示活动，广泛听取社会各界意见，主动接受社会监督，发现问题严肃查处及时纠正。

4. 引入竞争机制

新增人员必须面向社会公开招聘，择优录用。各地要严格执行交通执法人员大专以上文化准入制度，从严控制人员进入的素质关。全面推行岗位培训，帮助广大干部职工学习和掌握法律法规知识，不断增强法律意识和法律素养。以执法为民、公平正义、服务大局为主要内容，广泛开展法治理念教育，夯实各级运管部门依法行政、文明执法的思想基础。现有运政执法人员，要重新进行法律知识水平、依法办事能力等方面的综合考核，并与他们任职、晋级及工资、奖金相挂钩，形成优胜劣汰的竞争机制。

5. 强化运政执法程序

运政执法行使执法权，不仅要严格遵守实体性，而且还要严格遵守程序法。程序合法是实体合法的保障，在实体合法的基础上重视程序，才能保证运政执法行为本身的公正，合理。维护行政相对人的合法权益，运政执法部门应该按照行政处罚法以及有关法律法规的规定并结合本部门的实际建立一系列程序性制度，如调查取证制度，公开制度，公正制度，回避制度，时效制度，听证制度，辩论制度，审查决定制度，处罚决定备案制度等，并用有关监督力量保障各项制度规范化运行，运政执法部门要确定一套具体且有操作性的运政执法决定程序和执行程序。

6. 强化运政执法保障

市场经济要求行政执法活动必需兼顾公开与效率，规范保障行政权力的运作，对控制约束行政权利的行使，其最终目的是保障人民群众的根本利益。

(1)要尽快建立运政执法经费由财政统一拨付的制度，确保运政执法运行必须的经费，并坚决执行我国行政处罚法等法律关于罚款，没收财物和收费的决定机关与其收缴机构分开的制度，做到所有的罚没收入和收费都由专门金融机构负责收缴，金额纳入财政预算管理。

(2)通过加强对运政执法行为的财政监督和司法监督，尤其是充分发挥权力机关，司法机关和行政监察机关在监督行政执法主体的重要作用，严禁收缴一条龙，杜绝“坐收坐支”现象，做到单位政绩与罚款额度彻底脱钩，运政机关的行政执法与经济利益彻底脱钩。

(3)建立运政执法公安保障机制，或者建立有公安参加的联合执法机制，以保证执法成效。

7. 正确处理维护运输市场秩序和趋利执法的关系

(1)把维护运输秩序即公正性合理性放在第一位。正义一通常可称公平、公正、正直、合理，泛指公正性和合理性。维护运输市场上的公正合理的职责，法律赋予了运管机构，如果运输市场秩序混乱，不公平竞争现象丛生，非法营运行为泛滥，作为运管部门肯定有不作为行为。

(2)中国是一个拥有13亿人口的大国，但生态和自然资源却并不优越，它的底子是薄的，经济、文化发展极不平衡，这一特点对立法、执法的影响是极为巨大的，且大规模的体制改革正在进行当中。因此在执法活动中调节各种利益和矛盾时应遵循的准则是:①兼顾国家、管理相对人和自身三者利益关系;②兼顾多数利益与少数利益、长远利益与眼前利益、整体利益与局部利益;③兼顾执法效率与公平的关系。

8. 正确处理执法必严与人性化执法的关系

运政执法监督目前迫切需要做到的是:与责任挂钩,与利益脱钩,强化力度,拓展广度。

运政监督检查今后发展目标:建立完善执法监督、行业自律、舆论监督、群众参与的运输市场监管体系。

第十节　运政执法监督

运政执法监督是指由有权的国家机关以及其他组织和公民对运输管理机构及其工作人员的监督检查活动是否合法与适当进行督促、审查,并对违法行政或不当的监督检查行为进行检举、揭发、控告、申诉或者实施纠正或追究责任的法律活动。

一、执法监督的主体

(1)内部监督。《道路运输条例》第56条第二款,道路运输管理机构应当建立健全内部监督制度,对其工作人员执法情况进行监督检查。

(2)上级部门监督。《道路运输条例》第56条第一款,上级道路运输管理机构应当对下级道路运输管理机构的执法活动进行监督。

(3)司法机关监督。主要是人民法院的监督,人民法院通过依法审判各种运输行政诉讼案件,以及审查运输管理机构强制执行申请的方式进行。人民法院在行政诉讼中有权撤消违法的具体行政行为,在审理案件时,如发现运输管理机构及其工作人员存在违法、违纪行为的,可提出司法建议,以帮助和促进运输管理机构改进工作。

(4)权力机关监督。主要是各级人大及其常委会。《中华人民共和国宪法》赋予了各级人大及其常委会对行政机关的监督权,同时《全面推进依法行政实施纲要》要求,行政机关自觉接受人大监督。

(5)新闻媒体监督。其监督方式主要是通过报刊、广播、电视等新闻工具,揭露运输管理机构及其工作人员的违法活动,维护人民群众的合法权益,促使运输管理机构及其工作人员改正错误。但新闻舆论监督必须严格执行有关法律法规的规定,严格执行党的新闻政策和规定,防止新闻侵权。

(6)人民群众监督。《中华人民共和国宪法》赋予公民个人对行政机关及其工作人员提出批评、建议、申诉、控告和检举的权力。《道路运输条例》第57条规定,道路运输管理机构及其工作人员执行职务时,应当自觉接受社会和公民的监督。

二、执法监督的内容

运政执法涉及行政许可、监督检查、行政处罚、行政强制措施等，内容复杂，因此加强对运输管理机构及其工作人员的监督工作十分重要，运输管理机构的权力行使应当受到监督。

(1)超越职权，擅自决定或处理权限以外的事项，滥用职权，行使职权时违反了法律的目的和原则，不正当地对事项作出决定或处理，徇私舞弊，如违反规定拦截检查正常行驶的车辆，违法扣留运输车辆、车辆营运证等。

(2)故意不履行应当履行的职责，或者说任意放弃职责，如发现违法行为不及时查处。

(3)以权谋私、假公济私，不正确地履行职责，如参与或变相参与道路运输经营活动以及道路运输相关业务，索取收受他人财物，或者谋取其他利益等接受监督原则就是要求运政监督检查要遵循为人民服务的目标，处处体现"阳光执法"。

三、执法监督的方式

(1)权力机关的监督方式。一是听取运管部门的工作报告；二是质询和询问；三是视察和调查；四是人大代表的建议、批评和意见；五是处理群众的申诉和控告；六是审查运管机构发布的决定和命令等。

(2)司法机关的监督方式。人民法院或检察院采用专有的审判和检察手段，具体适用诉讼程序，对运管机构和人员与职务有关的行政行为进行监督。

(3)上级部门的监督方式。上级部门主要通过规范层级监督，强化程序要求，建立健全层级监督制度来实施。主要有报告工作制度、执法检查制度、审查批准制度、行政复议制度、考核惩戒制度、审计制度、行政监察制度等。

(4)内部监督的方式。规范性文件会办会签；规范性文件备查备案；重大案件集体讨论；重大案件的备案备查；稽查案件复查；运政执法检查；执法责任制考核；运政管理政策执行情况监测和报告；行政处罚听证等。

四、执法责任过错追究

执法责任过错追究制度，就是权力机关对行政机关(包括法律、法规授权组织、行政机关依法委托的组织)及其工作人员，因故意或过失，违反法定职责和义务，导致的违法或不当行为行政执法行为，追究其行政责任的制度。《中华人民共和国行政处罚法》《中华人民共和国行政许可法》《中华人民共和国道路运输条例》及交通运输部有关规章都对行政违法、行政不作为、行政失当、行政侵权、滥用职权等行为设定了过错责任追究制度。

交通运输部规定:交通行政管理部门及其执法人员在执法过程中因故意或过失作出的违法或者不当的具体行政行为，并对行政管理相对人造成损害的案件，上级交通行政管理部门对作出错案的单位或有关责任人员追究其行政和经济责任。

1. 错案责任的承担

(1)由于案件承办人索贿受贿、徇私舞弊、枉法裁决,造成公民、法人或其他组织财产损失的,或使违法者逃避行政处罚的,错案责任由承办人负责,单位主管领导负连带责任。

(2)由于案件承办人的领导索贿受贿、徇私舞弊、利用职权命令、指使案件承办人枉法裁决,造成公民、法人或其他组织财产损失的,或使违法者逃避行政处罚的,错案责任由主管领导负责,案件承办人负连带责任。

(3)案件承办人办案正确,而主管领导予以否决的案件,由主管领导承担错案责任。

(4)经集体合议研究、行政首长决定的案件,由单位或行政首长承担错案责任。

2. 错案的究责方式

(1)情节较轻、造成较轻危害后果的,可由上级交通行政管理部门建议其所属机关或直接对错案责任人依法给予行政处分。

(2)情节较重、造成较重危害后果的,上级交通行政管理部门可根据情况建议其所属机关或直接对负有责任的主管人员和其他责任人员给予取消行政执法资格、调离执法岗位等处分。构成犯罪的,依法追究刑事责任。

(3)给行政管理相对人造成经济损失的,赔偿义务机关赔偿损失后,应当责令有故意或者重大过失的执法人员承担全部或部分赔偿费用。

第十一节　案例分析

案例1　未取得道路运输经营许可擅自从事道路运输经营

2007年7月11日上午8点,××市道路运输管理处接到举报,有一辆苏AA24××亚星客车载着22名乘客由西向东方向开往×地。执法人员于是就在××东扬坊立交桥下实施检查,8时20分,这辆车进入了执法人员的视线,执法人员示意该车靠边停下接受检查,驾驶员张×极不情愿地停了车。执法人员出示证件表明身份后,驾驶员称是××旅游客运公司的客车,有包车许可并出示了省内包车客运标志牌和道路运输证,道路运输证的经营范围是省内包车。执法人员在对该车检查时,发现车上有一记录本,内容是每日往返×地的次数、收入和每趟运送的人数。执法人员对车上的乘客进行了调查,乘客相互不认识,乘客都承认是在××汽车东站候车到××,被驾驶员拉上车的,并每人交了15元的车费,该车驾驶员还发放了印有车号,每日的开车时间和联系电话等内容的名片。在种种证据面前,驾驶员张×才极不情愿的承认长风旅游客运公司因为包车的业务比较少,就让他驾驶车辆从事××到××段运输,每天上午8点从××汽车东站花园路边拉客发车,一天跑四趟,每人收15到20元不等的运费,并将收入上交公司,公司每月支付2500元作为他的工资。于是,执法人员初步认定××旅游客运公司从事班线客运的违法事实成立，需登记保存车辆进一步调查取证，并开具了交通行政案件证据保存清单。

经进一步调查，××旅游客运公司的道路运输经营许可证核定经营范围是省内包车和县际班车客运，公司安排苏××××亚星客车从事×地至×地的班线客运有近一个月。××市长风旅游客运公司未取得道路客运班线经营许可擅自从事班车客运经营，事实清楚，证据确凿，依据《道路旅客运输及客运站管理规定》第八十四条的规定对其处以罚款5万元的行政处罚，并责令改正。

案情分析

《中华人民共和国道路运输条例》规定从事道路旅客运输经营必须取得道路运输管理机构的行政许可，从事县级行政区域内客运经营的，由县级道路运输管理机构许可；从事省、自治区、直辖市行政区域内跨2个县级以上行政区域客运经营的，由其共同的上一级道路运输管理机构许可；从事跨省、自治区、直辖市行政区域客运经营的，由所在地的省、自治区、直辖市道路运输管理机构许可。准予许可的，道路运输管理机构向其颁发道路运输经营许可证，并向车辆配发车辆营运证。交通部《道路旅客运输及客运站管理规定》规定"客运经营者应当按照道路运输管理机构决定的许可事项从事客运经营活动"，"客运包车应当凭车籍所在地县级以上道路运输管理机构核发的包车客运标志牌，按照约定的时间、起始地、目的地和线路运行，并持有包车票或者包车合同，不得按班车模式定点定线运营"。对包车违反规定从事班车客运经营，应依据《道路旅客运输及客运站管理规定》的规定给予行政处罚。

办案要点

(1)本案当事人无道路客运班线经营许可证从事班车客运，对违法行为的调查要全面，要形成证据链，锁定违法事实。对用于经营的账本和名片要进行证据固定。

(2)确定违法事实。本案中要区别"未取得道路客运经营许可擅自从事道路客运经营、未取得道路客运班线经营许可擅自从事班车客运经营和超越许可事项从事道路客运经营"这三种违章的区别，"未取得道路客运经营许可擅自从事道路客运经营"是指未取得任何道路客运经营许可证件，无任何客运许可事项；"未取得道路客运班线经营许可擅自从事班车客运经营"是指虽然取得了班车客运经营许可，但是违章车辆经营的班线没有取得经营许可；"超越许可事项从事道路客运经营"是指取得了班车客运、包车客运、旅游客运等一项或两项的经营许可，但是超越了许可的经营范围具有其他的项的客运经营。本案就是××旅游客运公司虽取得包车客运经营许可，但其实际从事的却是班线经营。

(3)本案在认定违法事实过程中，除了要明确违法主体外，还应当注意该车辆经营模式的调查，进一步认定其定点、定线，以及散客经营和长期性这一特征，从而认定其班车客运的事实。

(4)该违法行为的罚款在2万元以上，属于重大违法行为给予较重的行政处罚，道路运输管理机构应当组织集体讨论决定。

(5)对当事人作出较大数额处罚决定前,应依据《行政处罚法》第四十二条的规定告知当事人要求举行听证的权力。罚款的较大数额地方交通管理部门按省级人大常委会或者人民政府规定或其授权部门规定的标准执行。

(6)因《道路旅客运输及客运站管理规定》第八十四条规定有无违法所得或违法所得超过2万元的,罚款幅度不同,因此调查取证时要调查清楚当事人的违法所得。

(7)如果证据被执法机构登记保存的,证据登记保存清单的"在7日内日你(单位)不得销毁或转移"的字样要划掉;如果由当事人保存的,不得划掉。

文书制作(附后)

立案审批表

×交运［2007］000789 号

<table>
<tr><td>案件来源</td><td colspan="3">群众举报</td><td colspan="2">受案时间</td><td colspan="2">07.7.11</td></tr>
<tr><td>案由</td><td colspan="7">未取得道路客运班线经营许可，擅自从事班线客车经营</td></tr>
<tr><td rowspan="4">当事人基本情况</td><td rowspan="2">公民</td><td>姓 名</td><td></td><td>性 别</td><td></td><td>年 龄</td><td></td></tr>
<tr><td>住 址</td><td></td><td>身份证号</td><td></td><td>联系电话</td><td></td></tr>
<tr><td rowspan="2">法人或其他组织</td><td>名称</td><td colspan="3">××旅游客运公司</td><td>法定代表人</td><td>赵××</td></tr>
<tr><td>地址</td><td colspan="3">××市东风路 2 号</td><td>联系电话</td><td>84466343</td></tr>
<tr><td>案件基本情况</td><td colspan="7">我处接举报，××市长风旅游客运公司的苏 AA2431 未取得道路客运班线经营许可擅自从事班车客运经营。我处执法人员于 2007 年 7 月 11 日 08 时许在东扬坊立交桥下当场查获当事人的苏×A24××亚星客车载着 22 名乘客由××开往××从事班车客运经营。</td></tr>
<tr><td>立案依据</td><td colspan="3">《道路旅客运输及客运站管理规定》第八十四条第（二）项。</td><td>受案机构意见</td><td colspan="3">鉴于当事人的行为已经违反了《道路旅客运输及客运站管理规定》的有关规定，建议立案处理。
签名：王×
时间：2007 年 7 月 11 日</td></tr>
<tr><td>负责人审批意见签</td><td colspan="7">同意立案
签名：李××
时间：2007 年 7 月 11 日</td></tr>
<tr><td>备注</td><td colspan="7"></td></tr>
</table>

证据登记保存清单

NO. 121535

<table>
<tr><td rowspan="7">当事人</td><td rowspan="3">公民</td><td>姓名</td><td></td><td>性别</td><td></td><td>年龄</td><td></td></tr>
<tr><td>电话</td><td colspan="3"></td><td>职业</td><td></td></tr>
<tr><td>住址</td><td colspan="5"></td></tr>
<tr><td rowspan="4">法人或者其他组织</td><td>名称</td><td colspan="5">××市长风旅游客运公司</td></tr>
<tr><td>地址</td><td colspan="5">××市东风路2号</td></tr>
<tr><td colspan="2">法定代表人</td><td colspan="4">赵××</td></tr>
<tr><td colspan="2">联系电话</td><td colspan="4">84466343</td></tr>
</table>

根据《中华人民共和国行政处罚法》第三十七条第二款的规定，需对你（单位）下列物品登记保存。在7日内当事人或有关人员不得销毁或转移，请

于2007年7月18日前到××市×区×路×号接受处理。

序　号	证据名称	规　格	数　量	登记保存地点
1	亚星客车（苏×A24××）	辆	1	××停车场
2	名片	张	1	××市运管处
3	账本	本	1	××市运管处

被取证人（或其代理人）签名及时间：

孙××，　07.7.11

执法人员签名及执法证号：

陈×　3201111253

王×　3201111252

交通行政执法机关（印章）

2007年7月11日

（本文书一式两份：一份存根，一份当事人或其代理人。）

询 问 笔 录

时间:2007 年 7 月 11 日 8 时 30 分至 9 时 0 分　　　第 1 次询问

地点:××市东扬坊立交桥下

询问人:陈×　　　记录人:王×

被询问人:吴×　　　与案件关系:乘客

性别:男　　　年龄:40

身份证号:320844196808081123　　　联系电话:13802420036

工作单位及职务:

联系地址:××市长江路 11 号

我们是××市道路运输管理处的执法人员 陈×、王×,这是我们的执法证件,执法证号分别是 3201111253、3201111252,请你确认。现依法向你询问,请如实回答所问问题。执法人员与你有直接利害关系的,你可以申请回避。

问:请介绍一下你所乘坐的车辆的自然情况?

答:车号:苏×A24××,车型:亚星客车。

问:请谈谈你乘坐该车的经过?

答:我今天早上到××东站准备坐班车到××,刚到车站外,被该车驾驶员以 15 元车费拉上车,我上车时车上已经有了 8 名乘客,后来驾驶员又相继拉了 13 名乘客,驾驶员收了每人 15 元的车费,并发了一张有该车车号、联系电话等内容的名片,让我们下次坐车联系他,这是驾驶员发给我的名片。

问:你认识该车驾驶员吗?

答:不认识。

问:请问你刚才提供的联系地址、证件号码、联系电话是否真实有效。如果提供不真实,造成的法律后果,你自己负责,清楚吗?

答:所提供资料均真实,造成的法律后果我自负。

问:以上记录请你仔细看一下,如无异议,请签字?

答:无异议,我签字。

被询问人签名及时间:吴× 07.7.11

询问人签名及时间:陈×07.7.11　王×07.7.11

备注:

询问笔录

时间:2007年7月11日9时0分至9时30分　　　　第 1 次询问

地点: ××市东扬坊立交桥下

询问人: 陈×　　记录人: 王×

被询问人: 张×　　与案件关系: 驾驶员

性别: 男　　年龄: 36

身份证号: 320844197205230911　　联系电话: 13802235671

工作单位及职务: ××市长风旅游客运公司,驾驶员

联系地址: ××市东风路2号

我们是××市道路运输管理处的执法人员 陈× 、 王× ,这是我们的执法证件,执法证号分别是 3201111253 、 3201111252 ,请你确认。现依法向你询问,请如实回答所问问题。执法人员与你有直接利害关系的,你可以申请回避。

问:请你介绍一下你所驾车辆的自然情况?

答:车号:苏×A24××,车属单位:××市长风旅游客运公司,车型:亚星客车,核定座位:35座。

问:请问你与该车的关系?

答:我是该车驾驶员。

问:请问你刚才驾驶该车从哪里来到哪里去?

答:从××到××。

问:请你叙述此次运输的经过?

答:我今天早上在汽车东站组织散客22名至××,分别向每人收取15元运输费用。

问:请你出示该车的道路运输证?

答:好的,道路运输证号是00002389,经营范围是省内包车客运。

问:请你出示你车的此次运输的客运标志牌?

答:好的,标志牌号码是苏运包字0000981号。

问:请你出示此次运输的旅游合同?

被询问人签名及时间:　　　　询问人签名及时间: 陈×2007.7.11

张×2007.7.11　　　　王×2007.7.11

备注:

询问笔录

答:此次运输没有旅游合同。

问:请你出示此次运输的旅游客票或者包车票、包车合同?

答:都没有。

问:印有苏×A24××亚星豪华客车、××——××、联系电话1380×××5671以及××——汽车东站、××——南门客运站、××发车时间8点等内容的名片是谁的?

答:是我的。

问:你印制这样的名片是何用途?

答:我发给乘坐我车的乘客,让他们以后联系我,下次再坐我车。

问:我们检查时,在你车发现一本记有每日往返××至××次数、收入和每趟运送的人数等内容的记录本是谁的?

答:是我的,是我每天出车及经营情况的记录。

问:你记这些内容是何用途?

答:我每天将载客营运的收入交给我们公司,公司每月给我固定工资2500元,视收入给我奖金。

问:请问你所驾驶的苏×A24××车辆平时是如何让经营的?

答:该车每天都是我开的,我受××长风旅游客运公司的指派,每天专门跑××至××的线路。公司因为包车的业务比较少,就让我驾驶该车跑××到××,每天上午8点从汽车东站花园路边拉客发车,到××后从南门汽车站载客回××,一天要跑四趟,每人收15到20元不等的运费,我这样经营有一个月了。

问:请问你刚才提供的联系地址、证件号码、联系电话是否真实有效。如果提供不真实,造成的法律后果,你自己负责,清楚吗?

答:所提供资料均真实,造成的法律后果我自负。

问:根据调查及你单位前面所述,你单位的行为已经违反了道路旅客运输经营的相关规定,请你务必通知你单位在7日内携带道路运输经营许可证到××市道路运输管理处接受处理,逾期不处理,所造成的后果自负。

答:我知道。

问:请问你还有要陈述申辩或者补充说明的吗?

答:没有。

问:以上记录请你仔细看一下,如无异议,请签字?

答:无异议,我签字。

被询问人签名及时间:张×2007.7.11

询问人签名及时间:陈×2007.7.11
王×2007.7.11

备注:

案件处理意见书

<table>
<tr><td>案由</td><td colspan="5">未取得道路客运班线经营许可，擅自从事班车客运</td><td>案件调查人员</td><td>陈×
王×</td></tr>
<tr><td rowspan="6">当事人</td><td rowspan="2">公民</td><td>姓名</td><td></td><td>性别</td><td></td><td>年龄</td><td></td></tr>
<tr><td>住址</td><td colspan="3"></td><td>职业</td><td></td></tr>
<tr><td rowspan="4">法人或其他组织</td><td>名称</td><td colspan="5">××市长风旅游客运公司</td></tr>
<tr><td>法定代表人</td><td colspan="5">赵××</td></tr>
<tr><td>地址</td><td colspan="5">××市东风路2号</td></tr>
<tr><td>联系电话</td><td colspan="5"></td></tr>
<tr><td>案件调查经过及违法事实</td><td colspan="7">2007年7月11日上午，我处接举报前往东扬坊立交桥下检查××市长风旅游客运公司苏×A24××亚星客车从事非法班线客运一案。8点多，该车途经检查点，被我运政执法人员查获，经调查后认为××市长风旅游客运公司涉嫌未取得道路客运班线经营许可擅自从事班车客运经营。</td></tr>
<tr><td rowspan="7">证据材料</td><td>序号</td><td colspan="2">证据名称</td><td colspan="3">规格</td><td>数量</td></tr>
<tr><td>1</td><td colspan="2">询问笔录</td><td colspan="3">份</td><td>2</td></tr>
<tr><td>2</td><td colspan="2">现场录像</td><td colspan="3">份</td><td>1</td></tr>
<tr><td>3</td><td colspan="2">车辆</td><td colspan="3">辆</td><td>1</td></tr>
<tr><td>4</td><td colspan="2">经营许可证复议印件</td><td colspan="3">张</td><td>1</td></tr>
<tr><td>5</td><td colspan="2">名片</td><td colspan="3">张</td><td>1</td></tr>
<tr><td>6</td><td colspan="2">账本</td><td colspan="3">本</td><td>1</td></tr>
<tr><td>调查结论和处理意见</td><td colspan="7">经调查后认为××市长风旅游客运公司涉嫌未取得道路客运班线经营许可擅自从事班车客运经营，事实清楚，证据确凿，根据《道路旅客运输及客运站管理规定》第八十四条第（二）项的规定，拟给予罚款5万元的行政处罚。

执法人员签名：陈×、王×
2007年7月12日</td></tr>
<tr><td>法制工作机构审核意见</td><td colspan="7">经复核，事实清楚，证据充分，同意处罚建议，请提交集体研究。

签名：张××
2007年7月12日</td></tr>
<tr><td>行政执法机关意见</td><td colspan="7">经处长办公会研究决定，同意拟定处罚意见，请移交违章处理部门处理。

签名：孙××
2007年7月12日</td></tr>
</table>

违法行为通知书

×交运[2007]000789号

××市长风旅游客运公司:

经调查,本机关认为你(单位)涉嫌未取得道路客运班线经营许可,擅自从事道路班车客运经营行为,违反了《道路旅客运输及客运站管理规定》第八十四条第(二)项的规定,依据《道路旅客运输及客运站管理规定》第八十四条第(二)项的规定,本机关拟作出罚款5万元处罚决定。

☑根据《中华人民共和国行政处罚法》第三十一条、第三十二条的规定,你(单位)如对该处罚意见有异议,可在接到本通知之日起三日内向本机关提出陈述申辩;逾期未提出陈述或者申辩,视为你单位(或个人)放弃陈述和申辩的权利。

☑根据《中华人民共和国行政处罚法》第四十二条的规定,你(单位)有权在收到本通知书之日起三日内向本机关要求举行听证;逾期不要求举行听证的,视为你(单位)放弃听证的权利。

(注:在序号前□内打"√"的为当事人享有该权利。)

交通行政执法机构联系地址:××市×路×号　邮编:210000

联系人:陆××　联系电话:0××11111454

交通行政执法机关(印章)

2008年7月13日

(本文书一式两份:一份存根,一份交当事人或其代理人。)

行政处罚决定书

×交运[2007]000789 号

<table>
<tr><td rowspan="4">当事人</td><td rowspan="2">公民</td><td>姓名</td><td></td><td>性别</td><td></td><td>身份证号</td><td></td></tr>
<tr><td>住址</td><td></td><td>职业</td><td colspan="3"></td></tr>
<tr><td colspan="2" rowspan="2">法人或者其他组织</td><td>名称</td><td>××市长风旅游客运公司</td><td>法定代表人</td><td colspan="2">赵××</td></tr>
<tr><td>地址</td><td colspan="4">××市东风路2号</td></tr>
</table>

违法事实及证据：当事人未取得道路客运班线经营许可擅自驾驶苏 AA2431 亚星客车从事班车客运，其中证据询问笔录 2 份、现场录像 1 份以及名片 1 张、账本 1 本证明其从事了××到××客运班线运输、经营许可证复议印件 1 张，证明其未取得××到××的道路客运班线经营许可。

以上事实违反了《道路旅客运输及客运站管理规定》第八十四条第(二)项的规定，依据《道路旅客运输及客运站管理规定》第八十四条第(二)项的规定，决定给予 罚款 5 万元整 的行政处罚。

处以罚款的，罚款自收到本决定书之日起 15 日内缴至××××××，账号为××××××，到期不缴的依法每日按罚款数额的 3% 加处罚款。

如果不服本处罚决定，可以依法在 60 日内向××市交通局申请行政复议，或者在三个月内依法向人民法院提起行政诉讼，但本决定不停止执行，法律另有规定的除外。逾期不申请行政复议、不提起行政诉讼又不履行的，本机关将依法申请人民法院强制执行或者依照有关规定强制执行。

交通行政执法机关(印章)

2008 年 7 月 17 日

(本文书一式两份：一份存根，一份交当事人或其代理人。)

文书送达回证

案件名称：未取得道路客运班线经营许可，擅自从事班车客运

送达单位	××市道路运输管理处				
受送达人	××市长风旅游客运公司				
代收人	赵××				
送达文书名称、文号	收件人签名（盖章）	送达地点	送达日期	送达方式	送达人
交通行政案件违法行为通知书	赵××	××市东风路2号	2007年7月13日10时	直接送达	陆××、张×
交通行政案件处罚决定书	赵××	××市东风路2号	2007年7月13日10时	直接送达	陆××、张×
交通行政执法机关（印章） 2007年7月13日					
备注：赵××为××市长风旅游客运公司法人代表					

注：1. 如受送达人不在场的，可交其同住的成年家属签收，并且在备注栏中写明与受送达人的关系。

2. 受送达人已经指定代收人的，交代收人签收，受送达人为单位的，交单位收发室签收。

3. 受送达人拒绝签收的，送达人应当邀请有关基层组织的代表或其他人员在场，说明情况，并在备注栏中写明拒收事实和日期。送达人在备注中签字。

处罚结案报告

案件名称：<u>未取得道路客运班线经营许可，擅自从事班车客运</u>

<table>
<tr><td rowspan="5">当事人
基本情况</td><td>公民</td><td></td><td>年龄</td><td></td><td>性别</td><td></td></tr>
<tr><td>所在单位</td><td></td><td>联系地址</td><td colspan="3"></td></tr>
<tr><td>联系电话</td><td></td><td>邮编</td><td colspan="3"></td></tr>
<tr><td>法人或者其他组织</td><td>××市长风旅游
客运公司</td><td>地址</td><td colspan="3">××市东风路 2 号</td></tr>
<tr><td>法定代表人</td><td>赵××</td><td>职务</td><td colspan="3"></td></tr>
<tr><td>处理结果</td><td colspan="6">根据《道路旅客运输及客运站管理规定》第八十四条第（二）项的规定给予当事人××市长风旅游客运公司罚款 5 万元整的处罚。
被保存的车辆苏×A24××亚星客车已返还当事人。</td></tr>
<tr><td>执行情况</td><td colspan="6">当事人于 2007 年 7 月 19 日自行履行完毕。

执法人员签名：<u>陆××</u>、<u>张×</u>
2007 年 7 月 20 日</td></tr>
<tr><td>法制工作
机构审核
意见</td><td colspan="2">同意结案

签名：张××
2007 年 7 月 20 日</td><td>行政执法
机关审批
意见</td><td colspan="3">同意结案

签名：孙××
2007 年 7 月 21 日</td></tr>
</table>

案例 2　未取得从业资格证件驾驶道路货物运输车辆

2008 年 6 月 20 日，××市运输管理处执法人员检查东鹏运输公司的苏××××货物运输车辆，该车系从东河运输 8 吨瓷砖到××，运费 4000 元。执法人员要求驾驶员李×出示从业资格证件和车辆道路运输证，驾驶员出示的道路运输证的经营范围是普通货物运输，但是出示不了个人从业资格证件，面对执法人员的询问，驾驶员称自己刚驾驶该车不到一个月，还没有办理从业资格证。××市运输管理处依据《道路运输从业人员管理规定》第四十八条第（一）项的规定责令驾驶员李×限期改正，并处罚款 500 元的行政处罚。

案情分析

《中华人民共和国道路运输条例》、《道路旅客运输及客运站管理规定》、《道路货物运输及站场管理规定》、《道路危险货物运输管理规定》、《道路运输从业人员管理规定》要求从事道路旅客、危险货物、普通货物运输的驾驶员应当取得相应的道路运输从业人员资格证书后方可驾驶相应的道路运输车辆。本案中，普通货物运输车辆的驾驶员未取得从业资格证件，根据《道路运输从业人员管理规定》应给予行政处罚。

办案要点

（1）车辆具有道路运输证是驾驶员未取得从业资格证的前提，要调查清楚车辆是否具有道路运输证。

（2）调查车辆运输的是旅客、普通货物还是危险货物，从而进一步确定案件的违法事实，违法事实不同，处罚依据也不同。如果运输的是危险货物，要按照《道路危险货物运输管理规定》处理。

（3）未取得相应从业资格证驾驶道路运输车辆的处罚主体是驾驶员个人。

（4）要责令驾驶员改正，责令改正有三种形式：责令立即停车、责令停止执业、责令补办执业手续。

文书制作

1. 询问笔录

2. 其他（略）

询问笔录

时间:2008 年 6 月 20 日 10 时 0 分至 10 时 20 分 第 1 次询问

地点: ××市汉新运输公司门前

询问人: 王× 记录人: 章×

被询问人: 李× 与案件关系: 驾驶员

性别: 男 年龄: 45

身份证号: 2345××196306110001 联系电话: 5672565

工作单位及职务: 东鹏运输公司驾驶员

联系地址: ××市东风路8号

我们是 ××市运输管理处 的执法人员 王× 、 章× ,这是我们的执法证件,执法证号分别是 420900012 、 420900013 ,请你确认。现依法向你询问,请如实回答所问问题。执法人员与你有直接利害关系的,你可以申请回避。

问:请你介绍一下你所乘车辆的自然情况?

答:车主:东鹏运输公司,车型:拦板运输车辆,车号:苏×N20××。

问:请你介绍此次运输的经过?

答:今天上午,我驾驶苏×N20××从东河运输8吨瓷砖到××,运费为4000元,由公司统一结算。

问:请你出示该车的道路运输证?

答:我出示,道路运输证证号是00023618,核定的经营范围是普通货物运输。

问:你与该车是何关系?

答:我是该车驾驶员。

问:你驾驶该货运车辆,请你出示你的从业资格证件?

答:我刚驾驶这辆车不到一个月,我还没申办从业资格证。

问:请问你刚才提供的联系地址、证件号码、联系电话是否真实有效。如果提供不真实,造成的法律后果,你自己负责,清楚吗?

答:所提供资料均真实,造成的法律后果我自负。

被询问人签名及时间: 询问人签名及时间: 王×2008.6.20

李×2008.6.20 章×2008.6.20

备注:

询 问 笔 录

问:你未取得从业资格证件驾驶道路运输车辆的行为,已经违反了《道路运输从业人员管理规定》,请问你还有什么需要陈述申辩的吗?

答:没有。

问:请你务必在7日内到××市运输管理处接受处理,逾期不处理,所造成的后果自负。

答:好的,我知道。

问:以上记录请你仔细看一下,如无异议,请签字?

答:无异议,我签字。

[以下无正文]

被询问人签名及时间: 李×2008.6.20

询问人签名及时间: 王×2008.6.20

章×2008.6.20

备注:

案例3 超越许可事项非法从事机动车维修经营

2007年7月4日××市维管处接到电话举报;在本市栖霞区尧化门有一非法汽车维修厂。上午10时,执法人员根据举报的具体地址赶到了××汽车修理部。在现场发现有3名维修人员正在对一辆×B53×××货车进行变速器的修理。执法人员随即对维修人员进行询问,要求出示机动车维修经营许可证,维修人员李×称在老板王×那里。于是执法人员要求把老板王×找来。一会儿,老板王×来到执法人员面前。执法人员要求其出示机动车维修经营许可证,该老板出示的机动车维修经营许可证载明的经营范围是"三类汽车维修(轮胎动平衡和修补)。执法人员询问该修理厂从事哪些机动车维修经营业务,这位老板称主要从事货车的维修,什么都修。由于这里货场多,来往配货的外地货车也多,招了5名修理工修理各种货车,每天平均能修理3、4辆车,收入大约在800元左右。

鉴于该修理厂超越许可事项非法从事机动车维修经营,执法人员当场责令停止经营并对当事人的主要物件开具了证据保存清单,对证据进行保存。7月9日,××维管处按照《机动车维修管理规定》第四十九条第(三)项的规定对××修理部处以罚款2万元的行政处罚。

案情分析

《中华人民共和国道路运输条例》规定申请从事机动车维修经营,应具备相应的维修场地、必要的设备、设施和技术人员、健全的维修管理制度、必要的环境保护措施等条件,取得所在地县级道路运输管理机构颁发的机动车维修经营许可证,方可从事机动车维修经营。《机动车维修管理规定》规定"机动车维修经营依据维修车型种类、服务能力和经营项目实行分类许可",其中的汽车维修经营业务根据经营项目和服务能力分为一类、二类和三类维修经营业务,还规定"机动车维修经营者应当按照经批准的行政许可事项开展维修服务",实行分类许可制度。本案中,光华汽车修理部仅取得了三类机动车维修经营许可,却从事二类机动车维修经营,显然是超越许可事项非法从事机动车维修经营,根据《机动车维修管理规定》的规定,责令停止经营,并处以罚款2万元的行政处罚。

办案要点

(1)本案中当事人超越许可事项非法从事机动车维修经营是重大违章,对违法行为的调查要全面,现场笔录、书证、物证、视听资料等证据要形成证据链,证明违法事实。

(2)要注意"未取得机动车维修经营许可非法从事机动车维修经营"和"超越许可事项非法从事机动车维修经营"的区别,前者是未取得任何机动车维修许可证件就修理机动车,后者是取得了三类的专项或其他类别的某种车型维修经营许可,超过了许可的类别、项别维修其他类别、项别的机动车。

(3)本案中应主要调查××汽车修理部是否取得机动车维修经营许可,再确认取得哪一类许可,其从事的维修行为是否在其取得的经营许可范畴,继而认定违法事实。

(4)该违法行为的罚款在2万元以上,属于重大违法行为给予较重的行政处罚,道路运输管理机构的负责人应当集体讨论决定。

(5)对当事人作出较大数额处罚决定前,应依据《行政处罚法》第四十二条的规定告知当事人要求举行听证的权力。罚款的较大数额地方交通管理部门按省级人大常委会或者人民政府规定或其授权部门规定的标准执行。

文书制作

1. 询问笔录

2. 其他(略)

询问笔录

时间:2007 年7 月4 日11 时10 分至11 时30 分　　　　第 1 次询问

地点: ××市栖霞区尧化门11号

询问人: 张××　　　　记录人: 李××

被询问人: 王×　　　　与案件关系: 违法行为人的部门负责人

性别: 男　　　　年龄: 35

身份证号: 320700197310210021　　　　联系电话: 42225756

工作单位及职务: 光华汽车修理部负责人

联系地址: ××省××市栖霞区尧化门×号

我们是 ××市维修管理处 的执法人员 张×× 、 李×× ,这是我们的执法证件,执法证号分别是 320000053 、 320000052 ,请你确认。现依法向你询问,请如实回答所问问题。执法人员与你有直接利害关系的,你可以申请回避。

问:你了解××市栖霞区尧化门11号的光华汽车修理部的情况吗?

答:我是这儿的老板,情况我都很清楚。

问:请你取来光华汽车修理部的机动车维修经营许可证接受检查?

答:我拿来。机动车维修经营许可证号是00005313,经营范围是:三类汽车维修(轮胎动平衡和修补),法人代表:王×。

问:×B53456 货车为何停在你修理部?

答:该车的变速器坏了,我安排3名工人正在进行维修。

问:你修理部除了修货车变速器还修理什么?

答:修理各种货车,有什么故障就修理什么。这里货场多,来往配货的外地货车也多,各种故障都有。所以,我招了5名修理工修理各种货车,每天平均能修理3、4辆车,收入大约在800元左右。

问:你们光华汽车修理部是三类机动车维修经营许可,只能从事轮胎动平衡和修补,你知道吗?

问:我知道,修理货车的各种故障至少要二类维修资质,但是我们修理部的条件达不到二类的许可条件。

被询问人签名及时间: 王×2007.7.4　　　　询问人签名及时间: 张×2007.7.4
李×2007.7.4

备注:

询 问 笔 录

问：你们修理部从何时开始修理各种货车故障的？

答：大概是半年前。

问：请问你刚才提供的联系地址、证件号码、联系电话是否真实有效。如果提供不真实，造成的法律后果，你自己负责，清楚吗？

答：所提供资料均真实，造成的法律后果我自负。

问：根据调查及你本人自认，你的光华汽车修理部超越经营许可证核定经营范围从事机动车维修经营，违反了《机动车维修管理规定》的有关规定，请问你还有什么需要陈述申辩的吗？

答：没有。

问：请你务必在7日内携带机动车维修经营许可证到××市维修管理处接受处理，逾期不处理，所造成的后果自负。

答：我知道。

问：以上记录请你仔细看一下，如无异议，请签字？

答：无异议，我签字。

[以下无正文]

被询问人签名及时间：王×2007.7.4

询问人签名及时间：张×2007.7.4
李×2007.7.4

备注：

案例4　未取得道路运输经营许可擅自从事道路运输经营

2008年2月1日11时许，××县运输管理所执法人员与公安部门在沿海高速道路苏鲁收费站进行春运联合检查，对×B60012全顺小型客车检查时，发现该车有非法载客营运的嫌疑，遂将驾驶员和乘客分开。经询问，车内的9名乘客表示是从××省××市××汽车站附近乘坐该车到×××市区的，每人交给驾驶员车费120元，都与驾驶员不认识。执法人员询问该车驾驶员陈勇时，其开始时称是为朋友帮忙的，后经执法人员教育，承认当天八点时在××准备到×××办事，经过××汽车站附近时，看到有人等车，就想顺路带几人赚取油费和过路费，于是询问等车的人要不要上连云港，有人问到×××多少钱一个人，陈×说是150元，后来经过讨价还价，以120元一人上了8位乘客。车子出了××后陈×收取了8名乘客共计960元的车费。陈×是该车车主。执法人员要求陈×出示该车道路运输证或者其他能够证明该车具有道路运输证的证明，陈×表示没有。执法人员责成陈×退还了违法所得，对该车采取了暂扣措施，要求陈×在7日内到××县运输管理所接受处理。

经进一步调查，当事人陈×没有道路运输经营许可证。2月4日，××县运输管理所依据《中华人民共和国道路运输条例》第六十四条的规定对当事人陈×处以罚款3万元的行政处罚，并责令改正。

案情分析

《中华人民共和国道路运输条例》规定从事道路运输经营，应当具备与其经营业务相适应的并经检测合格的车辆、有从业资格的驾驶员、健全的安全生产管理制度等准入条件，并依法向道路运输管理机构提出申请，经审核同意的，依法取得道路运输经营许可证件，方可从事与许可范围相适应的道路运输经营活动，本案中当事人从事道路旅客运输，根据规定应依法取得道路旅客运输经营许可。对未取得道路运输经营许可证件从事道路运输经营活动的，《中华人民共和国道路运输条例》设定了处罚条款。

办案要点

（1）本案中当事人未取得道路运输经营许可证件从事旅客运输是重大违法行为，应对违法行为进行全面调查，收集的证据要形成证据链，证明违法事实客观存在。

（2）因《中华人民共和国道路运输条例》第六十四条规定有无违法所得或违法所得超过2万元的。罚款幅度不同，因此调查取证时要调查清楚当事人的违法所得。

（3）当事人的车辆无道路运输证，要进一步调查当事人是否取得了道路运输经营许可证。

（4）当事人从事道路旅客运输经营活动，其车辆无道路运输证和其他有效证明，应依据《中华人民共和国道路运输条例》第六十三条的规定进行暂扣，使用《道路运输车辆暂扣凭证》暂扣该车。

（5）该违法行为的罚款在2万元以上，属于重大违法行为应给予较重的行政处罚，道路运输管理机构应当组织集体讨论决定。

(6)对当事人作出较大数额处罚决定前,应依据《行政处罚法》第四十二条的规定告知当事人要求举行听证的权力。罚款的较大数额地方交通管理部门按省级人大常委会或者人民政府规定或其授权部门规定的标准执行。

文书制作

1. 乘客询问笔录
2. 当事人询问笔录
3. 暂扣凭证
4. 其他(略)

询问笔录

时间:2008 年2 月1 日11 时0 分至11 时20 分　　　　　　第 1 次询问

地点:沿海高速道路苏鲁收费站

询问人:王×　　　　　　记录人:李×

被询问人:刘×　　　　　　与案件关系:乘客

性别:男　　　　　　年龄:45

身份证号:3207××196301090891　　　　联系电话:85817923

工作单位及职务:无

联系地址:×××市新浦区解放东路36 号

我们是××县运输管理所的执法人员王×、李×,这是我们的执法证件,执法证号分别是320000123、320000132,请你确认。现依法向你询问,请如实回答所问问题。执法人员与你有直接利害关系的,你可以申请回避。

问:请你介绍一下你与×B600××车的关系?

答:我是×B600××全顺小客车的乘客。

问:请介绍你乘坐该车的经过?

答:今天早晨8 点左右,我和王××、张××到××四方汽车站准备坐客车回×××,没买到车票。我们就到车站外边等车,看能不能坐到站外便宜的车带我们到×××。大约20 分钟后,8:30 左右,×B600××全顺小客车开过来停到我们身边,该车驾驶员问我们到哪儿?我们说是到×××的,驾驶员说刚好他要去×××,顺路带人赚油费和过路费,我们问驾驶员到×××车费多少钱一人,驾驶员说150 元一人,我们嫌贵了,他说最低120 元一人,我们同意了,于是就上了该车。后来,驾驶员又喊了5 名到×××的乘客上车,他们车费也是120 元一人。出了××以后,我们就将车费交给了驾驶员。

问:你和你同行的人认识驾驶员吗?

被询问人签名及时间:　　　　　　询问人签名及时间:王×2008.2.1

刘×2008.2.1　　　　　　李×2008.2.1

备注:

询 问 笔 录

答:我不认识,他们也不认识,我们仅是凭钱坐车。

问:刚才提供的联系地址、证件号码、联系电话是否真实有效。如果提供不真实,造成的法律后果,你自己负责,清楚吗?

答:所提供资料均真实,造成的法律后果我自负。

问:请问你还有需要补充说明的吗?

答:没有。

问:以上记录请你仔细看一下,如无异议,请签字?

答:无异议,我签字。

[以下无正文]

被询问人签名及时间:刘×2008.2.1

询问人签名及时间:王×2008.2.1

李×2008.2.1

备注:

询 问 笔 录

时间:2008 年2 月1 日11 时30 分至12 时0 分　　　　第 1 次询问

地点:沿海高速道路苏鲁收费站

询问人:王×　　　　记录人:李×

被询问人:陈×　　　　与案件关系:车主

性别:男　　　　年龄:33

身份证号:3300××197503090798　　　　联系电话:83317983

工作单位及职务:无

联系地址:××市××路36号

我们是××县运输管理所的执法人员王×、李×,这是我们的执法证件,执法证号分别是320000123、320000132,请你确认。现依法向你询问,请如实回答所问问题。执法人员与你有直接利害关系的,你可以申请回避。

问:请介绍一下你所驾驶车辆的基本情况?

答:我所驾车号是×B600××,车型是全顺小客车,我是车辆的驾驶员也是车主。

问:请问你刚才驾驶该车从哪里来到哪里去?

答:从××到×××。

问:请你叙述此次运输的经过?

答:今天早晨8点左右,我驾驶×B600××到×××办事,经过××四方汽车站,看到不少人路边等车,我想空车到×××也要花上油费和过路费,不如顺便带几个人赚点油费和过路费。我就将车停到几个等车人面前,问他们是不是到×××,他们说是的,问我到×××车费多少钱一人,我说150元一人,他们嫌贵了,要求三个人每人120元,我同意了,他们就上了我车。后来,我又喊了5名到×××的乘客上车,他们车费也是120元一人。出了××以后,我就收了8位乘客的车费,共计960元。

被询问人签名及时间:陈×2008.2.1　　　　询问人签名及时间:王×2008.2.1　李×2008.2.1

备注:

询 问 笔 录

问:你认识乘坐你车的8位乘客吗?

答:不认识,他们都是我顺路带的乘客。

问:请你出示该车的道路运输证?

答:没有道路运输证。

问:请问你是否办理过道路运输经营许可证件?

答:我没有办理过。

问:根据你的自述和我们的调查,你的行为已经违反了《中华人民共和国道路运输条例》的相关规定,现依法对你的车辆实施暂扣,请问你还有什么需要陈述和申辩的吗?

答:没有。

问:刚才提供的联系地址、证件号码、联系电话是否真实有效。如果提供不真实造成的法律后果,你自己负责,清楚吗?

答:所提供资料均真实,造成的法律后果我自负。

问:以上记录请你仔细看一下,如无异议,请签字?

答:无异议,我签字。

[以下无正文]

被询问人签名及时间: 询问人签名及时间: 王×2008.2.1

陈×2008.2.1 李×2008.2.1

备注:

案例5　超越许可事项，从事道路危险货物运输经营

2008年4月3日13时许，××市道路运输管理处执法人员王×、荀×，在沪宁高速公路马群收费站，对××运通运输公司驾驶员许×驾驶的车号为×F15010危险货物运输车辆进行检查时发现，该车运输的是合计5吨名称为"吗啉"的危险货物。该车的道路运输证核定的经营范围为危险货物运输，准予运输的危险货物类别是四类一项和八类。因此，执法人员便对"吗啉"进行核查。经查对GB12268《危险货物品名表》，证明该货物为第三类危险品（UN号是2054）。于是，执法人员责令该车停止运营。经进一步调查，该车所属的××运通运输公司的道路危险货物运输经营许可证核定的经营范围是第四类一项和第八类。据此××市道路运输管理处按照《道路危险货物运输管理规定》第四十八条"超越许可事项从事道路危险货物运输"的规定对××运通运输公司处以罚款2万元。

案情分析

《危险化学品安全管理条例》、《中华人民共和国道路运输条例》都要求运输危险货物的企业须取得交通部门的资质认定，即取得道路危险货物运输许可证件方可运输危险货物，但是取得道路危险货物运输许可证件并不能运输所有危险货物。危险货物分为九类，每类又分为不同的项，不同类别、项别的危险货物运输的要求也不同。交通部《道路危险货物运输管理规定》规定危险货物运输实行分类分项许可，危险货物专用车辆的营运证核定的经营范围不能超过两种类别，专用车辆不得超过营运证核定的类别、项别运输危险货物，更不得超过道路危险货物运输许可证件核定经营许可范围运输危险货物，超过道路危险货物运输许可证件核定的经营许可范围运输危险货物，就属于"超越许可事项，从事道路危险货物运输"，应根据《道路危险货物运输管理规定》第四十八条的规定给予处罚。

办案要点

（1）本案要注意"未取得道路危险货物运输许可擅自从事道路危险货物运输"和"超越许可事项，从事道路危险货物运输"的区别，前者是没有任何道路危险货物运输许可证件，后者是企业虽然取得了道路危险货物运输许可证，但是运输的危险货物不在道路运输经营许可证准予运输的危险货物类别之列。

（2）发现车辆运输的危险货物不属于道路运输证核定经营范围的危险货物，要继续调查车辆所属的运输企业的道路运输经营许可证，调查该许可证核定的经营范围，以确定是否超越许可事项运输危险货物。

（3）查获超越许可事项运输危险货物的车辆，要立即责令车辆停止运输，责令企业安排具备资质的车辆和从业人员运输该危险货物或视情况组织强制驳载。

（4）对运输的"吗啉"的货物性质进行确认。主要依据《危险货物品名表》（GB 12268）进行确认，明确其危险货物性质类别，应当进行相应的证据固定。

文书制作

1. 驾驶员询问笔录
2. 案件处理意见书
3. 其他(略)

询 问 笔 录

时间:2008 年4 月3 日13 时30 分至13 时50 分　　　　第 1 次询问

地点:沪宁高速公路马群收费站

询问人:王×　　　　记录人:荀×

被询问人:许×　　　　与案件关系:驾驶员

性别:男　　　　年龄:45

身份证号:××19450930000213　　　　联系电话:1391××45678

工作单位及职务:××运通运输公司驾驶员

联系地址:××市×区×路×号

我们是××市道路运输管理处的执法人员王×、荀×,这是我们的执法证件,执法证号分别是320010123、320010132,请你确认。现依法向你询问,请如实回答所问问题。执法人员与你有直接利害关系的,你可以申请回避。

问:请你介绍一下你所驾车辆的自然情况?

答:车主:××运通运输公司,车型:厢式货车,车号:×F15010。

问:请问你与该车的关系?

答:我是公司聘用的驾驶员。

问:请问你车上装的是什么货物?

答:我受公司指派从××市江宁区红光化工厂装载5吨"吗啉"化学品运送至××省××市,这里有托运人签字的托运单,运费由公司统一结算。

问:请你出示车辆道路运输证件?

答:好的,我出示。道路运输证号是:3456789,核定的经营范围为危险货物运输,准予运输的危险货物类别为四类一项和八类。

问:你是否知道公司道路危险货物运输经营许可证核定的运输危险货物类别?

答:我不清楚。

问:你是否知道"吗啉"是属于哪一类危险货物?

答:我不知道。

被询问人签名及时间:　　　　询问人签名及时间:王×2008.4.3

许×2008.4.3　　　　荀×2008.4.3

备注:

询问笔录

问:请问你刚才提供的联系地址、证件号码、联系电话是否真实有效。如果提供不真实,造成的法律后果,你自己负责,清楚吗?

答:所提供资料均真实,造成的法律后果我自负。

问:经与GB12268《危险货物品名表》核对,吗啉的UN编号是2054,为第三类危险品。你车不能运输该危险品,你车超越核定的许可类别运输吗啉,已经违反了《道路危险货物运输管理规定》,请你通知你单位委托人员务必在7日内携带你单位的道路危险货物运输经营许可证到××市道路运输管理处接受处理,逾期不处理,所造成的后果自负。

答:我知道。

问:以上记录请你仔细看一下,如无异议,请签字?

答:无异议,我签字。

[以下无正文]

被询问人签名及时间:许×2008.4.3

询问人签名及时间:王×2008.4.3
荀×2008.4.3

备注:

案件处理意见书

<table>
<tr><td>案由</td><td colspan="5">超越许可事项从事危险货物运输经营</td><td>案件调查人员</td><td>荀×
王×</td></tr>
<tr><td rowspan="6">当事人</td><td rowspan="2">公民</td><td>姓名</td><td></td><td>性别</td><td></td><td>年龄</td><td></td></tr>
<tr><td>住址</td><td colspan="3"></td><td>职业</td><td></td></tr>
<tr><td rowspan="4">法人或其他组织</td><td>名称</td><td colspan="5">××运输公司</td></tr>
<tr><td>法定代表人</td><td colspan="5">李××</td></tr>
<tr><td>地址</td><td colspan="5">××省×市×县×路2号</td></tr>
<tr><td>联系电话</td><td colspan="5"></td></tr>
<tr><td>案件调查经过及违法事实</td><td colspan="7">2008年4月3日13时许，我处执法人员在沪宁高速公路马群收费站对车号为×F15010危险货物运输车辆进行检查时发现，该车运输的是合计5吨名称是“吗啉”的危险货物，“吗啉”为三类八项危险品（UN号是2054）。该车的道路运输证核定的经营范围为危险货物运输，准予运输的危险货物类别是四类一项和八类。经进一步调查，该车所属的××运输公司的道路危险货物运输经营许可证核定的经营范围是四类一项和八类。涉嫌超越许可事项从事道路危险货物运输行为。</td></tr>
<tr><td rowspan="7">证据材料</td><td>序号</td><td colspan="2">证据名称</td><td colspan="2">规格</td><td colspan="2">数量</td></tr>
<tr><td>1</td><td colspan="2">询问笔录</td><td colspan="2">份</td><td colspan="2">1</td></tr>
<tr><td>2</td><td colspan="2">现场录像</td><td colspan="2">份</td><td colspan="2">1</td></tr>
<tr><td>3</td><td colspan="2">车辆</td><td colspan="2">辆</td><td colspan="2">1</td></tr>
<tr><td>4</td><td colspan="2">货物运单</td><td colspan="2">份</td><td colspan="2">1</td></tr>
<tr><td>5</td><td colspan="2">危险货物品名表复印件</td><td colspan="2">份</td><td colspan="2">1</td></tr>
<tr><td>6</td><td colspan="2">经营许可证件（复印件）</td><td colspan="2">份</td><td colspan="2">1</td></tr>
<tr><td>调查结论和处理意见</td><td colspan="7">本案调查终结认为当事人涉嫌超越许可事项从事道路危险货物运输行为，事实清楚，证据确凿，根据《道路危险货物运输管理规定》第48条第一项的规定，拟对××运输公司处以罚款2万元的行政处理。
执法人员签名：荀×、王×
2008年4月4日</td></tr>
<tr><td>法制工作机构审核意见</td><td colspan="7">经复核，事实清楚，证据充分，同意处罚建议，请提交集体研究。
签名：张××
2008年4月5日</td></tr>
<tr><td>行政执法机关意见</td><td colspan="7">经处长办公会研究决定，同意拟定处罚意见，请违章处理部门处理。
签名：孙××
2008年4月5日</td></tr>
</table>

案例 6　不按规定维护检测车辆

2008 年 4 月 29 日，×××市运输管理处执法人员在苏港综合性能检测站执法时，发现车号为苏××××自卸货车的二级维护标签在 1 月 20 日到期，从有效期满之日开始就没有维护检测。该车是×××市会成物流有限公司的运输车辆，道路运输证核定的经营范围是普通货物运输。执法人员告知当事人在 7 日内到市运输管理处接受处理，随后×××市运输管理处依据《中华人民共和国道路运输条例》第七十一条第一款的规定，责令该公司改正违法行为并处以罚款 1000 元的行政处罚。

案情分析

《中华人民共和国道路运输条例》规定货运经营者应当使用符合国家规定标准的车辆从事道路运输经营；道路运输经营者应当加强对车辆的维护和检测，确保车辆符合国家规定的技术标准；《道路货物运输及站场管理规定》要求“道路货物运输经营者应当建立车辆技术管理制度，按照国家规定的技术规范对货运车辆实行定期维护，确保货运车辆技术状况良好。货运车辆的维护作业项目和程序应当按照国家标准《汽车维护、检测、诊断技术规范》(GB 18344)等有关技术标准的规定执行。”货运车辆的定期维护检测是为了保持车辆的正常功能，延长车辆使用寿命，既保证车辆行驶安全，又节省资源和保护环境，不按规定维护检测货运车辆将导致很多危害，因而国家实行强制性定期维护检测，《中华人民共和国道路运输条例》对不按规定维护检测车辆设定了行政处罚措施，督促货运车辆定期维护检测。

办案要点

(1)按照交通部的规定，不按规定维护检测车辆不是路检路查项目，不得在道路稽查中检查运输车辆的维护检测情况；应由车籍地道路运输管理机构在源头进行管理。

(2)按照交通部的规定，车辆超过维护检测期限在 15 日内的不予罚款。

(3)对不按规定维护检测车辆必须先纠正违章，待违章纠正后才进行处罚，不能只处罚不纠正违章。

(4)车辆的二级维护标签要作为证据予以收集并请提供人确认。

(5)对因交通事故、司法机关暂扣、报停等造成车辆没有按照规定维护检测，当事人提供相关证明材料可以证明的，道路运输管理机构不应进行处罚。

文书制作

1. 询问笔录

2. 其他(略)

询问笔录

时间:2008年4月29日10时20分至10时40分　　第 1 次询问

地点:×××市苏港综合性能检测站

询问人:李×　　记录人:刘×

被询问人:徐×　　与案件关系:

性别:男　　年龄:39

身份证号:3207××196903050021　　联系电话:85521333

工作单位及职务:×××市会成物流有限公司驾驶员

联系地址:×××市南极路1号

我们是×××市运输管理处的执法人员李×、刘×,这是我们的执法证件,执法证号分别是320700012、320700013,请你确认。现依法向你询问,请如实回答所问问题。执法人员与你有直接利害关系的,你可以申请回避。

问:请你介绍一下你所驾车辆的自然情况?

答:车主:×××市会成物流有限公司,车型:大型自卸货车,车号:苏G819××。

问:请问你与该车的关系?

答:我是公司聘用的驾驶员。

问:请你出示该车的道路运输证?

答:好的,我出示。车辆道路运输证证号是000241,经营范围为普通货物。

问:该车的二级维护标签的有效期截至到何时?

答:截至1月20日。

问:二级维护标签的有效期满后你车按照规定进行了维护和检测吗?

答:没有。

问:你车为何没有按照规定维护检测?

答:一直在外地忙于运输,没有时间回来维护检测,所以就拖延下来没做。

被询问人签名及时间:　　询问人签名及时间:李×2008.4.29

徐×2008.4.29　　刘×2008.4.29

备注:

询 问 笔 录

问:请问你刚才提供的联系地址、证件号码、联系电话是否真实有效。如果提供不真实,造成的法律后果,你自己负责,清楚吗?

答:所提供资料均真实,造成的法律后果我自负。

问:你公司未按规定维护检测车辆,已经违反了《中华人民共和国道路运输条例》的有关规定,请你告知你单位委托人员务必在7日内到×××市运输管理处接受处理,逾期不处理,所造成的后果自负。

答:我知道。

问:请问你还有什么需要补充说明的吗?

答:没有。

问:以上记录请你仔细看一下,如无异议,请签字?

答:无异议,我签字。

[以下无正文]

被询问人签名及时间: 询问人签名及时间:李×2008.4.29

徐×2008.4.29 刘×2008.4.29

备注:

案例7　未取得机动车驾驶员培训经营许可,擅自从事机动车驾驶员培训

2008年3月27日10时,乙县运输管理所执法人员接举报在乙县长茂镇粮管所院内查获甲县凌云驾校的苏××××学教练车。经调查,凌云驾校安排教练员李×驾驶苏××××学教练车在乙县长茂镇招收培训10名学员,每名学员向凌云驾校交了培训费2400元。经进一步调查,凌云驾校收了每人2400元的培训费,并给付了凌云驾校的有效收费票据,学员也是以凌云驾校的学员身份在有关部门入档,凌云驾校的机动车驾驶员培训许可证件是甲县运管所核发的,其并未取得在乙县从事机动车驾驶员培训的经营许可,擅自在乙县从事机动车驾驶员培训业务,乙县运管所依据《机动车驾驶员培训管理规定》第五十二条第一项的规定责令该驾校在乙县停止经营,没收违法所得2万元,并处罚款4万元。

案情分析

《中华人民共和国道路运输条例》规定申请从事机动车驾驶员培训,应具备健全的培训机构和管理制度、与培训业务相适应的教学人员和管理人员、必要的教学车辆和教学设施、设备、场地等条件,向所在地县级道路运输管理机构提出申请,取得所在地县级道路运输管理机构颁发的机动车驾驶员培训许可证件,方可从事机动车驾驶员培训。交通部《机动车驾驶员培训管理规定》第三十三条规定"机动车驾驶员培训机构应当在注册地开展培训业务,不得采取异地培训、恶意压价、欺骗学员等不正当手段开展经营活动,不得允许社会车辆以其名义开展机动车驾驶员培训经营活动"。机动车驾驶员培训机构只能在注册地开展培训业务,不得在注册地以外开展培训业务。在何地开展培训业务,必须取得培训业务所在地县级道路运输管理机构的行政许可,否则,就是未取得机动车驾驶员培训许可证件非法从事机动车驾驶员培训业务。当事人未取得机动车驾驶员培训许可证件非法从事机动车驾驶员培训业务,根据《机动车驾驶员培训管理规定》第五十二条第一项的规定,应给予行政处罚。要注意"未取得机动车驾驶员培训许可证件非法从事机动车驾驶员培训业务"与"超越许可事项非法从事机动车驾驶员培训业务"的区别,前者是未取得开展机动车驾驶员培训业务的所在地的县级道路运输管理机构的行政许可,后者是取得了机动车驾驶员培训的普通机动车驾驶员培训(分为三级)、道路运输驾驶员从业资格培训(分为客货运输驾驶员从业资格培训和危险货物驾驶员从业资格培训两类)、机动车驾驶员培训教练场经营三类中一类或两类的经营许可,但超越了许可的类别从事其他类别的机动车驾驶员培训业务,不能将二者混同。

办案要点

(1)本案在调查取证和处罚时,要正确理解机动车驾驶员培训机构在注册地开展培训的规定,注册地就是许可机动车驾驶员培训机构从事机动车驾驶员培训业务的县级道路运输机构所在县的行政区域,如果许可机关为设区的市级道路运输管理机构,则注册地为许可机关所在市市区行政区域,据此确定违法行为发生地,认定违法事实。

(2)本案中,凌云驾校虽然取得了机动车驾驶员培训许可,但其有效的经营区域是甲县,其超越许可证核定的行政区域从事机动车驾驶员培训,违反了《机动车驾驶员培训管理规定》关于许可的规定。本案中,其在乙县长茂镇培训学员,应当经乙县道路运输管理机构许可后方可实施。

(3)要注意"未取得机动车驾驶员培训许可证件非法从事机动车驾驶员培训业务"与"超越许可事项非法从事机动车驾驶员培训业务"的区别,确定违法事实和适用处罚依据要准确。

(4)本案调查取证时,要注意将教练车作为证据进行登记保存,并核定车辆的车属关系;还应分别对学员和教练员进行调查询问,制作询问笔录;对学员的收费票据应作为证据固定,要进一步确认凌云驾校的许可情况,从而确定违法主体,认定违法事实。

(5)因《机动车驾驶员培训管理规定》第五十二条第一项的规定有无违法所得或违法所得超过1万元的,罚款幅度不同,因此调查取证时要调查清楚当事人的违法所得。

文书制作

1. 学员询问笔录
2. 教练员询问笔录
3. 调查报告
4. 其他(略)

询问笔录

时间:2008年3月27日10时20分至10时40分　　　　第 1 次询问

地点:乙县长茂镇粮管所院内

询问人:林×　　记录人:凌×

被询问人:李×　　与案件关系:教练员

性别:男　　年龄:50

身份证号:J3207××××　　联系电话:13812365478

工作单位及职务:甲县凌云驾校教练员

联系地址:甲县×路×号

我们是乙县运输管理所的执法人员林×、凌×,这是我们的执法证件,执法证号分别是320701012、320701019,请你确认。现依法向你询问,请如实回答所问问题。执法人员与你有直接利害关系的,你可以申请回避。

问:请你介绍一下苏J02××学教练车的自然情况?

答:车主是甲县凌云驾校,是东风教练车,我是该车教练员。

问:该车为何在长茂镇粮管所院内?

答:驾校安排我用苏J0234学从3月22日开始在这里培训10名乙县学员。

问:为什么在乙县境内培训学员?

答:我们凌云驾校在乙县设有招生点,找来的学员到甲县培训不方便,我们驾校就安排我在这里负责他们的实际操作培训。

问:每位学员的培训费是多少?

答:听说是每人收取2400元,都有票据。

问:请出示你的教练员证件?

答:好的,我出示,证号是J3207××××。

问:你单位是否办理过机动车驾驶员培训经营许可?

答:单位已经办理过经营许可,经营注册地是甲县,许可证的核发机关是甲县运输管理所。

被询问人签名及时间:　　　　询问人签名及时间:林×2008.3.27

李×2008.3.27　　　　凌×2008.3.27

备注:

询 问 笔 录

问:请问你单位是否在乙县运输管理所办理过机动车驾驶员培训经营许可?

答:没有在乙县运输管理所办理过。

问:请问你刚才提供的联系地址、证件号码、联系电话是否真实有效。如果提供不真实,造成的法律后果,你自己负责,清楚吗?

答:所提供资料均真实,造成的法律后果我自负。

问:你所属的凌云驾校在注册地之外的乙县从事机动车驾驶员培训,违反了《机动车驾驶员培训管理规定》,涉嫌未取得机动车驾驶员培训经营许可,擅自从事机动车驾驶员培训。请你告知你单位务必在7日内携带机动车驾驶员培训经营许可证件到乙县运输管理所接受处理,逾期不处理,所造成的后果自负。

答:我知道。

问:请问你还有什么需要补充说明的吗?

答:没有。

问:以上记录请你仔细看一下,如无异议,请签字?

答:无异议,我签字。

[以下无正文]

被询问人签名及时间:
李×2008.3.27

询问人签名及时间:林×2008.3.27
凌×2008.3.27

备注:

询 问 笔 录

时间:2008 年3 月27 日10 时40 分至11 时0 分　　　　第 1 次询问

地点: 乙县长茂镇粮管所院内

询问人: 林× 　　记录人: 凌×

被询问人: 王× 　　与案件关系: 学员

性别: 男 　　年龄: 22

身份证号: 3207××198610115911 　　联系电话: 1381235678

工作单位及职务: 无

联系地址: 乙县长茂镇×路×号

我们是 乙县运输管理所 的执法人员 林× 、凌× ,这是我们的执法证件,执法证号分别是 320701012 、320701019 ,请你确认。现依法向你询问,请如实回答所问问题。执法人员与你有直接利害关系的,你可以申请回避。

问:请问你在长茂镇粮管所院内干什么?

答:我在李×教练的指导下学习驾驶汽车。

问:请问你为何在此处学习机动车驾驶?

答:甲县凌云驾校在长茂镇粮管所有个招生报名点,只要在此报名就可以在这里学习驾驶汽车,我们这儿离乙县城比较远,到县城学驾驶不方便,所以就在长茂镇粮管所内的凌云驾校报名点报名参加培训的,当时向驾校缴纳了培训费2400 元,这是收费票据,票据号是 30245,盖的公章是凌云驾校。

问:请问你何时开始在长茂镇粮管所院内学习机动车驾驶操作技术?

答:我在3 月20 日接到驾校的电话,让我22 日上午在这里报到找李×教练学习的,从22 日开始每天都在这里接受培训、练车。

问:请问你练车使用哪辆车?

答:车号是苏 J02××学东风教练车。

问:请问你刚才提供的联系地址、证件号码、联系电话是否真实有效。如果提供不真实,造成的法律后果,你自己负责,清楚吗?

被询问人签名及时间: 　　询问人签名及时间: 林×2008.3.27

王×2008.3.27 　　凌×2008.3.27

备注:

询 问 笔 录

答:所提供资料均真实,造成的法律后果我自负。

问:请问你还有什么需要补充说明的吗?

答:没有。

问:以上记录请你仔细看一下,如无异议,请签字?

答:无异议,我签字。

[以下无正文]

被询问人签名及时间:王×2008.3.27

询问人签名及时间:林×2008.3.27

凌×2008.3.27

备注:

案件处理意见书

<table>
<tr><td>案由</td><td colspan="4">未取得机动车驾驶员培训经营许可擅自从事机动车驾驶员培训</td><td>案件调查人员</td><td>林×
凌×</td></tr>
<tr><td rowspan="6">当事人</td><td rowspan="2">公民</td><td>姓名</td><td></td><td>性别</td><td></td><td>年龄</td></tr>
<tr><td>住址</td><td colspan="3"></td><td>职业</td></tr>
<tr><td rowspan="4">法人或其他组织</td><td>名称</td><td colspan="4">甲县凌云驾校</td></tr>
<tr><td>法定代表人</td><td colspan="4">张××</td></tr>
<tr><td>地址</td><td colspan="4">××省××市甲县×路2号</td></tr>
<tr><td>联系电话</td><td colspan="4"></td></tr>
<tr><td>案件调查经过及违法事实</td><td colspan="6">2008年3月27日10时，我所执法人员接举报在乙县长茂镇粮管所院内查获甲县凌云驾校的教练员李波驾驶苏J02××学教练车在此处培训10名学员，每名学员向凌云驾校交了培训费2400元。凌云驾校的机动车驾驶员培训许可证件是甲县运管所核发的，其未取得我所机动车驾驶员培训经营许可。</td></tr>
<tr><td rowspan="6">证据材料</td><td>序号</td><td colspan="2">证据名称</td><td colspan="2">规格</td><td>数量</td></tr>
<tr><td>1</td><td colspan="2">询问笔录</td><td colspan="2">份</td><td>2</td></tr>
<tr><td>2</td><td colspan="2">现场录像</td><td colspan="2">份</td><td>1</td></tr>
<tr><td>3</td><td colspan="2">收费票据</td><td colspan="2">份</td><td>1</td></tr>
<tr><td>4</td><td colspan="2">经营许可证件(复印件)</td><td colspan="2">份</td><td>1</td></tr>
<tr><td>5</td><td colspan="2">车辆(苏J02××学)</td><td colspan="2">辆</td><td>1</td></tr>
<tr><td>调查结论和处理意见</td><td colspan="6">本案调查终结认为当事人涉嫌未取得机动车驾驶员培训经营许可擅自从事机动车驾驶员培训的行为，事实清楚，证据确凿，依据《机动车驾驶员培训管理规定》第五十二条第一项的规定，拟责令该驾校在灌南县停止经营，没收违法所得2万元，并处罚款4万元。
执法人员签名：林×、凌×
2008年3月29日</td></tr>
<tr><td>法制工作机构审核意见</td><td colspan="6">经复核，事实清楚，证据充分，同意处罚建议，请提交集体研究。
签名：赵×
2008年3月29日</td></tr>
<tr><td>行政执法机关意见</td><td colspan="6">经所长办公会研究决定，同意拟定处罚意见，请移交违章处理部门处理。
签名：孙×
2008年3月29日</td></tr>
</table>

案例 8　道路运输经营者使用擅自改装或者擅自改装已取得《道路运输证》的车辆

2007 年 12 月 4 日 10 时 30 分，× ×交通局运政稽查支队三大队执法人员，在 312 国道仙林段发现一辆×P－54981 的拦板货车的车厢有异常：后轴车轮与车厢尾部的距离跟一般的车不一样，而且见到有执法人员时就故意改变行驶方向并加速。执法人员于是就立即上前示意停车接受检查。在对驾驶员出示的《道路运输证》核查时发现，该车的车厢外廓尺寸是 11.39 米。而实际车厢经过现场测量是 15.42 米，且车厢的底盘还有明显的焊接痕迹。执法人员询问驾驶员李×，为何道路运输证上的核定车厢尺寸与实际车厢的尺寸不符，李×说是运管部门测量错了，执法人员又对其车辆的行驶证进行核对，发现行驶证的车厢尺寸长度与道路运输证上的车厢长度是一致的。对此，驾驶员又称行驶证当初在车管所就搞错的，道运证上的尺寸数据是根据行驶证上得来的。为了进一步弄清事实，执法人员通过车辆管理部门调查了该车型号的所有技术参数，当执法人员将这型号车所有的技术参数告知驾驶员时，驾驶员终于承认为了多装货物，在 8 个月前花了 5000 多元在修理厂私自将车厢加长了近 4 米。

鉴于该车擅自改装营运车的事实，在证据确凿的情况下，按照《道路货物运输及站场管理规定》第六十八条的规定责令驾驶员限期进行整改恢复原状，并处罚款 5000 元的行政处罚。

案情分析

《中华人民共和国道路运输条例》规定申请从事客货运输经营应当具备与其经营业务相适应并经检测合格的车辆等条件，颁发道路运输经营许可证件后为投入运输的车辆配发车辆道路运输证，这些车辆符合《营运车辆综合性能要求和检验方法》（GB18565）等国家标准、行业标准的要求，具有安全性、可靠性、经济性；同时还规定"不得使用报废的、擅自改装的和其他不符合国家规定的车辆从事道路运输经营"。未经有关车辆管理的行政机关的批准，未经专业技术机构设计、计算、试验，擅自改装车辆将导致车辆技术性能的变化，带来安全隐患，危及人民群众生命财产安全。特别是擅自改装已取得道路运输证的车辆，其目的多为超载运输，超载运输安全隐患极大，更易发生交通运输安全事故。因此，擅自改装已取得道路运输证的车辆是严令禁止的。本案中，当事人擅自改装已取得道路运输证的车辆，根据《中华人民共和国道路运输条例》、《道路货物运输及站场管理规定》的规定，应给予行政处罚。

办案要点

（1）根据《道路货物运输及站场管理规定》的规定，本案中要调查清楚车辆是否取得了道路运输证。车辆取得道路运输证是道路运输管理机构认定擅自改装的前提条件，否则就不能认定为擅自改装。

（2）要查清改装车辆的时间，如果在取得车辆道路运输证之后，当事人对车辆进行了改装，其改装车辆未经有权的车辆管理机构批准，才可以认定为擅自改装。

(3)对违法事实要进一步确认,道路运输经营者是使用擅自改装还是自行擅自改装车辆,违法主体要明确,事实要认定清楚。

(4)要查清擅自改装的数据,调查改装后的车辆数据与车辆行驶证、道路运输证登记的车辆技术数据的不同。

(5)对当事人擅自改装或使用擅自改装已取得道路运输证的车辆的目的要调查清楚,以证明其存在违法故意。

(6)要责当事人对改装车辆恢复原状。

(7)本案在证据收集中,应制作勘验笔录,或进行拍照、摄像等取得视听资料作为证据,该类证据取得时应经当事人确认。

文书制作

1. 询问笔录

2. 调查报告

3. 其他(略)

询问笔录

时间:2007年12月4日10时30分至11时0分　　　　第 1 次询问

地点: 312国道××林×公司前

询问人: 王×　　　　记录人: 章×

被询问人: 李×　　　　与案件关系: 车主

性别: 男　　　　年龄: 39

身份证号: ××××××　　　　联系电话: 3812345678

工作单位及职务: 无

联系地址: ×县×镇×路×号

我们是 ××交通局运政稽查支队 的执法人员 王× 、 章× ,这是我们的执法证件,执法证号分别是 320100012 、 320100013 ,请你确认。现依法向你询问,请如实回答所问问题。执法人员与你有直接利害关系的,你可以申请回避。

问:请你介绍一下你所驾车辆的自然情况?

答:车主:李×即本人,车型:江淮栏板货车,车号:×P-54981。

问:请问你与该车的关系?

答:我车主也是驾驶人员。

问:请你出示车辆营运证件?

答:好的,我出示,证号是0000789,是2006年10月办理的。

问:营运证上的车厢外廓尺寸是11.39米,而经过我们现场测量实际车厢是15.42米,你认可吗?

答:我认可。

问:为什么会出现车厢尺寸不统一?

答:是运管部门发放《道路运输证》的时候弄错了。

问:请你出示车辆行驶证件?

答:好的,我出示。

问:车辆行驶证和道路运输证上的外廓尺寸都是15.42米,请问你作何解释?

被询问人签名及时间: 李×2007.12.4　　　　询问人签名及时间: 王×2007.12.4 章×2007.12.4

备注:

询问笔录

答:是车管所登记时弄错了。

问:经我们与公安车辆管理部门核实,你驾驶的这种江淮拦板火车的汽车出厂技术参数中外廓尺寸为11.39米,车辆为何与出厂时数据不一致?

答:我是为了多拉货物将车厢就行了改装,加长了约4米。

问:你是何时改装该车的?

答:在8个月前改装的。

问:请问你改装车辆是否经过有关部门批准?

答:没有,是我自己为了多装货找修理厂加长的。

问:请问你刚才提供的联系地址、证件号码、联系电话是否真实有效。如果提供不真实,造成的法律后果,你自己负责,清楚吗?

答:所提供资料均真实,造成的法律后果我自负。

问:你擅自改装已取得道路运输证件的车辆的行为,已经违反了《道路货物运输及站场管理规定》的有关规定,请你务必在7日内到××市交通局运政稽查支队接受处理,逾期不处理,所造成的后果自负。

答:我知道。

问:请问你还有什么需要补充说明的吗?

答:没有。

问:以上记录请你仔细看一下,如无异议,请签字?

答:无异议,我签字。

[以下无正文]

被询问人签名及时间:

李×2007.12.4

询问人签名及时间: 王×2007.12.4

章×2007.12.4

备注:

案件处理意见书

<table>
<tr><td>案由</td><td colspan="5">道路运输经营者擅自改装已取得道路运输证的车辆</td><td>案件调查人员</td><td>王×
章×</td></tr>
<tr><td rowspan="6">当事人</td><td rowspan="2">公民</td><td>姓名</td><td>李×</td><td>性别</td><td>男</td><td>年龄</td><td>39</td></tr>
<tr><td>住址</td><td colspan="3">×县×镇×路×号</td><td>职业</td><td></td></tr>
<tr><td rowspan="4">法人或其他组织</td><td>名称</td><td colspan="5"></td></tr>
<tr><td>法定代表人</td><td colspan="5"></td></tr>
<tr><td>地址</td><td colspan="5"></td></tr>
<tr><td>联系电话</td><td colspan="5"></td></tr>
<tr><td>案件调查经过及违法事实</td><td colspan="7">2007 年 12 月 4 日 10 时许，我支队执法人员在 312 国道仙林段查获×P－54981 货运车辆，该车具有普通货物运输道路运输证，该车车主李×在取得道路运输证后，为了多拉货物，未经有关部门批准擅自将该车车厢加长近 4 米。</td></tr>
<tr><td rowspan="5">证据材料</td><td>序号</td><td colspan="2">证据名称</td><td colspan="3">规格</td><td>数量</td></tr>
<tr><td>1</td><td colspan="2">询问笔录</td><td colspan="3">份</td><td>2</td></tr>
<tr><td>2</td><td colspan="2">现场录像</td><td colspan="3">份</td><td>1</td></tr>
<tr><td>3</td><td colspan="2">道路运输证复印件</td><td colspan="3">份</td><td>1</td></tr>
<tr><td>4</td><td colspan="2">车辆行驶证复印件</td><td colspan="3">份</td><td>1</td></tr>
<tr><td>调查结论和处理意见</td><td colspan="7">本案调查终结认为当事人涉嫌道路运输经营者擅自已取得道路运输证的车辆的行为，事实清楚，证据确凿，依据《道路货物运输及站场管理规定》第六十八条的规定，拟责令当事人限期恢复原状，并处罚款 5000 元。
执法人员签名：王×、章×
2007 年 12 月 4 日</td></tr>
<tr><td>法制工作机构审核意见</td><td colspan="7">经复核，事实清楚，证据充分，同意处罚建议，请提交集体研究。
签名：钱××
2007 年 12 月 4 日</td></tr>
<tr><td>行政执法机关意见</td><td colspan="7">经支队长办公会研究决定，同意拟定处罚意见，请移交违章处理部门处理。
签名：方×
2007 年 12 月 5 日</td></tr>
</table>

案例9　不按批准的客运站点停靠

2008年6月10日上午8时许，××市运输管理处执法人员在北门客运站站前广场检查时，发现一辆××客运公司的苏KJ—78××甲市至乙市的客运班车在此载客。经查，该车的客运线路标志牌起讫站点是甲市和乙市，在××的始发站点是××市南门客运站，《道路客运班线经营许可证明》核定的停靠站点没有北门客运站站前广场。该车售票员称因为车内座位没有坐满，为了多挣钱，就在经过北门客运站前时又带了3名到乙市的乘客，每人要收取车费30元，××客运公司同意他们班车这样经营。××市运输管理处以"不按批准的客运站点停靠"为由，依据《中华人民共和国道路运输条例》第七十条第（一）项的规定，责令××客运公司进行改正，并处以罚款1000元。

案情分析

《中华人民共和国道路运输条例》要求"从事道路运输经营以及道路运输相关业务，应当依法经营，诚实守信，公平竞争。"《道路旅客运输及客运站管理规定》规定"客运班车应当按照许可的线路、班次、站点运行，在确定的途径站点进站上下旅客，无正当理由不得改变行驶路线，不得站外上客或者沿途揽客。"客运班车的起讫地及起讫站点、途经路线及停靠站点在班车客运标志牌的背面的《道路客运班线经营许可证明》都予以载明，无正当理由的，不得在上述载明的站点以外上客。本案中，当事人无正当理由不按批准的站点停靠，应按照《中华人民共和国道路运输条例》第七十条第（一）项的规定处以罚款。

办案要点

（1）本案应首先确认所查车辆为客运班线，有无规定的线路和走向、停靠站点。

（2）调查清楚客运线路标志牌背面的《道路客运班线经营许可证明》载明的起讫站点和途经停靠站点，以确定经营者停靠载客的地点是否属于核定的停靠站点。

（3）调查清楚经营者在核对的停靠站点停靠有无正当理由，所谓正当理由就是意外突发的、比较紧急、不是以载客经营为目的的情况，如交通事故救援、搭载同一班线故障车所载乘客等。虽然本案违法行为模式的确定并未强调"无故"，但在实际调查处理时，应考虑行政执法工作的合理性原则，确认违法行为属主观故意。

（4）调查清楚是客运企业的经营行为，还是司乘人员的个人行为。一般情况下，在司乘人员没有证据或直接表明是个人行为时，应以客运企业为违法主体。

文书制作

1. 询问笔录

2. 违法行为通知书

3. 其他（略）

询问笔录

时间:2008 年6 月10 日8 时20 分至8 时40 分　　　　第1 次询问

地点:××市北门客运站广场

询问人:陈×　　　　记录人:王×

被询问人:王××　　　　与案件关系:售票员

性别:男　　　　年龄:36

身份证号:2500××197209120001　　　　联系电话:7213445

工作单位及职务:××客运公司售票员

联系地址:×省××市×路×号

我们是××市运输管理处的执法人员陈×、王×,这是我们的执法证件,执法证号分别是420811253、420811252,请你确认。现依法向你询问,请如实回答所问问题。执法人员与你有直接利害关系的,你可以申请回避。

问:请你介绍汉 **KJ78**××客车的自然情况?

答:车主是××客运公司,是金龙大客车,我是该车的售票员。

问:请你出示该车的道路运输证?

答:好的,道路运输证号是000231,核定经营范围是班线客运。

问:请你出示该车的线路标志牌?

答:好的,线路牌的号码是苏运班字000250号,经营线路是××至××。

问:请你叙述一下该趟车的运营情况?

答:我们客车经过北门客运站站前广场时,我见到路边有3个人,就让我们客车停下来,我问他们到哪里的,他们说到四水,我喊他们上车,让他们每人交30元车费,他们同意了。

问:你为何在此处载客?

答:我们车子从南门客运站发车时没坐满,我想多挣点钱,就在这里又带了几人。

问:此处是你车核定停靠站点吗?

答:不是。

被询问人签名及时间:王××2008.6.10　　　　询问人签名及时间:陈×2008.6.10　王×2008.6.10

备注:

询 问 笔 录

问:你车在此处载客是你的个人行为吗?

答:不是,我们公司同意我们在车辆没有坐满时可以在路上带客,增加营运收入,减少运营成本。

问:请问你刚才提供的联系地址、证件号码、联系电话是否真实有效。如果提供不真实,造成的法律后果,你自己负责,清楚吗?

答:所提供资料均真实,造成的法律后果我自负。

问:你所服务的苏 **KJ78** ××客车不按批准的站点停靠,违反了《道路旅客运输及客运站管理规定》,请你通知你单位务必在 **7** 日内到××市运输管理处接受处理。逾期不处理,所造成的后果自负。

答:我知道。

问:请问你还有什么需要补充说明的吗?

答:没有。

问:以上记录请你仔细看一下,如无异议,请签字?

答:无异议,我签字。

［以下无正文］

被询问人签名及时间:王××2008.6.10

询问人签名及时间:陈×2008.6.10

王×2008.6.10

备注:

违法行为通知书

×交运［2008］000589号

××客运公司：

经调查，本机关认为你（单位）涉嫌不按批准的客运站点停靠行为，违反了《中华人民共和国道路运输条例》第十九条的规定，依据《中华人民共和国道路运输条例》第七十条第（一）项的规定，本机关拟作出罚款1000元处罚决定。

☑根据《中华人民共和国行政处罚法》第三十一条、第三十二条的规定，你（单位）如对该处罚意见有异议，可在接到本通知之日起3日内向本机关提出陈述申辩；逾期未提出陈述或者申辩，视为你单位（或个人）放弃陈述和申辩的权利。

☑根据《中华人民共和国行政处罚法》第四十二条的规定，你（单位）有权在收到本通知书之日起3日内向本机关要求举行听证；逾期不要求举行听证的，视为你（单位）放弃听证的权利。

（注：在序号前□内打“√”的为当事人享有该权利。）

交通行政执法机构联系地址：××市×路×号　邮编：210000

联系人：王××　联系电话：73126××

交通行政执法机关（印章）

2008年6月11日

（本文书一式两份：一份存根，一份交当事人或其代理人。）

案例 10　不服未经许可从事驾驶员培训处罚提起行政诉讼

当事人简介

原告:董××　江苏省××市人,××宏伟驾驶员服务部个体业主

被告:江苏省××县运输管理处

案情简介:2005 年 5 月 10 日下午,江苏省××县运输管理处稽查人员在××县湖塘镇马杭工业园区道路上检查时,发现一辆苏 D－××3 桑塔纳轿车有涉嫌未经许可擅自从事机动车驾驶员培训的行为。于是,稽查人员对车主董××、车上两名学员金××和杨××进行调查询问。车主董××在陈述中称:自己领有宏伟驾驶服务工商营业执照但没有办理机动车培训许可证,平时主要从事机动车驾驶员驾培业务,车上的两人是在下午一时来要求学习驾驶的,并商谈好学费为每小时 50 元,一共收取了 200 元学费。两名学员分别在陈述中称:他们两人无驾驶证,马上要去参加申领驾驶执照考试,所以要董××做教练,用董的车给他们练一练,并谈好学费每小时 50 元,共练了三个多小时,付给董 200 元学费。另外,稽查人员还发现苏 D－××3 车上还装有副制动。根据查明的情况,××县运输管理处在 2005 年 5 月 19 日,以董××未经许可擅自从事机动车驾驶员培训为由,依据《中华人民共和国道路运输条例》第六十六条规定,对董××作出罚款 20000 元的行政处罚,并制作了《交通行政案件违法行为通知书》送达了董××,他表示放弃陈述申辩和组织听证的权利,要求及时处理。××县运输管理处于 23 日作出了处罚决定,制作了(2005)000233 号处罚决定书,在下午 5 时 30 分送达给了董××,董××当即要求,因银行已下班,申请当场缴纳罚款,××县运输管理处开具了省财政部门的罚没款专用收据,收缴了罚款,并于第 2 日解交到了指定银行。董××于 2005 年 8 月 12 日,向××区人民法院提起行政诉讼,要求撤消××县运输管理处(2005)000233 号行政处罚决定,理由一是该处罚决定事实不清,董××认为,自己是从事驾驶服务的合法经营者,当日他的行为属于陪驾而非驾培;二是未实行罚缴分离,违反了行政处罚的法定程序。江苏省××区人民法院于 2005 年 9 月 9 日公开开庭审理了此案。

本案争议焦点

董××的行为属驾驶员培训还是陪驾。

(1)法律解释。《机动车驾驶员培训管理规定》驾驶员培训包括:初学驾驶员培训、增加准驾车型培训、继续教育培训等。其中,陪驾无法律解释。

(2)司法认知和推定。××县运输管理处在答辩和质证中认为:原告违法事实清楚,被告作出的处罚符合法定程序。理由一是原告在自己的车辆上安装教练车特有的副驻车制动,给两名无机动车驾驶证的而正要去参加领取驾驶证考试的人员练车,自己在旁作指导,目的是给两名服务对象提高和熟悉驾驶技术并收取学费。因此,原告和服务对象之间是学员和教练的关系。而原告所称的驾驶服务应该是经营者给服务对象提供驾驶技能,在车主主观上不想驾车或客观上不能驾车的情况下有经营者代为驾车;而陪驾应该是由服务对象

提供车辆,其本人有机动车驾驶证并驾驶车辆,经营者仅仅是陪伴、陪同。所以本案中原告从事的完全属于机动车驾驶员培训行为,事实清楚,证据确凿;二是被告适用行政处罚一般程序,经过调查、审查,事先告知,听取意见后作出处罚决定符合法定程序;三是被告根据原告申请当场收缴罚款的行为,属于原告履行处罚、缴纳罚款的方式,而非作出行政处罚决定的程序。

(3)审理结果。××县人民法院经经审理认为:①原告的行为属于驾驶员培训,理由是驾驶员培训对象是特定的,即是未取得驾驶资格证书的人,培训的目的是一方获取培训费用,另一方是为了考试而提高驾驶技能;而陪驾主要是指被陪驾的对象取得了驾驶证,使用的是被陪者的车辆,目的是进一步提高驾驶技术;②被告鉴于原告要求当场缴纳罚款,当时收取罚款的指定银行已下班,为及时兑现处罚,当场收缴罚款并及时解缴到指定银行的做法,是不符合规定的,属于程序上的瑕疵。被告在今后的执法中,应对罚缴分离制度予以完善。但这种瑕疵不足以影响处罚决定的合法性,也没有侵犯原告的合法权益。因此,××县人民法院作出了驳回原告要求撤销被告作出的××县运输管理处(2005)000233 号行政处罚决定书的诉讼请求。